추천사 1

강대흥 박사
KWMA 사무총장

　안승오 교수의 선교신학적 성찰은 현대 선교신학의 미비점을 예리하게 통찰하는 데서 출발합니다. 특히 급변하는 세계 선교 지형과 한국 교회를 비롯한 세계 교회의 현실을 신학적으로 해석하고 응답하고자 하는 시도는 시대적 요청에 부응하는 학문적 기여라 할 수 있습니다.

　본서는 통전적 선교의 포괄성과 그 내재적 한계를 동시에 성찰하면서, 선교 사역에 있어 우선순위의 회복, 목표의 선명성, 그리고 그리스도의 모범을 강조합니다. 이는 단지 이론적 논의에 머무르지 않고, 한국 교회와 세계 교회가 반드시 경청해야 할 시대적 메시지를 담고 있습니다. 특히 선교가 사회적 봉사나 윤리적 참여라는 차원에서 한정되는 것을 경계하며, 복음 전도의 본질과 교회공동체의 세움으로 귀결되어야 한다는 저자의 주장은 신학적 깊이와 현장성을 동시에 지니고 있습니다.

　따라서 본서는 선교적 정체성의 혼란과 답답함을 경험하는 독자들에게, 다시금 선교의 본질을 성찰하게 하며, 모든 사역의 궁극적 목적이 하나님께 영광을 돌리는 데 있음을 재확인하도록 인도합니다. 본서는 선교의 본질을 붙들고자 하는 신학도, 목회자, 그리고 현장 사역에 헌신하는 선교사들에게 귀중한 학문적·실천적 지침이 될 것입니다.

추천사 2

배 아 론 박사
고신대 선교학 교수

    안승오 교수님의 『제4 선교신학』은 위기에 처한 오늘날의 기독교 선교가 나아가야 할 방향을 명쾌하게 제시한 명저입니다. 본서는 복음주의, 에큐메니컬, 통전적 선교신학 등 기존의 세 가지 패러다임을 깊이 있게 분석하고, 그 한계점을 극복하기 위한 대안으로 '제4 선교신학'을 제시하고 있습니다. 기독교 선교의 본질과 방향에 대해 고민하는 개혁주의 신학자로서, 본서가 제시하는 '제4 선교신학'의 핵심적인 강조점들은 매우 고무적입니다.

    첫째, '제4 선교신학'은 선교에 있어서 교회의 위치를 다시 한번 확고히 합니다. 세상의 다양한 기구들이 선교에 참여한다고 해도, 선교의 출발점이자 가장 확실한 열매는 여전히 교회임을 분명히 하고 있습니다. 교회가 건강하게 서 있지 않으면 선교의 동력이 약화될 수밖에 없으며, 교회가 사라지면 선교 자체가 불가능해진다는 날카로운 지적은 오늘날 교회의 존립 자체가 위협받는 현실 속에서 깊은 통찰력을 제공합니다.

    둘째, 본서는 선교의 우선순위를 잃지 않는 명확한 목표를 강조합니다. 복음 전도는 선교의 핵심적인 과제이며, 이것이야말로 하나님의 나라를 확장하는 가장 중요한 연결점임을 역설합니다. 윤리적 과제를 소중히 여기면서도, 윤리가 선교의 본질을 혼란스럽게 해서는 안 된다는 주장은 선교 현장의 혼란을 바로잡는 나침반 역할을 할 것입니다.

셋째, '제4 선교신학'은 선교의 궁극적인 목표를 하나님의 영광에 두고 있습니다. 선교의 최종 목표가 단순히 복음화나 인간화를 넘어 하나님께 합당한 영광을 돌려드리는 것이어야 한다는 점은 선교의 출발과 최종적인 지향점이 무엇인지에 대한 근본적인 질문을 던집니다.

본서는 단순한 이론서가 아닙니다. 위기에 처한 기독교 선교가 나아가야 할 방향을 제시한 명저입니다. 모든 선교학도, 현장 사역자, 그리고 선교에 관심 있는 성도들에게 본서를 적극 추천합니다. 본서를 통해 독자들은 선교의 본질을 다시금 깨닫고, 역동적인 선교를 향한 새로운 비전을 품게 될 것입니다

추천사 3

배 춘 섭 박사
총신대학교 신학대학원 선교학과 주임교수

안승오 박사님은 다년간 선교신학의 논의가 제자리걸음을 하는 동안, 복음주의와 에큐메니컬, 그리고 통전적 선교신학을 면밀히 검토한 이후 오늘날 서구 기독교의 약화와 이슬람의 가파른 성장이라는 무거운 현실적 진단을 통해 『제4 선교신학』이라는 본서를 저술했다. 저자는 통전적 선교 모델의 개념적 혼합과 현장 적용의 한계를 냉정히 짚어내면서, "모든 것을 선교라 할 때 아무 것도 선교가 아니다"라는 광의적 선교 개념에 대해 경고한다.

특별히 본서의 강점은 다음의 네 가지로 손꼽는다.

첫째, 교회 중심성의 회복이다. 교회를 선교의 핵심 기관으로 재천명하며, 교회 약화가 곧 선교 약화로 귀결됨을 설득력 있게 논증한다.

둘째, 우선순위와 목표의 선명성이다. 복음 전도와 구령을 본질·목표로, 봉사와 사회적 책무를 방법·수단으로 질서 있게 구분하여 달성 가능성을 높인다.

셋째, 그리스도의 말씀과 모범에의 귀환이다. Missio Dei의 모호함을 넘어 Missio Christi로 표준을 분명히 함으로써, "무엇이 하나님의 뜻에 합당한 선교인가"에 관한 분별력 있는 준거(準據)를 제공한다.

넷째, 선교의 최종 목표를 인간화나 복음화의 논쟁을 넘어서 '하나님의 영광'으로 재정립함으로써 선교신학의 방향타를 바르게 설정한다.

다섯째, 저자는 선교의 개념, 목표, 방법, 내용, 주체와 대상을 일목요연하게 정리하면서 네 가지 선교 패러다임의 비교 분석을 제시한다.

이렇듯 본서는 선교 현장과 학계를 위한 양수겸장(兩手兼將)의 안내서로 간주할 수 있다. 따라서 오늘날 위기 상황에서 교회를 굳게 세우고 복음 선교의 본질을 회복하려는 이들에게, 추천자는 신학적 정밀함과 실천적 지도를 겸비한 탁월한 본 학술서인 『제4 선교신학』을 기쁘고 확신에 찬 마음으로 적극 추천하는 바이다.

추천사 4

손동신 박사
백석대학교 기독교전문대학원 원장, 선교학 교수

    20세기를 격변(dramatic change)의 시기라고 하는데, 그것은 지난 세기 동안의 선교학의 발전과 변화의 측면에서도 동일하게 사용할 수 있다. 그것은 20세기에 세계 교회는 선교 전략과 선교신학적 측면에서 괄목할만한 성장과 함께 수많은 변화를 경험하였기 때문이다. 복음주의 선교신학과 에큐메니컬 선교신학, 그리고 통전적 선교신학으로 나뉘어 발전한 선교신학은 신학적 전제와 실천 방식의 차이를 넘어 교회와 신학자의 갈등과 대립상황을 초래하기도 하였다. 이를 통합하고자 하는 노력도 또 하나의 신학을 만들어 갈등을 심화하기도 하였다.
    어떤 측면에서 다양한 선교신학은 '발전'이라 할 수 있으나, 깊어진 신학적 대립은 여전히 극복하기 어려운 난제로 남아있다. 이러한 세계 교회의 선교신학과 실천의 역사적 발전을 일목요연하게 틀거리를 마련하여 명쾌하게 정리하고, 각 영역의 기여점과 한계점을 객관적으로 평가하고, 선교신학 진영의 신학적 갈등과 차이를 극복할 수 있는 대안을 제시한 본서는 선교학 연구자와 강의자에게 매우 소중하다. 특히 '제4 선교신학' 표제로 제안된 대안은 저자의 신학적 고뇌와 소망과 기도가 깃들어 있다. 그래서 하나님 나라를 소망하는 선교사, 목회자, 선교학자 및 선교학도는 보수와 진보를 넘어 저자와 의지를 같이 할 수 있을 것으로 여겨진다.

추천사 5

신동하 기자
한국기독공보 편집국 부장

오늘날 세계 기독교는 거대한 도전에 직면해 있습니다. 서구 교회의 몰락, 세계를 무대로 약진하던 한국 교회의 쇠퇴, 이슬람과 타종교의 급성장, 그리고 세속화의 파도 앞에서 우리는 더 이상 과거의 방법만으로는 대응할 수 없음을 절감합니다. 바로 이 시점에 출간된 안승오 교수님의 『제4 선교신학』은 시대를 꿰뚫는 통찰과 분별력을 갖춘 귀중한 저작입니다.

안승오 교수님은 본서에서 교회의 방향타 역할을 해온 선교신학의 흐름을 치밀하게 분석합니다. 복음주의 선교신학, 에큐메니컬 선교신학, 그리고 오늘날 주류로 자리 잡은 통전적 선교신학이 걸어온 길을 추적하면서, 각 패러다임의 장점과 한계를 짚어냅니다. 그러나 여기서 그치는 것이 아닌, 흔들리는 교회와 선교 현장을 다시금 회복할 수 있는 새로운 패러다임, 곧 제4 선교신학을 대안으로 제시하고 있습니다.

제4 선교신학은 무엇보다도 교회의 건강한 회복을 선교의 기초로 삼습니다. 복음 전도의 우선순위를 분명히 하되, 윤리적 책임과 사회적 참여를 소홀히 하지 않으면서도 이를 선교와 구분하며, 하나님 나라의 선명한 목표와 그리스도의 말씀과 모범을 따라가는 신학입니다. 이것은 단순한 이론 제시가 아니라, 실제로 무너져가는 교회의 현실 속에서 어떻게 선교가 새 힘을 얻을 수 있을지에 대한 구체적 해답을 담고 있습니다.

 본서를 읽는 독자들은 선교의 거대한 숲을 한눈에 조망하게 될 것입니다. 또한 각 패러다임이 가진 장단점을 균형 있게 이해함으로써, 현장의 목회자와 선교사에게는 길잡이가 되고, 신학생에게는 든든한 나침반이 될 것입니다. 무엇보다 오늘을 사는 모든 성도와 소속된 교회에 선교가 나아가야 할 방향을 분명히 제시해 주는 영적 자양분이 될 것입니다

추천사 6

최원진 박사
침례신학대학교 선교학 교수

오늘날 기독교 선교는 급격한 세속화, 교회의 쇠퇴, 그리고 이슬람을 비롯한 타종교의 약진이라는 삼중의 도전에 직면해 있다. 이러한 격랑의 시대 속에서 안승오 교수의 『제4 선교신학』은 새로운 항로를 개척하는 나침반과 같다. 저자는 본서에서 현대 선교의 위기 상황을 치밀하게 진단하고, 그에 대응할 수 있는 새로운 신학적 패러다임을 제시한다.

본서에서 안승오 교수는 복음주의, 에큐메니컬, 그리고 통전적 선교신학이라는 세 가지 기존의 패러다임을 면밀히 검토하며, 그 역사적 의의와 더불어 내재된 한계까지 비판적으로 성찰한다. 통전적 선교신학이 오늘날 주류 담론으로 자리하고 있음에도 불구하고, 저자는 그것이 지닌 한계와 위험을 날카롭게 짚어내고, 교회의 본질적 회복과 선교적 사명 고양을 지향하는 '제4 선교신학'을 제안한다.

『제4 선교신학』은 교회를 하나님 나라 선교의 핵심적 주제로 재정립하는 데 주안점을 둔다. 나아가 선교의 우선순위, 윤리적 기준, 그리고 실천적 방법론을 구체적으로 제시함으로써, 단순한 이론서가 아니라 목회와 선교 현장에서 실제로 적용할 수 있는 지침서로 기능하게 한다. 무엇보다도 신학적 담론과 교회적 실천을 동시에 사유하게 하는 이 저서는 신학생과 목회자, 선교사뿐 아니라 학문적 탐구를 이어가는 신학자들도 반드시 읽어야 할 필독서이다.

본 추천자는 본서가 한국 교회와 세계 교회가 직면한 선교적 위기 속에서 새로운 신학적 논의와 실천적 돌파구를 마련하는 데 크게 기여할 것으로 확신한다. 그리하여 이 시대의 교회가 다시금 복음의 본질을 붙들고, 하나님의 나라를 향한 선교의 창의적 비전을 구현하는 길로 나아갈 수 있도록 돕는 탁월한 동반자가 될 것이라 믿으며 『제4 선교신학』을 자신있게 추천한다.

이 한 권의 책으로 기독교 선교의 맥을 잡는다.
위기에 처한 기독교 선교가 나아가야 할 방향을 제시한 명저

개정증보판

제4 선교신학

위기의 기독교를 위한 대안적 선교 패러다임
- *The 4th Mission Theology* -

안 승 오 지음

❶ 복음주의 선교신학
❷ 에큐메니컬 선교신학
❸ 통전적 선교신학
❹ 대안으로서의 제4 선교신학

CLC

기독교문서선교회(Christian Literature Center: 약칭 **CLC**)는 1941년 영국 콜체스터에서 켄 아담스에 의해 시작되었으며 국제 본부는 미국의 필라델피아에 있습니다.

국제 CLC는 59개 나라에서 180개의 본부를 두고, 약 650여 명의 선교사들이 이동도서차량 40대를 이용하여 문서 보급에 힘쓰고 있으며 이메일 주문을 통해 130여 국으로 책을 공급하고 있습니다.

한국 CLC는 청교도적 복음주의 신학과 신앙서적을 출판하는 문서선교 기관으로서, 한 영혼이라도 구원되길 소망하면서 주님이 오시는 그날까지 최선을 다할 것입니다.

The 4th Mission Theology

Written by
Seung Oh An

Korean Edition
Copyright © 2025 by Christian Literature Center
Seoul, Korea

서 문

본서를 쓰게 된 동기와 목적

1. 심각한 기독교의 약화 현상

오늘날 기독교는 어떤 모습인가?
아프리카, 아시아 일부 지역, 또 남미 등을 중심으로 지역별로 여전히 왕성하게 성장하는 교회들이 있기는 하지만 전체적으로는 심각한 성장 감소세를 보이고 있다. 특히 기독교의 본산지라 할 수 있는 서구를 중심으로 충격적인 퇴조 현상을 보이고 있다. 가끔 영국 관련 동영상 등을 보면 영국의 교회들이 더 이상 교회 건물을 유지할 힘이 없어서 교회 건물을 회사, 술집, 디스코장 등에게 넘겨주는 예를 종종 보게 된다. 더더욱 가슴 아픈 것은 교회 건물이 이슬람의 모스크나 다른 종교의 성전으로 팔리는 모습을 보게 되는 것이다.
이런 현상이 서구로만 한정된다면 그나마 다행이겠는데 세계선교의 핵심 주자 역할을 해오던 한국 교회마저 심각한 퇴조의 모습을 보이니 안타까운 일이 아닐 수 없다. 기독교는 일부 지역을 제외하고 전반적으로 활력을 많이 상실하고 있는 형국이며, 한번 활력을 잃은 기독교 지역은 좀처럼 다시 활력을 찾지 못하고 심각하게 세속화되는 모습을 보이고 있다.

기독교가 이처럼 약세를 보이는 반면 이슬람이나 타종교들은 오히려 왕성하게 성장하는 모습을 보인다. 특별히 이슬람의 성장은 놀랍다. 이슬람은 1900년에 12.4%를 차지하던 비율에서 2000년에는 21.1%로 늘어나 점유율로만 해도 2배 정도의 성장을 하였으며, 숫자로만 보면 1900년에 2억이던 무슬림이 2000년에는 12억 3천만 정도로 성장하여 6배 이상의 성장을 이루어내었다. 성장률 1.38%의 증가율을 보이는 기독교에 비하여 이슬람은 1.8%의 높은 성장률을 보이면서 2010년 현재 약 17억 명으로 파악되고 있다. 이러한 성장세는 계속되어 2025년에는 20억 명 가까이 성장할 것으로 예상된다. 특별히 유럽의 경우 백인 여성들의 출산율이 저조한 반면 무슬림 여성들의 경우 높은 출산율을 보이면서 자연 인구 증가율로만 보아도 유럽은 머지않아 이슬람 대륙이 될 것이라는 우울한 전망이 나오고 있다.[1]

이와 같은 전망은 다소 과하게 예측된 측면이 있어 보이지만 안타깝게도 현재의 추세대로라면 기독교와 이슬람의 교세가 역전되어 21세기는 기독교 세기에서 이슬람 세기로 변화될 가능성이 높아 보인다. 실제로 이슬람은 매일 7만 명 이상이 증가하는 것으로 보고되고 있으며, 2050년까지 전 세계 청년의 절반을 무슬림으로 만들고, 2080년까지 전 세계를 이슬람으로 개종시키겠다는 도전적인 목표를 세우고 치밀하게 추진해나가고 있다.

---

1 "2080년까지 전 세계를 이슬람으로 개종시키겠다," 「미션투데이」, http://cafe.daum.net/MyLoveChina.

2. 위기 앞에서 무기력한 오늘의 선교신학

선교는 교회가 세상을 향해 나아갈 때 가장 선두에 서는 활동이다. 선두에 섰다는 것은 세상과 가장 긴밀한 관계를 지니면서 교회의 방향을 잡는다는 것이다. 이런 점에서 신학의 여러 분야 중에서도 특별히 선교신학은 교회의 방향타 역할을 하는 학문 분야이다. 선교신학이 어떤 방향을 잡느냐에 따라서 교회의 방향이 결정된다. 즉 어떤 성격의 선교신학이 수용되느냐에 따라서 교회가 건강하게 서기도 하고 서서히 무너져 내리기도 하는 것이다.

그렇다면 세상을 향한 교회의 방향타를 결정짓는 선교신학에는 어떤 신학들이 있을까?

단순화시켜서 말하기에는 다소 무리가 있겠지만 가장 널리 받아들여지는 견해를 따라서 보면 대략 다음의 세 가지 선교신학 패러다임이 존재해 왔다.

첫째, 전통적인 복음주의 선교신학 (제1 선교신학).

둘째, 전통적인 복음주의 신학에 대한 반성에서 출발된 에큐메니컬 선교신학 (제2 선교신학).

셋째, 위의 두 신학을 모두 수용하고자 하는 통전적 선교신학(제3 선교신학)이다. 현재는 복음주의 진영이든 에큐메니컬 진영이든 모두 다 통전적 선교신학을 표방하고 있는 상황이다. 즉 통전적 선교신학이 오늘의 선교신학인 셈이다.

그런데 과연 통전적 선교신학은 오늘날 위기에 처한 기독교 교회를 살릴 수 있는 신학이 될 수 있을까?

과연 통전적 신학이 말하는 대로 하면 기독교는 다시 회복되어 이 세계 속에서 영향력을 발휘하고 하나님 나라를 실현해나갈 수 있을 것인가?

안타깝게도 그 대답은 '아니다'라고 할 수 밖에 없다. 앞장에서 살펴보았듯이 오늘날 가장 널리 수용되고 있는 통전적 선교신학은 에큐메니컬 신학과 에반젤리칼 신학을 모두 종합하면서 외형상으로는 균형감을 지닌 가장 바람직한 신학으로 보이지만, 실제로 나타나는 모습은 기독교를 건강하게 세워나가는데 심각한 한계점을 지닌 것으로 보인다. 통전적 선교신학은 선교학자들의 책상 위에서는 그럴듯하게 주장되고 있지만 실제 이 신학이 과연 어느 정도 위기에 처한 기독교를 살릴 수 있을 것인가 하는 것은 좀 더 냉철한 논의와 오랜 시간의 검증을 받을 필요가 있어 보인다.

특별히 통전적 선교신학은 다음과 같은 점에서 한계점을 지니고 있다.

첫째, 상반된 패러다임을 적당히 봉합하여 패러다임 간의 충돌과 개념 혼란을 겪을 수 있다는 것이다. 앞서 설명한대로 통전적 선교신학은 복음주의 신학과 에큐메니컬 신학을 모두 수용한 것인데, 전자는 복음전도를 우선순위로 삼는 반면, 후자는 평화로운 공존과 상생 등을 통한 인간화를 우선순위로 삼는다. 그런데 많은 경우 복음을 전하면 평화로운 공존이 깨어지는 경우가 많으므로 두 패러다임은 상충하는 면이 있고 이로 인한 개념의 혼란이 발생할 수 있다.

둘째, 통전적 선교 패러다임은 이론적으로는 그럴듯한데 실제로는 현실성이 부족하다는 지적이 있다.

셋째, 너무 많은 것을 선교의 목표로 삼고 추진하는 과정에서 효율성이 많이 부족한 것으로 평가된다.

넷째, 위와 같은 효율성 부족 등의 이유로 이 선교 개념은 전도와 교회의 약화로 이어질 가능성이 높은 것으로 평가된다.

다섯째, 통전적 선교 개념은 깊이 있는 이론 체계가 거의 없다. 단순히 통전적 선교로 가야 한다는 당위성에 대한 주장만 무성할 뿐 실제로 통전적 선교가 말하는 선교의 방법이나 전략은 매우 불분명하고 체계가 없다.

전통적인 복음주의 선교나 에큐메니컬 선교의 경우는 나름대로 이론적인 체계도 있고 전략도 있다. 하지만 통전적 선교의 경우는 이런 것들이 매우 미흡한 형편이다. 한마디로 하면 오늘날 가장 널리 수용되고 있는 통전적 선교신학은 위기에 닥친 세계 기독교를 구하여 역동적으로 세계복음화를 달성하는 데는 역부족인 선교신학이라는 것이다. 전 세계 모든 기독교의 선교를 이처럼 미흡한 선교 개념에 근거하여 실행한다면 선교의 미래는 매우 어두울 수밖에 없을 것이다.

즉 기독교 선교가 이 신학 위에 서서 계속 나아간다면 아마도 기독교는 더욱 심각한 위기에 처할 것이며, 『기독교의 미래』라는 책을 저술한 앨리스터 맥그라스(Alister McGrath)의 예측대로 대부분의 주류 개신교는 금세기 말 정도에 그 흔적을 찾기 힘들 정도로 사라질 가능성이 있는 것이다.[2] 통전적 선교신학을 추구할 때 우리는 이런 점을 고민해 보아야하지 않을까 싶다.

---

2 Alister McGrath, *The Future of Christianity*, 박규태 역, 『기독교의 미래』 (서울: 좋은씨앗, 2005), 141.

3. 이슬람이 기독교를 능가하게 된다면?

이슬람은 하루 빨리 전 세계를 이슬람화 하겠다는 당찬 야망을 가지고 전 세계를 향해 나아가고 있다. 가깝게는 2020년까지 한국에도 이슬람을 전파하여 아시아 지역 이슬람화의 발판으로 삼겠다고 장담을 하고 있는 상황이다.

과연 그렇게 될 것인가?

안타깝게도 이미 헌팅턴과 같은 학자들도 머지않은 장래에 이슬람이 기독교를 능가할 것을 예견한 바 있으며, 실제로 지금 유럽과 같은 나라들에 점차로 이슬람의 교세가 확장되어 가고 그 영향력이 강해지는 것을 보면서 그러한 예견이 현실화 될 날도 그리 멀지 않았다는 불길한 예감을 갖게 된다.

물론 평화와 공존 그리고 전 세계의 샬롬을 가장 중요한 가치로 삼고 여기에 매진하는 사람들에게는 이슬람의 급성장이 그리 큰 문제로 여겨지지 않을지 모른다. 기독교가 성장하든 이슬람이 성장하든 그러한 것은 중요한 것이 아니고 오직 평화와 공존을 통하여 모든 인간이 잘 살 수 있는 것이 중요한 관심사일지 모른다.

그런데 과연 이슬람이 기독교를 능가하게 되면 그들이 바라는 평화가 지속될 수 있을까?

지금까지의 이슬람 역사를 보면 이슬람은 기본적으로 폭력을 써서라도, 아니 폭력이 가장 효과적인 이슬람화 전략이라는 사고를 가지고 폭력을 사용해왔다. 이슬람은 유럽과 중동 각지에서 하루가 멀다 하고 폭력으로 자신들의 의지를 관철하고자 한다. 앞으로 가면 갈수록 더 많은 폭력이 이슬람교도들의 손에 의해 이루어질 것으로 보인다. 평화와 공존을 통한 샬롬은 점점 더 멀어져갈 것이다. 폭력에 의존해서 자신들의 의사를 표시하고 관철하려는 무슬림들의 수가 많아진다면 인류는 현재보다 훨씬 더 불행해질 것이 틀림없다. 여성들이나 아이들 그리고 소수자들의 인권은 지금보다 더 형편없는 상황으로 악화될 것이 분명해 보인다.

특별히 이슬람은 기독교에 대하여 매우 적대적인 자세를 취한다. 이슬람은 서구에 대한 부정적인 인식을 지니고 있는데 이 서구를 기독교와 동일시하면서 싫어한다. 또한 꾸란의 가르침에도 모든 타종교인들을 이슬람으로 개종시키든지 아니면 말살하라는 명령이 나와 있다. 모든 종교가 알라에게로 귀일하여 더 이상 종교로 인한 소음이 없어질 때까지 지하드를 계속하라는 명령이 모든 이슬람교도들에게 주어져 있다(꾸란 8:39). 이러한 구절에 근거하여 이슬람 국가 IS는 주변 마을들을 습격하여 거기에 있는 기독교 남성들을 처참한 방법으로 살해하고, 기독교 여성들과 아이들은 노예로 팔거나 성노리개로 나누어준다. 이슬람이 들어가는 곳마다 기독교인들은 심각한 죽음의 위협과 불행을 겪게 되는 것이다. 이러한 날이 오고 있기에 우리는 더욱 깨어 기도하고 이 일이 일어나지 않도록 막아야 할 책임이 있는 것이다.

4. 문제는 건강한 교회들의 회복과 성장이다.

오늘날 가장 널리 받아들여지고 가장 합리적인 것으로 인정되는 통전적 선교신학을 분석하면서 이 신학을 가지고는 기독교가 심각한 위험에 빠질 수 있다는 필자의 글을 읽으면서 많은 독자들은 의아해 하거나 강한 반감을 갖게 될 수 있다. 그리고 기독교를 다시 회복하고 살리기 위하여 통전적 선교신학의 대안으로 제시하는 "제4 선교신학"에 대하여 반대의 의견을 표출하는 독자들도 있을 수 있다. 선교신학의 대세가 통전적 선교신학의 흐름으로 흘러가는 상황에서 대세의 선교신학의 문제점을 말하면서 대안적 신학을 말하는 것은 받아들여지기 쉽지 않을 수 있다. 특별히 하나님의 관심은 교회가 아니라 세상에 있으며, 세상을 섬기고 변화시키는 것이 구령보다 더 중요하다는 관점에서 보면 본서에서 제시되는 대안적 선교 개념은 지나치게 교회 중심적이며 협소한 선교 개념으로 보일 수 있을 것이다.

하지만 본서는 기본적으로 심각하게 동력을 상실하고 계속 약화되는 기독교 상황을 기본 전제로 하고 수행된 연구이다. 세상을 섬기는 것도 좋고 세상을 변화시키는 것도 좋지만 최소한 교회가 존재해야 이 모든 신학적 논의가 가능해진다. 교회가 약화되거나 사라져버린다면 세상을 섬기는 것 자체가 불가능해지며, 선교 자체를 논의하고 추진할 기구가 없어지는 것이다. 지금은 교회의 존립 자체가 위협을 받는 상황에 있다. 특별히 교회들의 구령 열정이 갈수록 식어지는 상황이다. 현재는 기독교의 숫자가 이슬람의 숫자를 능가하고 있지만, 정작 중요한 것은 구성원들의 헌신도와 열정이다. 기독교 성도들은 어느 새 자신들의 편안함과 행복을 추구하는 데 바빠서 신앙을 지키고 전파하는 데 있어서 손해를 감수하려들지 않는 경향이 많다. 자신의 행복이 우선순위에 놓여있는 경우가 많다.

그러나 이슬람의 경우는 돈, 명예, 권력, 편안함 등에 대한 관심보다는 알라의 뜻을 실천하는 일에 더 높은 관심을 두는 사람들이 많다. 자신의 생명을 바쳐서라도 알라의 뜻을 실천하겠다는 사람들이 많다. 특별히 원리주의 무슬림들은 오직 알라를 위한 순종만을 최선의 가치로 삼는 사람들이다.

이러한 이슬람을 하나님께로 인도하고 온 세계에 하나님의 통치를 충만하게 하고 하나님께 영광이 돌려지도록 하려면 기독교는 새로워져야 한다. 교회가 건강하게 세워져야 한다. 교회가 비록 오류와 연약함이 많고 문제로 가득하지만 여전히 교회가 아니면 세계를 그리스도께로 이끌 수 있는 기구가 없다. 교회는 그리스도의 피로 값 주고 사신 몸이며 지상에서 복음을 책임 있게 전하며 선교 활동을 신실하게 수행할 수 있는 가장 핵심적인 기관이다. 이런 점에서 교회를 선교의 핵심 기구로 세우는 것이 매우 중요하다. 이런 점에서 본서는 교회를 건강하게 세우고 펼칠 수 있는 선교신학의 패러다임을 모색하고 있다.

5. 본서의 주요 강점들과 감사

본서는 그 동안 여러 곳에 기고한 논문들을 모으고 편집하여 만들었으며,[3] 본서를 읽으면서 독자들은 주로 다음과 같은 점에서 유익을 얻을 수 있을 것이다.

첫째, 본서는 현재까지 나온 선교신학의 세 가지 패러다임을 명쾌

---

[3] 본서에 수록된 글들 중 제2부 에큐메니컬 선교 부분은 필자의 글 "에큐메니컬 대 에반젤리칼 이슈," 『현대선교학개론』(서울: 대한기독교서회, 2008)을 보완 및 확대한 것이며, 제3부 통전적 선교 부분은 "통전적 선교신학의 태동 배경과 전망," 「복음과 선교」 제15집 (2011)과 "제4 선교신학 태동의 필요성 소고," 「선교신학」 제38집 (2015), 제4부 대안으로서 제4 선교신학 부분은 "제 4 선교신학 소고," 「신학과 목회」 제42집 (2014), "선교에 있어서 윤리적 과제의 위치," 「신학과 목회」 제43집 (2015), "제4 선교신학 태동의 필요성 소고," 「선교신학」 제38집 (2015)을 조합한 것이다.

하게 설명하여 놓았다. 선교신학에 대한 논의들이 워낙 방대하기 때문에 일반적인 독자들은 선교신학의 큰 맥을 잡는 데 상당한 애로를 겪게 된다. 하지만 선교신학의 큰 흐름을 세 가지 주요 패러다임에 따라 정리한 본서를 읽으면서 독자들은 선교의 흐름을 쉽게 파악할 수 있다. 아울러 각 패러다임의 탄생 배경, 주요 특징, 각 패러다임의 강점과 한계점 등을 설명하였으므로 각 패러다임을 서로 비교하면서 읽으면 주요한 선교신학에 대한 이해를 분명히 갖게 될 것이다.

둘째, 본서는 현재 가장 널리 수용되고 있는 선교신학인 통전적 선교신학에 대한 자세한 분석을 하였다. 통전적 선교신학이 태동된 배경, 그 동안의 주된 흐름, 그리고 통전적 선교신학의 강점과 한계점 등을 상세하게 서술하였다. 통전적 선교신학에 대한 지금까지의 논의들은 주로 강점에 초점이 맞추어져 있다. 즉 통전적 선교신학이 가장 적절한 대안인 것처럼 설명되고 있다. 하지만 본서에서는 통전적 선교신학의 한계점을 명쾌하게 분석하여 놓았다. 따라서 독자들은 본서를 읽으면서 통전적 선교신학이 과연 위기에 처한 오늘의 선교 상황에 적절한 선교신학인지 아닌지를 파악하게 될 것이다.

셋째, 본서는 위기에 처한 21세기 기독교가 추구해야 할 대안적인 선교신학을 제시하였다. 기독교가 현재 일부 지역에서 성장하고 있지만 많은 지역에서는 정체 또는 감소하고 있는데 이것은 선교에 있어서 무언가 문제가 있다는 것을 반증하는 것일 수 있다. 이슬람과 같은 타 종교들은 왕성하게 성장하고 있는 상황에서 기독교는 기독교의 본거지라 할 수 있는 유럽지역에서부터 심각한 쇠퇴 현상을 보이고 있다.

이런 상황에서 본서는 과연 우리의 선교가 어떤 방향으로 가야 하는가에 대한 기본적인 방향을 제공하고자 지금까지의 세 가지 선교 프레임을 넘어서 대안이 될 수 있는 선교 프레임을 제공하고 있으므로 신학의 길에 들어선 신학생들이나 현장 사역을 담당하는 목회자들 그리고 선교사들이 선교를 수행하는 데 있어서 중요한 나침반 역할을 하게 될 것이다. 아무쪼록 본서가 나오기까지 많은 도움을 주신 모든 분에게 감사를 드리며 특별히 출판을 허락해주신 CLC 박영호 사장님께 감사를 드린다.

2025년 7월
영남신대 선지동산 교정에서
안승오 識

차 례

추천사 | 강대흥 박사 외 5인 / 1

서문 / 14

제1부_ 복음주의 선교신학(초대교회-1974 로잔대회) / 30

1장 복음주의 선교신학의 태동 배경과 흐름 / 32
1. 종교개혁과 경건주의 / 32
2. 복음주의 부흥 운동과 근본주의 운동 / 34
3. 에큐메니컬 운동에 반대하는 선교 운동 / 37

2장 복음주의 선교신학의 강조점들 / 45
1. 성경의 권위 / 47
2. 그리스도의 구속 사역 / 49
3. 개인의 회심 / 51
4. 교회의 설립과 성장 / 53
5. 구령의 책임과 긴급성 / 55
6. 사회봉사에 대한 관심 / 57

3장 복음주의 선교의 주요 전략들 / 61
1. 삼자원리 / 62
2. 믿음 선교 전략 / 62
3. 교회성장 전략 / 75
4. 미전도 종족 선교 전략 / 78

4장 복음주의 선교신학에 대한 평가 /83
　1. 구령의 열정과 선교 열매 / 83
　2. 역동적인 기독교 조성 / 85
　3. 사회의 변화로 이어진 개인들의 변화 기여 / 87
　4. 복음화를 위한 연합 추구 / 89
　5. 비윤리적인 선교 행태 / 91
　6. 사회에 대한 관심의 약화 가능성 / 95

제2부_ 에큐메니컬 선교신학 /99

5장 에큐메니컬 선교신학의 태동 배경과 흐름 /101
　1. 에큐메니컬 운동의 의미와 태동 배경 / 101
　2. 에큐메니컬 선교신학의 흐름 / 111
　　1) 선교를 위한 협력 패러다임 (1910-1948년) / 111
　　2) 하나님의 선교(Missio Dei) 패러다임 (1952-1963년) / 116
　　3) 인간화 패러다임 (1968-1975년) / 120
　　4) 생명 패러다임 (1983년 - 현재) / 125

6장 에큐메니컬 선교신학의 주된 경향 /137
　1. 세계에 대한 관심 / 138
　2. 화해와 일치 / 142
　3. 대화와 공존 / 145
　4. 생명 / 149

7장 에큐메니컬 선교신학의 기여점과 한계점 /154
　1. 교회의 화합과 일치에 기여 / 152

2. 세계 속에서의 교회와 교인의 책임 강조 / 156
3. 샬롬에 대한 책임 도전 / 157
4. 복음화 역량의 약화 가능성 / 158
5. 선교의 주된 역군인 교회의 약화 가능성 / 161
6. 광범위한 포괄성과 그로 인한 효율성 감소 가능성 / 164

제3부_ 통전적 선교신학(1975년 나이로비 대회 - 현재) / 169

8장 '통전적 선교신학'이란 용어의 의미와 태동 배경 / 171
1. 양 진영 사이의 갈등 상황 / 171
2. 갈등 상황에서 대안으로 제시된 통전적 선교신학 / 174

9장 에큐메니컬 진영의 '통전적 선교신학' 흐름 / 177
1. 통전적 선교를 향한 에큐메니컬 진영의 노력 / 177
2. 에큐메니컬 진영이 말하는 통전적 선교 / 179

10장 복음주의 진영의 "통전적 선교신학" 흐름 / 183
1. 복음주의 진영의 점진적인 변화 / 183
2. 2000년 이후의 적극적인 변화 / 188

11장 통전적 선교신학의 기여점과 한계점 / 194
1. 균형감과 윤리적 책임에 대한 도전 / 194
2. 패러다임과 개념의 혼란 가능성 / 199
3. 예수의 가르침과의 충돌 가능성 / 203
3. 현실성의 문제 / 206
4. 효율성의 감소 가능성 / 210
5. 전도와 교회의 약화 가능성 / 213

제4부_대안 신학으로서의 제4 선교신학/219

12장 제4 선교신학의 태동 배경과 필요성/221
1. 약화되는 기독교 현황 / 221
2. 위기 앞에서 무력한 오늘의 선교신학 / 224

13장 제4 선교신학의 주된 강조점/229
1. 교회의 위치를 중시하는 선교신학 / 229
2. 윤리를 중시하면서도 윤리와 선교를 구분하는 선교신학 / 233
3. 우선순위를 놓치지 않는 선교신학 / 238
4. 목표의 선명성과 실현 가능성을 중시하는 선교신학 / 243
5. 그리스도의 말씀과 모범을 따르는 선교신학 / 245
6. 하나님의 영광을 추구하는 선교신학 / 249

14장 제4 선교신학의 기본적인 틀거리/255
1. 선교의 개념 / 255
2. 선교의 목표 / 262
3. 선교의 방법 / 269
4. 선교의 내용 / 275
5. 선교의 주체 / 282
6. 선교의 대상 / 290
7. 4가지 선교 패러다임 비교분석 / 295

부록 : 예수의 가르침에서 본 확대된 선교 개념 평가/298

영문요약(Abstract)/331

참고문헌/342

제1부_복음주의 선교신학

1장··· 복음주의 선교신학의 태동 배경과 흐름
2장··· 복음주의 선교신학의 강조점들
3장··· 복음주의 선교의 주요 전략들
4장··· 복음주의 선교신학에 대한 평가

복음주의에 대한 정의를 내리는 것은 쉽지 않은데, 그것은 복음주의 진영 안에서조차도 분파들에 따라서 복음주의의 역사적 기원과 의미에 대하여 다양한 견해가 존재하기 때문이다. 복음주의의 범주 안에 포함될 수 있는 사람들은 보수적인 사람들로부터 개방적인 사람들까지 다양한 성향을 지닌 사람들로 나누어져 있다. 하지만 큰 관점에서 볼 때 복음주의의 범주 안에는 1) 신복음주의자들(빌리 그레함 등), 2) 근본주의자들, 3) 고백적 복음주의자들(바이어 하우스 등), 4) 오순절파, 5) 진보적 복음주의자들(사회참여의 필요성을 강하게 주장한 사무엘 에스코바, 레네 빠딜랴, 올란도 코스타스 등), 6) 에큐메니컬 복음주의자들(복음주의자들로부터 비판을 받으면서도 에큐메니컬 운동에 참여하는 이들) 등이 포함될 수 있다. 이처럼 복음주의가 매우 방대하여 그 의미를 쉽게 정의하기에는 다소 어려움이 있지만, 기본적으로 공통적인 성향을 따라 정의를 내려본다면 복음주의란 "죄로 말미암아 망할 수밖에 없는 인간들을 구원하시기 위하여 하나님께서 은혜로 독생자 예수 그리스도를 세상에 보내어 십자가 위에서 대속의 죽음을 죽게 하신 것을 믿음으로 받아들일 때 무조건 구원을 얻는다는 복된 소식을 천명하는 입장이나 운동"이라고 정의할 수 있을 것이다.

제1부

복음주의 선교신학
(초대교회–1974 로잔대회)

•

복음주의가 무엇이며 그 뿌리가 무엇인가를 한 마디로 말하기는 쉽지 않다. 복음주의 진영 안에서조차도 분파들에 따라서 복음주의의 역사적 기원과 의미에 대하여 다양한 견해가 존재하기 때문이다. 또한 누가 복음주의자인가를 규정하는 것 역시 쉽지 않은 일이다. 복음주의의 범주 안에 포함될 수 있는 사람들 중에도 보수적인 사람들로부터 개방적인 사람들까지 다양한 성향을 지닌 사람들로 나누어져 있기 때문이다. 김은수는 바이어하우스의 분류를 따라 복음주의자들에 포함될 수 있는 사람들을 다음과 같이 정리하였다.[4]

① 신복음주의자들(빌리 그레함 등)
② 근본주의자들
③ 고백적 복음주의자들(바이어 하우스 등)

---

4 김은수, "복음주의 선교와 신학적 과제," 한국선교신학회 편, 『복음주의와 에큐메니즘의 대화』(서울: 다산글방, 1999), 30–31.

④ 오순절파

⑤ 진보적 복음주의자들(사회참여의 필요성을 강하게 주장한 사무엘 에스코바, 레네 빠딜랴, 올란도 코스타스 등)

⑥ 에큐메니컬 복음주의자들(복음주의자들로부터 비판을 받으면서도 에큐메니컬 운동에 참여하는 이들)

이처럼 복음주의가 매우 방대하여 그 의미를 쉽게 정의하기에는 다소 어려움이 있지만, 그래도 '복음주의'라는 이름이 명명될 때는 나름대로의 독특한 성향을 기본적으로 지니고 있는데, 김명혁은 "죄로 말미암아 망할 수밖에 없는 인간들을 구원하시기 위하여 하나님께서 은혜로 독생자 예수 그리스도를 세상에 보내어 십자가 위에서 대속의 죽음을 죽게 하신 것을 믿음으로 받아들일 때 무조건 구원을 얻는다는 복된 소식을 천명하는 입장이나 운동"⁵이라고 정의하였다. 이 장에서는 위의 정의를 기본으로 하여 복음주의 선교신학의 배경과 흐름, 주된 특징, 주요 선교 전략들, 강점과 한계점 등을 살펴보고자 한다.

---

5 김명혁, "복음주의 운동과 한국 교회," 「선교와 신학」 제5집 (2000), 88–89.

1장

복음주의 선교신학의 태동 배경과 흐름

1. 종교개혁과 경건주의

　복음주의 역사는 초대교회부터 계속되어 온 것이라 해도 과언이 아니다. 하지만 좀 더 직접적인 복음주의의 배경을 말한다면 그것은 종교개혁이라 할 수 있다. 즉 복음주의는 중세 교회의 형식적인 신앙생활에서 개인적인 구원의 체험과 성경의 영적인 중요성을 강조하며 성경적인 신앙과 생활로 되돌아가려는 종교개혁으로부터 시작된 것이라 할 수 있다. 즉 종교개혁은 기본적으로 복음을 발견하고 그 복음을 따라 살아야 한다는 목표 하에서 이루어진 것이다. 영국에서는 '복음'을 정확히 믿고 그 복음에 따라 사는 자들을 '복음주의자들'(Evangelicalles)로 불렀는데, 이 용어가 개혁을 대표하는 자들을 가리키는 말로 사용됨으로써 저항적 혹은 개신교적인 의미를 지닌 프로테스트(protest)와 동일하게 사용되었다.[1] 즉 참된 복음을 찾고 그 복음을 실천하고자 하

1　김은수, "복음주의 선교와 신학적 과제," 31-32.

는 의지를 가지고 복음에 합당한 삶을 방해하는 것들을 향하여 저항하는 것으로부터 복음주의는 시작되었던 것이다. 이 후에도 복음이 이단 및 세속화 경향에 의해 위협을 당해 변질되려 할 때마다 교회는 분연히 일어나 복음을 재천명하며 복음전파에 박차를 가하곤 해왔다. 이런 점에서 교회의 역사는 복음이 변질될 위기에 놓일 때 복음을 재천명하고 확장한 역사라 할 수 있을 것이며,[2] 이것이 바로 복음주의의 태동 및 흐름의 가장 밑바닥에 흐르는 물줄기라 할 수 있을 것이다.

이와 같은 물줄기가 만난 첫 번째 장애물은 종교개혁 운동이 시작된 후 약 1세기 정도 후부터 나타나기 시작하였다. 즉 합리주의와 사변주의 및 국가 교회 구조들의 영향으로 복음이 그 역동성을 상실하는 상황이 발생하였다. 특별히 이성을 계시로부터, 자연을 초자연으로부터, 그리고 철학을 교회와 신학으로부터 해방시키려는 계몽주의 운동이 출현하였다. 이러한 영향으로 들불처럼 타오르던 종교개혁 운동도 시간이 흐르면서 점차 형식화되고 무미건조해지기 시작하였다. 특별히 지나친 문자적 성경 이해, 무미건조해진 교리 논쟁, 경직된 교회제도 등으로 인해 복음이 활력을 잃고 있었다.

이 때 성도들의 심령 안에 내주하시는 예수 그리스도와 성령을 강조한 운동이 일어났는데 그것이 바로 경건주의 운동이었다. 이 운동은 개인의 회심과 경건을 강조하면서 그것이 삶 속에서의 경건으로 나타날 수 있도록 하는 데 많은 관심을 기울인 운동이었다. 이 경건주의 운동의 핵심 지도자 중 하나였던 쉬페너의 저술 『경건한 열망』에 나타난 세 가지의 개혁 방안을 보면 경건주의의 관심과 특징 등을 파악할 수

---

2 김명혁, "복음주의 운동과 한국 교회," 「선교와 신학」 제5집 (2000), 89.

있는데, 그 내용은 다음의 세 가지이다.

① 설교, 성경공부, 이신칭의, 영적 생활의 강조
② 개인의 성화 강조
③ 요리문답과 성례(세례와 성만찬)를 중심에 두는 개교회 강조[3]

이러한 강조점과 함께 경건주의 운동은 복음의 역동성을 발견하고 실천하면서 놀라운 선교의 결실들로 이어졌다. 즉 경건주의 운동으로부터 개신교 최초의 선교사 치켄발크와 플뤼차우가 나왔고 그 후 모라비안 선교사들이 출현하여 개신교 선교는 왕성한 선교 운동의 역사를 써 내려 갔다. 이런 점에서 이형기는 "우리는 근대 복음주의의 기원을 경건주의에서 발견하며, 이 18세기 복음주의가 선교 활동으로 이어진 것을 본다"[4]라고 언급하고 있다.

2. 복음주의 부흥 운동과 근본주의 운동

앞에서 살펴본 대로 17세기에 독일을 중심으로 경건주의 운동이 일어났다면 18-19세기에는 영국과 미국을 중심으로 강력한 복음주의 부흥 운동이 발생하였다. 즉 18세기 중엽에 모라비안 형제단의 영향을

---

[3] 이형기, 『복음주의와 에큐메니컬 운동의 세 흐름에 나타난 신학』 (서울: 한국장로교출판사, 1999), 16-18.
[4] 위의 책, 16.

입은 죤 웨슬리와 휫필드를 중심으로 영국에서 '복음주의 각성 운동'이 크게 일어났다. 또한 18세기 중엽과 19세기 초엽에 에드워즈, 휫필드, 드와이트 무디 등을 중심으로 미국에서 '대각성 운동'과 '제2차 대각성 운동'이 발발하였다. 이러한 부흥 운동들은 종교개혁 운동의 모토인 오직 성경, 오직 은혜, 오직 믿음 등을 강조하면서 개인적 회심의 체험과 경건한 삶, 봉사와 전도의 선교, 교회의 갱신과 사회변혁 및 협력과 연합 등을 강조하면서 이 일의 성취를 위한 평신도들의 참여를 강조하였다.[5]

이와 같은 복음주의 부흥 운동은 계몽주의의 영향으로 초자연(계시, 교회, 신학)으로부터 이성을 해방시켜 기독교를 자연 종교화하는 것을 막고, 성경의 구속사, 복음, 신인이시며 중보자 되신 예수 그리스도, 삼위일체 하나님, 이신칭의 및 성화 등이 약화되어 세속화되어가는 기독교를 지키는 일에 크게 기여하였다.[6] 한 걸음 더 나아가 복음주의 운동은 교리적 주장이나 신학적인 주장보다 복음을 전하여 많은 영혼을 구하고 그들로 하여금 성화의 삶을 살게 하는 것이 중요하다고 생각하였기에 선교에 열정적으로 헌신하였다.

그 결과 많은 선교 단체들이 탄생하였는데, 1705년의 모라비안 선교, 윌리엄 캐리를 파송한 1792년의 '복음전도 침례교협의회,' 1795년의 '초교파적 런던 선교협의회,' 1799년의 '영국 성공회 교회 선교협의회' 등이 모두 복음주의적 각성 운동의 소산이었다. 또한 18세기의 복음주의 각성 운동과 이로 인한 왕성한 선교 운동은 19세기로 이어져

---

5   김명혁, "복음주의 운동과 한국 교회,"「선교와 신학」제5집 (2000), 90-91.
6   이형기,『하나님의 선교』(서울: 한국학술정보, 2008), 40.

19세기를 '위대한 선교의 세기'로 만들었던 것이다.[7]

19세기 말과 20세기 초엽에 접어들면서 복음주의 운동은 또 하나의 거대한 적을 만나게 되었다. 즉 다윈의 진화론과 독일의 현대 자유주의 신학 등의 출현이다. 이들의 출현으로 인하여 복음의 가장 기본적인 근간마저 흔들리는 상황이 되었다고 판단한 일단의 복음주의자들은 적어도 가장 근본적인 교리 즉 성경의 무오성, 그리스도의 처녀탄생, 그리스도의 신성과 대속적 죽음, 그리스도의 육체적 부활 및 천년 왕국의 임박한 도래 등 만은 지켜야 한다는 생각에서 『근본적인 것들』(Thd Fundementals)이란 책을 펴냈고 여기에서 근본주의 운동이 시작되었다.[8]

그러나 근본주의 운동이 지나치게 배타적이고 분파적인 운동으로 나아가면서 근본주의에 대한 비판들이 제기되자 20세기 중엽부터 보다 온건한 복음주의 운동이 일어나기 시작했다. 즉 1942년에 조직된 미국복음주의협의회(N.A.E. National Association of Evangelicals)와 1952년에 조직된 세계복음주의협의회(W.E.F. World Evangelical Fellowship) 등이 나타났다. 또한 1950년대에는 빌리 그래함의 복음화 운동 등이 일어났는데, 이 운동이 1974년 '로잔 세계복음화 대회'로 이어지면서 로잔 운동은 복음주의권의 선교 운동을 대표하는 운동이 되었다.[9]

---

[7] 위의 책, 38-39.
[8] 김명혁, "복음주의 운동과 한국 교회," 「선교와 신학」 제5집 (2000), 91.
[9] 위의 글, 91-92.

3. 에큐메니컬 운동에 반대하는 선교 운동

복음주의 선교신학 태동의 현대적인 배경은 '에큐메니컬 신학'의 태동이라고 할 수 있다. 즉 에큐메니컬 신학이 전통적인 복음주의 신학과 다른 신학적 입장을 가지고 나아가자 이것을 수용하면 기독교 선교가 위기에 처할 수 있다고 생각한 복음주의자들이 본격적으로 자신들의 신학적 입장을 내어 놓은 것이 바로 복음주의 선교신학의 직접적인 태동 배경이 된 것이다. 복음주의 진영의 주요한 몇 대회를 살펴보면서 복음주의 선교신학의 태동 배경을 살펴보자.

1) 휫튼 대회 (1966년)

현대적 의미의 에큐메니컬 운동이 태동된 것은 1910년 '에딘버러 대회'라 할 수 있다. 이 대회가 열렸을 때 선교의 목표는 "세계복음화"였고, 이 목표를 성취할 수 있는 최선의 효과적인 방법은 '연합'으로 강조되었다. 이러한 경향은 1948년에 세계교회협의회가 탄생될 때까지 지속되었으므로, 김동선도 "1910년 에딘버러 대회에서는 '세계복음화'를 그 이상으로 천명했으며, 세계 상황의 변화와 더불어 교회의 사회적 책임이 광범위하게 논의되기는 하였지만, 1948년 세계교회협의회(WCC)가 태동될 때까지만 해도 전도는 선교의 중심과제였다"[10]라고 평가하였다.

---

10 김동선, 『하나님의 선교: 그 신학과 실천』 (서울: 한국장로교 출판사, 2003), 44.

그러니까 대략 1950년 정도까지는 에큐메니컬 선교신학이 전통적인 복음주의 신학과 기본적인 선교 목표에 있어서는 큰 차이가 없었다고 할 수 있다.

그렇다면 언제 어떤 배경 하에서 에큐메니컬 선교신학이 전통적인 선교신학과 차이를 갖게 되었을까?

그것은 두 번에 걸친 참담한 세계대전 이후 전통적인 선교에 대한 반성 작업 가운데 1952년에 태동된 하나님의 선교(Missio Dei) 개념과 그 영향력으로 인해 에큐메니컬 선교는 사람들을 교회로 이끌려는 '복음화'를 지양하고, 세상에 나가서 세상 자체를 샬롬이 넘치는 사회로 만드는 선교를 점진적으로 추구하게 되었다. 즉 선교의 목표 자체가 바뀌게 된 것이다. 그러던 중 1961년 뉴 델리에서 열린 WCC 3차 총회에서 그 동안 선교의 주역이 되었던 IMC(International Missionary Council, 국제선교사협의회)가 WCC에 흡수 통합되면서 IMC는 '세계선교와 복음화 위원회'(CWME, Commission on World Mission and Evangelism)로 개편되었다. IMC의 주된 관심은 복음을 모르는 세계인구의 2/3에 있었고 이들의 복음화가 가장 주된 관심이었는데, IMC가 WCC로 흡수되면서 복음화에 대한 WCC의 관심은 아무리 후한 평가를 한다 해도 2차적인 것이 되고 말았다.[11]

WCC는 IMC와의 통합을 추진할 때 WCC의 목표가 바로 복음화이므로 IMC가 따로 활동할 이유가 없다고 강조하였지만, 결국 IMC가 WCC로 통합되면서 WCC 안에서 복음화에 대한 관심은 점차 약화되어졌던 것이다.

---

11   김은수, "복음주의 선교와 신학적 과제," 37.

휫튼 대회는 이와 같은 상황에 대한 우려 가운데서 태동되었다. 즉 복음화를 위한 주도적 기구가 사라진 상황 속에서 복음화를 중심으로 하는 선교가 여전히 중요하며 긴급하게 추진되어야 한다는 필요성 속에서 1966년 4월 미국의 일리노이 주 휫튼대학에서 복음주의 진영의 선교협의회들인 IFMA(Interdenominational Foreign Mission Association, '초교파해외선교협의회')와 EFMA(The Evangelical Foreign Missions Association, '복음주의해외선교협회')[12]의 후원으로 개최되었다. 이 대회는 1961년에 IMC를 흡수 통합한 WCC의 에큐메니컬 선교와 달리 복음주의 진영의 세계선교 전략과 실천을 다시 확고히 하고자 하는 목표를 지녔다. 즉 이 대회는 에큐메니컬 선교 운동이 신학적으로 자유주의를 표방하면서 전도의 확신을 상실하고 전도를 사회행동으로 대치하였다는 평가를 하면서 전도 및 교회개척에 선교의 우선권을 두어야 함을 강조하였다.[13]

2) 프랑크푸르트 선언 (1970년)

1961년에 IMC를 흡수한 에큐메니컬 진영은 선교의 목표를 사람들을 교회로 데려오는 '복음화'에서 점차로 세상 속으로 들어가 세상 자체를 샬롬이 넘치는 세상으로 바꾸는 것으로 인식하는 과정에서 급기야 1968년 제4차 WCC 웁살라 총회에서는 아예 선교의 목표 자체

---

12 '복음주의해외선교협회'(EFMA, The Evangelical Foreign Missions Association)는 미국복음주의협의회(National Associaton of Evangelicals, NAE)가 선교 단체들과의 연합을 목적으로 1945년 결성하였는데, IFMA보다 신학적 성향에 있어서 좀 더 포용적이다.
13 김은수, "복음주의 선교와 신학적 과제," 37-38.

를 '복음화'에서 '인간화'로 변경하게 되었다. 웁살라 대회는 인간의 참 인간성과 사회가 어느 때보다 여러 가지 파괴적인 힘에 의해 위협받고 있는 것으로 보면서, 비인간화 문제, 정의와 평화 문제, 인종 차별의 문제 등을 심각하게 다루었다.[14] 이런 상황에서 웁살라는 물질적 빈곤을 해결하는 것이 영적 빈곤 못지않게 중요함을 강조하였고, 제2 분과 위원회는 "선교의 갱신"(Renewal in Mission)을 주제로 다루면서 "우리는 인간화를 선교의 목표로 설정했다. 왜냐하면 우리의 역사 시대에는 무엇보다도 선교란 메시야적 목표의 의미를 전달하는 것이라고 믿기 때문이다"[15]라는 말과 함께 "인간화"(humanization)를 선교의 목표로 삼았다.

이처럼 에큐메니컬 진영의 선교가 아예 선교의 목표 자체를 변경하는 상황에 대하여 심각한 우려를 표명하던 독일의 복음주의자들의 모임인 '신학협의회'는 튀빙겐대학교(Tubingen University)의 선교신학자 피터 바이엘하우스(Peter P. J. Beyerhaus)에게 선언문 작성을 제안했다.

바이엘하우스는 이 제안에 따라 프랑크푸르트 선언의 초안을 작성하였고, 독일의 복음주의 교수 15명은 1970년 3월 4일 프랑크푸르트에서 이 선언문을 채택하였는데 이것이 바로 프랑크푸르트(Frankfurt) 선언이었다. 이 선언을 발표한 목적은 독일의 모든 주교회와 대부분의 선교 단체들이 WCC에 가입해 있는 상황에서 WCC가 잘못된 선교 즉 수직적인 화해를 무시하고 수평적인 화해만을 주장하므로 이 잘못된 선교 방향을 수정해야 함을 주장하고자 하는 것이었다.

---

14 WCC, "제 4차 총회: 스웨덴 웁살라 (1968)," *WCC, (The) Section Reports of the W.C.C-From the first to the seventh*, 이형기 역, 『역대총회종합보고서』 (서울: 한국장로교 출판사, 1993), 291.
15 WCC, *Drafts for Sections Prepared for the Fourth Assembly of the World Council of Churches* (Sweden, Uppsala: WCC, 1968), 34.

특별히 웁살라총회의 쟁점이 되었던 인간화의 문제점을 분명하게 지적하고 수정하고자 하는 목적을 지녔던 것이다.[16] 당시 「크리스채너티 투데이」(*Christianity Today*) 주간이었던 해롤드 린셀은 바이엘하우스와의 인터뷰를 한 후 바이엘하우스의 동기에 대하여 다음과 같이 기록하였다.

> 그는 WCC가 잘못된 길을 걷고 있으며 누군가가 이런 현실에 도전을 감행하지 않으면 안 된다고 힘주어 강조했다. 그는 분명히 유럽의 복음주의자들이 가까운 장래에 에큐메니컬 운동에 등을 돌리고 복음의 메시지가 지닌 순수성을 견지해주리라고 믿고 있었다.[17]

즉 프랑크푸르트 선언은 독일과 유럽의 교회들이 에큐메니컬 운동으로부터 돌아서게 할 목적으로 발표되었던 것이다.

3) 로잔 대회 (1974년)

1968년 제4차 WCC 웁살라 대회에서 선교의 목표를 '복음화'에서 '인간화'로 바꾼 에큐메니컬 진영은 이제 1973년 방콕 CWME 대회에서는 "오늘의 구원"(Salvation Today) 이라는 주제 하에서 아예 '구원'의 개념 자체를 전면적으로 재검토하였다. 선교는 기본적으로 구원을 전

---

16 김은수, "복음주의 선교와 신학적 과제," 39.
17 Peter Beyerhaus, *Mission: Which Way?, Humanigation or Redemption*, 김남식 역, 『선교정책원론: 인간화냐 복음화냐?』 (서울: 성광문화사, 1982), 13.

하는 활동이므로, 구원의 개념을 에큐메니컬 입장에서 명확히 정리해야 할 필요성을 인식했던 것으로 보인다. 방콕은 제2분과에서 다음과 같이 구원을 네 가지 사회적 차원들 안에서 정의하였다.

① 경제적 차원의 구원
② 정치적 억압으로부터의 구원
③ 관계적 소외로부터의 구원
④ 절망으로부터의 구원[18]

이상과 같은 포괄적인 구원 개념에 의하면 구원은 '영혼구원'이 아니라 다양한 차원에서 '해방'의 의미를 담고 있다. 구원이 해방이라면 이제 선교는 영혼구원을 전도가 아니라 해방을 위한 투쟁으로 나가야 함을 의미하게 된다. 즉 선교는 인종차별, 사회적 부정의, 경제 정치적 억압, 비극적인 전쟁, 과학기술 문명 등으로 인한 비인간화에 대한 예수 그리스도의 구원을 행동으로(in action) 나타내야 하는 것이다. 이와 같은 선교 개념 하에서 방콕은 서방선교의 모라토리움(Moratorium) 즉 해외선교를 당분간 중단하고 이미 파송된 선교사도 철수하라는 주장을 지지하기에 이르렀다.[19]

이처럼 구원의 개념 자체가 변경되고 그로 인해 선교의 목표와 방법도 변화되는 상황에서 복음주의자들은 상당한 위기감을 느끼고 1974년에 로잔 대회를 열게 되었다.

선교에 있어서 전도와 사회참여 문제로 양극화되어가고 있는 상황

---

18 WCC, *Bangkok Assembly 1973* (Bossey: WCC, 1973), 89-90.
19 조종남, "로잔 대회와 복음주의 선교신학," 「선교와 신학」 제5집 (2000), 19.

에서 성경의 빛 아래서 신학적 입장을 정리하며 효과적인 선교 방법을 모색하고 온 교회가 협력하여 세계복음화에 헌신할 필요를 인식하게 되었던 것이다.[20]

이와 같은 상황에서 로잔은 복음주의 입장에서 선교신학을 정립한 중요한 대회가 되었다. 로잔은 기본적으로 영혼구원이 우선되며 사회정의와 억압과 속박으로부터의 해방은 그 이후에 자연적으로 따라오는 것이라는 인식을 지니고 있었다. 그리하여 제6항에서 '전도의 우선성'(Primacy of Evangelism)을 분명하게 천명하였다. 하지만 '사회적 책임'에 대한 강조도 많이 나타났다. 특별히 올란도 크스타스, 레네 파딜랴, 사무엘 에스코바 등과 같은 급진적 복음주의자들은 그리스도인의 사회적 책임에 대한 언급이 부족하다고 강조하였다.

그리하여 로잔은 처음에 방콕 CWME의 구원 개념에 대항하여 영혼중심의 구원개념과 선교 개념을 정립하려는 의도에서 시작되었지만, 김은수가 분석한대로 "그러나 회의가 진행될수록 방콕 대회가 도리어 로잔 대회에 큰 도전이 되어 복음의 사회적 성격과 그리스도인의 사회적 책임이 대폭 반영되었다."[21]

로잔은 전통적으로 복음주의가 개인구원에 주안점을 두었던 것과 달리 교회의 사회 정치적 참여도 중요하게 인식하면서 제5항에서 '전도'와 '사회정치적 참여'(Sociopolitical involvement)를 동일하게 그리스도인의 의무로 선언하였다.

즉 로잔 선언문은 '전도'와 '사회적 참여' 문제를 명확하게 규정하

---

20   위의 글.
21   김은수, "복음주의 선교와 신학적 과제," 40.

기보다는 임시적으로 봉합한 경향이 있었고, 이로 인해 박보경이 진단한대로 "로잔선언문 제5항과 제6항의 서로 다른 신학적 입장으로 인해 로잔 진영 내에서의 긴장이 제1차 로잔 대회 때부터 발생하게 되었다."[22]

---

22 박보경, "로잔운동에 나타난 전도와 사회적 책임의 관계," 「복음과 선교」 제22집 (2013), 11, (9-43). 김승호도 유사한 의견을 말하면서, "로잔운동 내부에서 어떤 이들은 1-3차 문서들의 내용이 아직 충분치 않다고 생각하기도 하며… 어떤 이들은 로잔이 본래의 목표보다 너무 많이 나갔다고 생각하는 이들도 있다. 현재 로잔 참여자들 중에는 로잔이 본래의 목표였던 '전도'에 분명한 초점을 맞추길 원하며, 전도를 교회의 다른 책임들과 산만하게 하기를 원치 않는 자들이 있다. 사회적 책임 이슈는 앞으로도 계속 로잔운동 안에서 핫 이슈가 될 전망이다"라고 피력하였다. 김승호, "로잔운동의 선교사상의 발전," 한국로잔연구교수회 편, 『로잔운동과 선교』 (서울: 한국로잔위원회, 2014), 33.

2장

복음주의 선교신학의 강조점들

앞 장에서 살펴본 대로 복음주의 운동은 상당히 긴 시간동안 다양한 영향을 받으면서 이어져 온 운동이므로 모두가 동의할 수 있는 복음주의 선교신학의 강조점들을 제시하는 것은 결코 쉬운 일이 아닐 것이다. 하지만 복음주의 신학이 강조하는 점이 복음주의 선교신학에 나타나고 있기 때문에 복음주의 신학의 강조점들을 찾아보면 복음주의 선교신학의 특징을 발견할 수 있다. 김명혁은 복음주의 신학의 핵심 사항을 아래의 다섯 가지로 설명한다.

① 십자가의 복음
② 중생의 체험
③ 성경의 권위
④ 성경적 성결
⑤ 전도와 봉사[1]

---

[1] 김명혁, "복음주의 운동과 한국 교회," 「선교와 신학」 제5집 (2000), 93-97.

또한 신학적인 측면에서 복음주의의 주된 강조점을 다음과 같이 서술하였다.

> 신학적인 측면에서 서술하면 복음주의는 하나님의 초월성과 주권, 성경의 영감과 절대권위, 인간의 전적 타락, 예수 그리스도의 신성과 대속적 죽음, 은혜와 믿음으로 말미암는 구원의 체험, 성화와 경건 된 삶, 복음화와 선교적 사명, 사랑의 봉사와 균형 잡힌 사회참여, 신자의 제사장직, 그리스도의 재림과 최후의 심판 및 하나님 나라의 현현과 종말론적 완성 등을 강조한다고 하겠다.[2]

이후천은 피들러(Fiedler)의 견해를 기초로 하여 복음주의 선교신학의 특징을 다음과 같이 말한다.

① 삶의 기준으로서 성서에 대한 밀접한 관련성
② 그리스도의 구속 사역에 대한 강조
③ 개인적 신앙의 결단(회심) 강조
④ 선교 현장에서 사회참여 혹은 타종교와의 대화보다 교회설립과 복음화에 대한 강조
⑤ 에큐메니컬 선교신학과는 대별된 것으로 자신을 이해
    (특히 로잔 이후: 1974년 7월)
⑥ 세계선교에 대한 깊은 관심과 소위 '미전도 종족'에 대

---

2   김명혁, "복음주의 운동과 한국 교회," 92.

한 복음화에 대한 열의

⑦ 선교, 크리스천들의 영적인 일치, 하나님 나라의 도래에 대한 기도의 강조[3]

본 장에서는 이상의 내용들과 연관하여 복음주의 선교신학의 강조점을 정리하고자 한다.

1. 성경의 권위

복음주의 선교신학은 성경을 존중하며 성경의 권위를 매우 높인다. 종교개혁자들이 어떤 전통이나 기구보다 성경을 가장 높은 자리에 두었으며 이러한 종교개혁 전통 위에 서있는 복음주의는 당연히 성경을 그 어떤 권위나 체험보다 우위에 두는 경향을 지닌다. 또한 성경의 권위와 무오성을 강조하기에 19세기 다윈의 진화론이나 자유주의 신학적 접근을 비판적인 시각으로 바라본다.[4] 복음주의가 다른 어떤 것보다도 성경의 권위를 높이는 것은 성경이 하나님을 알고 만나게 하는 길이요 방편인 하나님의 말씀임을 믿기 때문이다. 복음주의 진영은 성경을 하나님의 최종적인 계시로 쓰인 말씀으로 이해한다. 성경은 구원에 관한 진리를 담고 있고, 생명으로 인도하는 진리와 그리스도인이

---

3   이후천, "에반젤리칼 선교신학의 역사적 기원에 대한 문제," 한국선교신학회 편, 『복음주의와 에큐메니즘의 대화』 (서울: 다산글방, 1999), 20.
4   김명혁, "복음주의 운동과 한국 교회," 100.

어떤 삶을 살아야 할지를 보여주는 지침이라고 믿는다.[5] 복음주의 선교신학을 잘 보여주는 문서 중 하나인 로잔언약에도 성경의 권위가 강조되었는데, 김성욱은 다음과 같이 정리하였다.

> … 로잔 대회는 복음 선교에 있어서 성경의 권위를 강조하였다. 그 이유는 여전히 모든 사람들이 영적으로 전적 무능하기 때문에, 그들은 하나님의 기록된 특별한 계시가 절실하게 필요하다고 주장하였다. 그렇게 죄로 소경된 사람들이 그의 뜻과 역사 그리고 이 구원하고 회복시키는 역사에 대한 방법들을 배우도록 하기 위하여 성경은 가장 필요한 것이다.[6]

복음주의 선교신학은 선교를 해야 할 당위성을 성경에서 찾는다. 모든 사람을 제자로 삼으라는 성경의 명령을 신중하게 생각하면서 상황이 어떻게 변하든 이 명령을 순종하는 것이 중요한 사명이라고 생각하는 경향을 지닌다. 즉 성경과 상황 중에서 성경에 우선순위를 두는 경향이 강하다. 이러한 경향은 상황을 성경보다 우위에 두는 경향을 보이는 진보진영의 성경 이해와 대조적인 면이며, 이처럼 성경의 명령을 시대와 상황을 초월하여 순종해야 하는 말씀으로 이해하는 자세 때문에 복음전도 위주의 선교를 역동적으로 수행하고자 한다.

---

5 홍기영, "로잔운동에 나타난 주요 선교신학적 주제들," 한국로잔연구교수회 편, 『로잔운동과 선교』 (서울: 한국로잔위원회, 2014), 133.
6 김성욱, "세계복음화를 위한 로잔운동의 역사," 한국로잔연구교수회 편, 『로잔운동과 선교』 (서울: 한국로잔위원회, 2014), 62.

2. 그리스도의 구속 사역

복음주의는 그리스도의 구속을 강조한다. 모든 인간을 죄악의 세력으로부터 그리고 하나님과 분리되고 원수 된 상태에서 성결과 축복의 상태로 회복시키시는 위대한 하나님의 구원을 강조하며 이 구원이 바로 그리스도를 통하여 주어진다는 사실을 강조한다. 그리스도를 통하지 않는 구속이나 하나님과의 화목이 없는 인간들만의 화목은 성경적 구원이 아닌 것이다. 그러므로 이 세상을 하나님의 구원 없이 스스로 구속할 수 있다고 생각하는 경향의 인간적 유토피아적 관념은 인정하지 않는다. 이런 점에서 김명혁은 "복음주의를 특징 지우는 것은 기독론적 교리(신성, 성육, 부활, 재림)와 구속론적 교리 즉 은혜로 말미암는 칭의이다"[7]라고 강조한다.

복음주의 선교신학의 그리스도 구속 사역에 대한 강조는 에큐메니컬 진영이 그리스도의 구속 사역을 가난과 억압으로부터의 해방으로 보는 경향과 대조되는 모습을 보인다. 즉 복음주의 선교신학은 그리스도의 구속 사역을 하나님과의 관계 회복을 중심으로 하는 협의의 구원 개념으로 보는 반면, 에큐메니컬 진영의 경우는 영혼구원뿐 아니라 삶의 모든 영역의 구원을 말하는 통전적인 구원을 가져다주시는 그리스도 이해를 지닌다. 한 걸음 더 나아가 해방신학 등의 영향으로 그리스도를 단지 구원을 중재하시는 분으로 이해하기보다는 해방을 위한 투쟁의 모델로 이해하는 경향을 지닌다. 즉 에큐메니컬 진영이 이해하는 그리스도는 그리스도인들이 믿고 따라가야 할 윤리적 모델로서의 성

---

7 김명혁, "복음주의 운동과 한국 교회,"「선교와 신학」제5집 (2000), 107.

격이 강하게 드러나는 경향이 있는 반면, 복음주의 선교신학의 그리스도 이해는 주로 우리의 구원을 중재할 절대적 구원자로 이해되는 경향이 강하다.[8]

복음주의 선교신학은 그리스도의 구속 사역을 가장 중요한 사역으로 이해한다. 그것은 그리스도를 통한 구원이야말로 이 세계 변혁의 첫 걸음이며 가장 중요한 원천이라고 생각하기 때문이다. 사이더는 복음주의 운동의 핵심인물이었던 빌리 그래함에 대하여 다음과 같이 평가한다.

> 빌리 그래함(Billy Graham)은 교회의 제1차적 선교가 개개 영혼의 개인적 구원을 그 목표로 하는 복음전도라는 견해를 지닌 가장 저명한 인물이다. 그리하면 중생한 개개인들은 사회에 긍정적인 영향을 끼치게 될 것이다.[9]

이것은 복음주의 선교신학의 한 특징을 잘 보여주는 묘사라 할 수 있다. 즉 복음주의 선교신학은 이 세계 변혁의 가장 중요한 단초가 바로 그리스도의 구속 사역과 그로 인한 개인구원이라는 믿음 때문에 복음전도에 우선순위를 두고 전진하는 것이다.

---

8 안승오, 『현대선교신학』 (서울: 예영커뮤니케이션, 2010), 53-63.
9 Ronald Sider & Rene C. Padilla, *Evangelism, Salvation and Social Justice*, 한화룡 역, 『복음전도 구원 사회정의』 (서울: IVF, 1987), 9.

3. 개인의 회심

복음주의 선교신학은 죄의 문제를 모든 문제의 근원으로 본다. 죄는 창조주와 주인이 되시는 하나님을 거부하고 자신을 하나님의 위치에 세우며 모든 것의 중심이 되고자 하는 것으로부터 시작되는 것이다. 물론 이 같은 죄의 영향은 개인적인 차원에 머물지 아니하고 사회적인 차원으로 나타나게 된다. 즉 하나님과의 파괴된 관계로 인하여 이웃과의 관계도 파괴되어 서로 물고 먹는 관계로 전락하게 되고, 나아가 자연과의 관계 역시 왜곡되어지면서 자연만물을 장려하고 보존하기보다는 이용하고 파괴하게 된다.[10] 그러나 죄의 문제는 근본적으로 손상된 하나님과의 관계에 그 뿌리를 두고 있으며, 이런 점에서 복음주의 선교신학은 기본적으로 개인의 회심을 매우 중시한다.

이러한 회심은 한 인생을 완전히 뒤바꾸어놓는 극적이고 결정적인 체험이 되며, 이러한 체험은 대부분 극적인 표지들을 동반하는 경향이 있다. 즉 죄에 대한 통회자복, 하나님의 사랑에 대한 확실한 느낌, 구원의 확신 및 하나님에 대한 찬양 등이 나타난다. 아울러 세상이 줄 수 없는 강력한 기쁨과 평안이 주어지는 것이다. 아울러 죄에 대한 승리와 이웃에 대한 사랑의 역사가 강하게 나타나게 된다. 물론 이 모든 것이 단순한 감정이 아니라 삶의 실천으로 나타나야 하는 것임은 두말할 나위가 없다.[11]

회심은 이처럼 극적인 체험이며, 그리스도인으로서의 헌신과 희생

---

10 김균진, 『기독교 조직신학 II』 (서울: 연세대학교 출판부, 1987), 81-82.
11 김명혁, "복음주의 운동과 한국 교회," 94.

과 순종을 가능케 하는 원동력이 된다는 점에서 복음주의 선교신학은 회심의 체험을 매우 중요하게 생각한다. 회심의 체험이 분명할수록 훨씬 더 역동적인 신앙생활과 증인의 삶이 가능해지기 때문이다.

개인의 회심에 대한 복음주의의 이러한 강조는 구조악의 문제에 깊은 관심을 두는 에큐메니컬 진영의 강조와는 사뭇 다른 경향을 보인다. 에큐메니컬 진영은 개인의 죄뿐 아니라 구조적인 악에 대한 관심이 많고, 구조악을 척결하는 것 역시 구원 사역이라는 견해를 지니고 있기 때문에 개인을 회심시키는 사역에 대한 관심이 상대적으로 약한 경향을 보인다. 즉 에큐메니컬 진영은 구조악 척결을 위한 사역을 잘 감당하기 위하여 교회가 지배계급과 인종 및 국가의 포로로부터 해방되지 않고는 구원하는 교회가 될 수 없다는 자세를 견지하면서, 구조적 불의에 대항하는 해방 운동 차원에서 물리적 폭력의 가능성을 염두에 두기도 하였다.[12]

이와 같이 구조악의 해결에 깊은 관심을 가지는 에큐메니컬 진영과 달리 복음주의 진영은 개인의 회심이 세계 변혁의 원천이라는 신학을 지니고 있기 때문에 개인의 회심에 깊은 관심을 가지고 전적으로 헌신하는 경향을 보인다.

---

12   WCC, *Bangkok Assembly 1973*, 89-90.

4. 교회의 설립과 성장

복음주의 선교신학은 교회의 설립과 성장을 매우 중시한다. 선교는 기본적으로 영혼을 구원하는 사역이지만 구원된 영혼들이 지속적으로 돌봄을 받을 수 있는 기구가 필요한데 그 기구가 바로 교회이기 때문에 교회의 설립과 성장은 선교에 있어서 필수불가결의 과제로 이해되었다. 또한 건강하게 성장한 교회는 또 다른 선교를 수행하는 선교 도구가 되어지므로, 교회는 선교의 핵심적인 도구이며 동시에 선교의 결과물이 된다. 이런 점에서 전통적인 선교에서는 건강한 자립교회를 얼마나 많이 세웠는가 하는 것이 선교의 가장 확실한 성적표였다.

이런 점에서 복음주의 선교신학은 건강한 교회의 설립과 성장을 매우 강조하였는데, 예를 들어 교회성장학의 대부였던 도날드 맥가브란(Donald McGavran)은 선교에 사회활동 참여도 포함되지만 무엇보다도 복음전도는 예수 그리스도를 하나님의 유일한 구주로 선포하고 사람들을 설득하여 그의 제자들과 책임 있는 교회의 교인이 되도록 하는 것이라는 점을 강조하였다.[13] 복음주의 선교신학의 변호자 중 하나인 피터 바이어하우스(Peter Beyerhaus) 역시 복음전도의 목표는 사람들을 구령할 뿐 아니라 그 사람들을 설득하여 메시아적 공동체인 교회의 책임 있는 교인들로 가입하도록 하는 것이라는 점을 강조했다. 그런 점에서 세계복음화는 세계에 교회를 개척하고 성장시켜 선교 사역이 유지되고 계속되게 하는 모든 사역이라고 하였다.[14]

---

13   Donald McGavran, "The Dimensions of World Evangelization," J. D. Douglas, ed., *Let the Earth Hear His Voice* (Minneapolis: World Wide Publications, 1967), 109.

14   Peter Beyerhaus, "World Evangelization and the Kingdom of God," J. D. Douglas,

이러한 견해는 에큐메니컬 진영의 견해와는 사뭇 다른 모습이다. 에큐메니컬 진영의 경우는 하나님의 선교(Missio Dei) 개념의 영향으로 인하여 하나님께서 교회보다 세상에 더 많은 관심을 두고 계시며, 하나님 자신이 세상 속에서 다양한 기구들을 통하여 직접 샬롬 중심의 구원 역사를 이루어 가신다는 견해를 지닌다.

이러한 관점에서는 교회만이 구원 사역을 수행하는 유일한 기구라는 전통적 사고는 오만한 사고이며, 세상에서 샬롬을 수행하는 대신 사람들을 교회로만 데려오려는 전통적인 사고 역시 이기적이고 독선적인 행동으로 인식될 수 있는 것이다. 이런 이유에서 에큐메니컬 진영은 "… 교회는 하나님의 최종적 목표가 될 수 없다. 오히려 교회는 하나님께서 전체 피조물과 교제하시는 데 필요한 도구요 성례전이다"[15]라고 말하면서 전통적인 교회관에서 인식되던 교회의 절대적인 위상에 강한 이의를 제기한다. 이형기는 이러한 교회관을 '탈(脫) 교회 중심적 교회관'이라고 명명할 수 있다고 말하였다.[16]

하지만 복음주의 선교신학은 이상과 같은 에큐메니컬 선교신학과 달리 여전히 교회는 세상에서 불러냄을 받아 구원을 받은 자들의 모임으로서 다른 사람을 또한 구원으로 불러내야 하는 자들의 모임으로 이해한다. 이런 관점 하에서 복음주의 선교신학은 하나님의 구원 소식을 맡겨 놓은 곳은 오직 교회밖에 없으므로 교회는 목숨을 다해 이 구원 소식을 전해야 하는 사명을 지니고 있다고 이해한다.

---

ed., *Let the Earth Hear His Voice* (Minneapolis: World Wide Publications, 1967), 288.

15 WCC, *The Church for Others and the Church for the World*, 박근원 역, 『세계를 위한 교회』 (서울: 대한기독교출판사, 1991), 70.

16 이형기, 『21세기를 향한 새로운 신학적 패러다임의 모색』 (서울: 장로회신학대학교출판부, 1997), 576.

5. 구령의 책임과 긴급성

복음주의 선교신학은 구령에 대한 강한 책임감과 긴급성을 지니고 있다. 복음주의 운동은 그 태동부터 오늘까지 잃어버린 자들에게 복음을 전하는 데 적극적인 관심을 기울여왔으며, 그러한 책임은 하나의 옵션이 아니라 명령이며, 승천과 재림 사이에 있는 교회가 수행하여야 할 가장 중대하고도 긴급한 사명이라는 인식을 가지고 있다.[17] 이와 같은 인식 하에서 복음주의 진영은 다양한 선교 운동을 조직하고 구령과 교회개척에 온 힘을 기울여 온 결과 강력한 선교 운동의 뿌리가 되었으며, 김명혁은 이 사실을 다음과 같이 설명하고 있다.

> 슈페너와 웨슬리와 휫필드와 에드워즈 등은 무엇보다 먼저 전도자요 선교사들이었다. 현대의 선교 운동은 바로 17, 8세기에 형성된 복음주의 운동의 복음전파에 대한 정열에서 시작되었다고 할 수 있다. 독일 경건주의는 현대선교의 개척자 유스티니안 폰 벨츠를 낳았고, 영국의 복음주의 각성 운동은 개신교 선교의 아버지 윌리엄 캐리를 낳았으며, 미국의 대각성 운동은 인디안을 위한 선교사 데이빗 브레이너드를 낳았고, 제2차 대각성 운동은 '건초더미 확약'을 통한 현대 미국선교 운동을 태동시켰다고 하겠다.[18]

17　Robert Letham, "Is Evangelicalism Christian?" *Evangelical Quarterly*, Vol. 67-1(1995), 4-7.
18　김명혁, "복음주의 운동과 한국 교회,"「선교와 신학」제5집 (2000), 96-97.

보쉬는 복음주의 선교신학이 이처럼 구령에 대한 막중하고도 긴급한 책임감을 갖는 이유에 대하여 다음과 같이 설명한다.

> … 우리가 선교하지 않으면 복음을 듣지 못한 사람들이 영원히 멸망에 이르게 된다는 확신감에서 오는 것이다. 반대로 그들이 복음을 듣고 받아들인다면 영원한 영광에 임하게 된다는 것이다. 여기서 복음은 '삶의 길'이기보다는 우선적으로 '신앙의 주제'로 이해되기도 한다. 메시지를 '받아들인다면' 천국 입장이 보장된다.
>
> 인간이 겪는 가장 심한 고통은 하나님을 떠나는 것이며, 인간의 가장 큰 요구는 죄인 됨에서 구원받고 하나님과 화해하는 것이며, 그의 가장 큰 두려움은 지옥에서 받는 영원한 형벌이며, 그의 최고의 소망은 내세의 영원한 영광이다. 죄는 그 정의에 의하면 주로 하나님과 인간과의 관계가 잘못되어 있다는 것이다. 또한 죄는 개인적 그리고 인격적인 성격의 것이다. 전도자의 시선은 항상 개인에게 향하며 그의 인격적 희생을 일으키려고 집중한다. … 오로지 인간은 일대일로서 구원될 수 있다.[19]

구령에 대한 강한 책임감은 로잔언약에도 잘 나타나고 있다. 로잔언약 6항은 "교회가 희생적으로 해야 할 일 중에서 복음전도가 최우

---

19 David J. Bosch, *Witness to the World*, 전재옥 역, 『세계를 향한 증거』(서울: 두란노, 2000), 46-47.

선이다. 세계복음화는 온 교회가 온전한 복음을 온 세상에 전파할 것을 요구한다"[20]라고 말하면서 복음전도가 가장 중요한 사명임을 선언한다. 물론 로잔은 5항에서 "물론 사람과의 화해가 곧 하나님과의 화해는 아니며 또 사회참여가 곧 복음전도일 수 없으며 정치적 해방이 곧 구원은 아닐지라도, 우리는 복음전도와 사회 정치적 참여는 우리 그리스도인의 의무의 두 부분임을 확언한다"[21]라고 말함으로써 사회적 책임을 선교에 포함시켰다.

그러나 로잔언약 6항은 "교회가 희생적으로 해야 할 일 중에서 복음전도가 최우선이다"[22]고 언급하였고, 9항은 "가능한 모든 수단을 총동원해서, 되도록 빠른 시일 안에 한 사람도 빠짐없이 좋은 소식을 듣고, 깨닫고, 받아들일 기회를 얻는 것이 목표다. 희생 없이 이 목표를 성취하는 것을 기대할 수는 없다"[23]고 선언함으로써 선교에 있어서 전도의 우선순위를 강조하였다.

6. 사회봉사에 대한 관심

복음주의는 전도에 우선적인 관심을 두기 때문에 사회봉사에 대하여는 무관심할 것이라고 생각할 수 있다. 그러나 실제로는 복음주의

---

20   Lausanne Movement, "로잔언약(1974)," in Lausanne Movement, ed., *The Cape Town Commitment: Study Edition*, 최형근 역, 『케이프타운 서약』 (서울: IVP, 2014), 부록 220.
21   위의 글, 219.
22   위의 글, 220.
23   위의 글, 223.

진영이 오히려 에큐메니컬 진영보다 더 사회봉사에 강한 면도 있음을 보쉬는 다음과 같이 설명한다.

> 그러나 복음주의자들이 이러한 입장에[선교에서 전도와 사회참여 중 전도에 우선순위를 두는 입장] 의해 인도주의적 관심과 동정을 갖지 않는다고 단정 지어서는 안 된다. 빈번히 사회의 피해자들인 마약 중독자들, 피난민, 착취당하는 가난한 자, 병든 자 등등, 실존적인 요구 상황에 대하여 그들은 사회적 관심을 가지지 않았다고 비방하는 많은 에큐메니컬주의자들보다 오히려 더 희생적인 참여를 보여준다.[24]

실제로 복음주의 진영은 사회봉사에 많은 기여를 해왔고 로잔 이후부터는 신학적으로도 사회봉사를 중요하게 여기게 되었다. 이에 대해 김명혁은 다음과 같이 강조하였다.

> … 로잔운동은 처음에 전도와 선교의 관심을 가지고 시작했으나 차츰 사회적 봉사와 책임에 보다 깊고 광범한 관심을 가지게 되었는데 그와 같은 관심이 1982년 로잔 및 세계 복음주의협의회가 공동 주최한 '그랜드 래피즈 신학위원회'와 1989년 7월 마닐라에서 모인 '제2차 로잔 대회'에

24　David J. Bosch, *Witness to the World*, 전재옥 역, 『세계를 향한 증거』(서울: 두란노, 2000), 48.

서 분명하게 나타났다.²⁵

그렇다면 사회봉사에 대한 복음주의 진영의 견해는 무엇일까?

복음주의 진영의 사회봉사에 대한 이해가 에큐메니컬 진영의 이해와 다른 점은 무엇일까?

그것은 아마도 선교에 있어서의 핵심에 대한 견해 차이라 할 수 있을 것이다. 복음주의 진영은 선교에 있어서 핵심은 전도이고 사회봉사는 이 핵심을 위한 하나의 방법이라는 견해를 갖는 반면, 에큐메니컬 진영은 전도와 사회봉사 중 어느 하나를 핵심으로 생각하지 않는 견해를 갖는 것이라 할 수 있겠다. 따라서 복음주의 관점에서 보면 전도가 없는 봉사는 선교가 아니며, 이런 점에서 박영환은 "정리하자면, 복음주의 선교는 어떠한 사회적 행위 안에서 예수 그리스도를 증거할 수 있지만, 복음을 선포하지 아니하고 오직 사회활동만 하는 것은 성경이 요구하는 것이 아님을 강조하고 있는 것이다"²⁶라고 말하고 있는 것이다.

또한 복음주의 진영은 사회변화의 첫 걸음이 전도라는 인식이 강한 반면, 에큐메니컬 진영은 사회변혁에의 직접적인 참여도 필요하다는 입장을 견지하는 경향이 있다. 이런 점을 보쉬는 다음과 같이 잘 설명한다.

> 그러나 대부분의 복음주의자들은 사회의 구조적 변화에 대한 교회의 직접적 참여 문제에 이르러서는 주춤한다. 복

---

25 김명혁, "복음주의 운동과 한국 교회," 「선교와 신학」 제5집 (2000), 97.
26 박영환, "로잔운동의 선교신학과 WCC 선교신학의 비교," 한국로잔연구교수회 편, 『로잔운동과 선교』 (서울: 한국로잔위원회, 2014), 212.

> 음주의자들은 구조적 변화를 사실, 정말 바람직한 것으로 여기고 있지만 그들은 어디까지나 전도의 결과로 이러한 변화가 이루어져야 한다고 본다. 복음주의자들이 강조하는 것은 혁명보다는 점진적인 인간 성숙이 곧 사회구조의 변화를 이루어야 한다는 것이다.[27]

즉 복음주의는 사회봉사에 대하여 에큐메니컬 진영보다 더 열심을 내는 측면이 있지만, 여전히 선교에 있어서 가장 우선적인 핵심은 전도이며, 선교를 수행함에 있어서 주로 개인적인 차원의 봉사에 대해서는 열심이지만 직접적인 사회구조 변혁을 시도하는 것에는 소극적인데 그 이유는 복음전도로부터 시작되는 점진적인 변혁을 선호하기 때문이라고 할 수 있다.

27　David J. Bosch, 『세계를 향한 증거』, 48.

3장

복음주의 선교의 주요 전략들

　기독교는 오늘날 전 세계 인구의 3분의 1 이상의 고백을 받는 종교가 되어 있다. 하지만 기독교가 처음부터 이런 교세를 형성한 것은 아니었다. 기독교가 초기부터 아시아 대륙 등으로 선교사를 보내기는 하였지만, 대략 1500년 정도까지는 기독교는 거의 유럽 대륙에 한정된 종교였다. 개신교는 1800년이 되어서야 본격적인 근대 선교를 시작했다고 할 수 있다. 그러니까 개신교의 경우는 불과 200여년의 기간에 전 세계 방방곡곡으로 퍼져나가는 선교적 열매를 거두었다고 할 수 있는데, 이러한 열매의 원동력이 바로 복음주의 선교신학이라 할 수 있다. 이 신학으로부터 매우 다양한 선교 전략들이 도출되어졌는데, 여기에서는 주요한 전략들만을 개괄적으로 살펴보고자 한다.

1. 삼자원리

1) 삼자원리의 주창자 및 주된 내용

미국해외선교연합위원회(ABCFM)의 총무였던 루푸스 앤더슨(Rufus Anderson, 1796-1880)과 영국교회선교회(Church Missionary Society) 총무였던 헨리 벤(Henry Venn), 그리고 중국에서 선교 사역을 감당하고 있던 존 네비우스(John L. Nevius)는 비슷한 시기에 선교 사역에 종사하였다. 이들의 공통된 관심은 신생선교교회(Young Missionary Church)가 어떻게 스스로 서갈 수 있는 자립교회로 성장해갈 수 있을 것인가에 관한 것이었다. 이들이 각각 상이한 이론들을 말하였지만[1] 이들의 주장은 공통된 관심사를 지니고 있으며 이러한 공통점은 "삼자원리"[2] 라는 용어로 잘 표현될 수 있다. 이들이 주창한 삼자원리의 주된 내용을 살펴보면 다음과 같은 특징을 지닌다고 할 수 있다.

---

[1] 앤더슨은 현지교회의 자립에, 헨리 벤은 현지인 지도자 양성에 중점을 둔 반면, 네비우스는 자급에 중점을 두면서 선교 초창기부터 유급사역자를 쓰지 않아야 된다는 것을 강조하였다. 그는 처음에 어느 정도 유급사역자의 도움을 받으면서 사역을 하는 것은 옛 방법이라고 말하면서, 옛 방법(Old Method)의 문제를 극복하기 위한 대안으로 처음부터 유급현지사역자를 사용하지 않는 방법을 제시하면서 자신의 방법을 옛 방법과 대비되는 새 방법(New Method)이라고 일컬었다. John L. Nevius, *Planting and Development of Missionary Churches*, 4th ed. (Philadelphia, Pennsylvania: The Presbyterian and Reformed Publishing Co., 1958), 8; 곽안련, 『한국 교회와 네비우스 선교 정책』, 박용규 김춘섭 역 (서울: 대한 기독교서회, 1994), 25-28.

[2] 엄밀히 말하면 네비우스 자신은 삼자이론(Three-self theory)이라는 용어를 사용하지는 않았다. 그러나 네비우스 이론은 기본적으로 삼자이론과 많은 내용을 공유하고 목적이 같기에 아시아판 삼자이론이라 할 수 있으며, 이런 점에서 두 용어를 함께 사용하는 것이 큰 무리는 없을 것으로 본다.

첫째, 자치, 자급, 자전하는 교회 설립을 강조하는 것이다. 삼자원리(Three-self Principle)의 가장 기본적인 단계는 자립 또는 자급(Self-Support) 에서부터 시작된다. 힘들고 어렵지만 처음부터 선교사를 의존하지 않고 스스로 서갈 수 있는 강인한 교회를 만드는 것을 가장 소중하게 여긴다. 또한 자전(Self-Propagation)이 필요한데 이것은 모든 교인이 스스로 전도하는 자로서의 위치를 자각하고 노력하는 것이다. 교인들은 자신이 일하고 있는 직업에 계속 종사하면서 자신의 이웃이나 친구들을 전도하게 된다. 돈이나 대가를 받고 복음을 전하는 것이 아니라 복음 자체에 감격하여 복음을 전하는 자가 되어야 하는 것이다. 이상의 두 단계 즉 자급과 자전이 잘 이루어질 때 교회는 든든하게 서가게 되고 이로써 교회는 자치 (Self-Government) 하는 교회가 될 수 있는 것이다.

삼자원리의 주창자 중 하나인 루푸스 앤더슨 (Rufus Anderson) 은 "항상 추구해야 하는 경영 목적은 자립적이고 효율적인 (적당히 토착화된) 교회들입니다"[3]라고 말하면서 자치 자립 자전하는 교회의 중요성을 강조하였다. 결국 삼자원리의 핵심은 바로 자립교회를 세우는 일이 선교의 가장 주된 강조점이 되어야 한다는 것이다.[4]

둘째, 현지인 지도자 양성과 지도력 위임을 강조하는 것이다. 선교사가 외국어를 완벽하게 습득하고, 선교지의 풍속과 사고습관을 완전히 익혀서 사역을 하는 데는 상당한 한계가 있다. 그러므로 헌신된 지도자를 잘 양육하여 그들에게 속히 교회 사역을 넘겨주는 것이 효과적

---

3   Rufus Anderson, *Foreign Missions: Their Relations and Claims* (New York: Scribners, 1869), 5.
4   Gerald Anderson, *Mission Legacies*, 박영환 홍용표 역, 『지도자 중심으로 본 선교 역사와 신학』 (서울: 한국 왜그너 교회성장 연구소, 1998), 299.

인 선교를 위한 길이 되는 것이다. 사도 바울의 경우를 보더라도 그가 그토록 신속하게 교회들을 세울 수 있었던 가장 중요한 비결 중의 하나는 각 교회에 헌신되고 재능 있는 그 지방 출신 장로들을 두고, 그들에게 전적으로 모든 목회적 책임을 위임하였다는 사실이라 할 수 있다(행 14:21-23).

이런 이유로 네비우스도 "중국에서의 복음전파의 중심적 사역을 결국에 가서 원주민들이 하여야 한다"[5]고 강조한 바 있다. 이런 점에서 선교사가 현지인을 헌신적인 지도자로 양육하는 일은 아무리 강조해도 지나치지 않게 중요하며, 동시에 **빠른** 시간 내에 양육된 현지인 지도자에게 사역을 위임하는 것이 또한 중요하다.

이런 점에서 삼자원리의 주창자 중 하나인 앤더슨은 선교지 교회와의 관계에서 선교사는 '세례 요한'과 같은 입장에 서야 한다고 가르친다. 즉 선교사는 현지교회가 스스로 설 수 있는 단계[6]로 성장했을 때에 더 이상 그곳의 지배자가 되지 말고, 현지인 목회자 밑에 개교회를 맡겨두고, 가능한 빨리 교회의 발전을 위하여 사라져야 한다고 주장하면서 이것을 선교사의 안락사(euthanasia)라고 말했다.[7] 한국 선교사들

---

5   Helen S.C. Nevius, *The Life of John Livingston Nevius* (New York: Fleming H. Revell Co., 1895), p. 231.
6   선교지 교회의 성장단계를 잘 그린 이론 중의 하나가 랄프 윈터(Ralph Winter)의 소위 말하는 4P 이론이다. 그는 선교지 교회의 발전 정도에 따라 교회와 선교사와의 관계를 4단계로 나누었다. 즉 개척자(Pioneer), 부모(Parents), 동역자(Partners), 참여자(Participant)로 나누고 현지교회가 성장하여 선교사가 참여자의 단계에 이르렀을 때에 선교사는 새로운 사역지에서 제1단계 즉 개척자의 사역을 다시 시작해야 한다고 주장하였다. Ralph Winter, "Four Men, Three Eras, Two Transitions: Modern Missions," in *Perspectives on the World Christian Movement*, ed. by Ralph Winter & Steven C. Hawthorne (Pasadena, CA: William Carey Library, 1992), B-37.
7   Rufus Anderson, *Foreign Missions: Their Relation and Claims* (New York: Charles Scribner and Co., 1869), 208-209. 앤더슨의 이 같은 생각은 또한 미국해외선교협의회(ABCFM)

로 구성된 선교 공의회에서도 네비우스의 영향을 받아 선교사들의 영향력은 속한 시일 내에 감소시키고 한국 형제들의 영향력은 증대시키고자 하였다. 즉 삼자원리의 중요한 강조점은 바로 현지인 지도자의 양성과 속한 시일 내의 지도력 이양에 있다고 할 수 있다.

셋째, 고용제도의 지양이다. 고용제도란 파송된 선교사가 선교지의 언어를 습득하고 그 곳의 문화와 생활환경에 적응할 때까지 보수 받은 대리인을 고용하여 선교 사역을 함께 감당하는 것을 의미한다. 아직 언어가 자유롭지 못한 선교사와 선교사를 파송한 교회는 속한 시간 내에 복음전도의 열매를 보고자 하는 열망이 있으므로 자연스럽게 고용제도를 수용하는 경향이 있었다. 하지만 이 경우 현지인은 복음 때문이 아니라 돈 때문에 움직이는 '기회주의적 그리스도인들'(Rice Christians)이 될 가능성이 컸다. 이런 사람들은 돈을 받을 때에는 열심히 일을 하지만 고용이 해지되는 날 교회 일을 하지 않을 뿐 아니라 아예 신앙까지 저버리는 경우도 있었다.[8]

또한 모든 사람은 본능적으로 돈을 받으면서 일을 하고 싶어 하므로 고용제도는 자원하여 무보수로 일하고자 하는 신앙적 헌신을 막을 우려가 있었다. 무엇보다도 제국주의 시대에 선교사에게 고용된 대리인들은 국가에 해로운 정치적 운동을 위해 포섭된 자로 오해받기 쉬

가 1865년에 채택한 "교회의 조직과 선교사들의 의무"에 관한 결의문에도 나타나는데, 거기에는 선교사의 위치에 대하여 "첫째, 선교사는 외국인이다. 그가 어떤 소명을 가졌든지 간에 현지인들에게 그는 이방인일 뿐이다. 둘째, 그의 사역은 임시적이다. 교회들이 어떤 지점에 이르렀을 때에 그는 다른 곳으로 나아가야 한다. 셋째, 그의 임무는 독특하다. 그는 목회자가 아니라 전도자이므로 사람들을 모으는 일에 관심을 갖고, 목회는 현지인에게 맡겨야 한다"라고 기록하고 있다. *Report of the ABCFM, 1856*, 전호진, 『한국 교회와 선교 II집』(서울: 엠마오, 1985), 25에서 재인용.

8 John L. Nevius, *Planting and Development of Missionary Churches*, 14.

웠다.⁹ 물론 고용제도를 쓰지 않을 경우 선교는 너무 시간이 많이 걸리고 그런 점에서 고용제도를 쓰지 않는 것은 비효율적인 방법으로 보일 수 있다. 하지만 고용제도를 쓰지 않으면 결국 든든히 서가는 교회가 세워짐으로 말미암아 장기적으로는 훨씬 더 풍성한 열매를 가져올 수 있다. 앤더슨은 하와이와 인도의 여러 선교 현지에서 이 같은 원리가 성공적으로 결실 맺는 것을 많이 보면서, 성령의 능력을 신뢰하고 토착민 개종자들의 가치를 높이 평가한다면 선교지 교회의 물질적 빈곤과 도덕적 부족함이 결코 자급을 막는 걸림돌이 될 수 없다는 확신을 갖게 되었다고 언급하였다.¹⁰

2) 삼자원리에 대한 평가

삼자원리는 적어도 1950년대까지는 기독교 선교에 있어서 가장 중요한 선교 방법 중의 하나로 여겨졌으며, 이 원리에 대하여 의심을 품거나 반대하는 사람은 거의 없었다. 그런데 1950년대에 하나님의 선교(Missio Dei) 개념이 등장하면서 교회 중심의 선교는 많은 비난을 받게 되었는데, 삼자원리 역시 기본적으로 교회 중심의 선교 방식이었으므로 많은 비판을 받게 되었다. 좀 더 구체적으로 보면 삼자원리는 다음과 같은 비판을 받아왔다.¹¹

① 제국주의적 선교의 잔재가 아닌가?

---

9   John L. Nevius, *Planting and Development of Missionary Churches*, 17.
10 Rufus Anderson, *Foreign Missions : Their Relation and Claims*, 121.
11 이상의 비판에 대한 좀 더 자세한 설명은 필자의 저서 『현대선교의 핵심주제 8가지』(서울: CLC, 2011) 의 부록에 실린 "다시 생각해보는 삼자원리," 279-285를 참조하라.

② 지나치게 복음화에만 강조점이 주어진 것 아닌가?
③ 너무 편협한 신학 교육을 강조하지 않았나?
④ 지역문화에 대한 고려가 적지 않는가?

하지만 삼자원리는 나름대로 다음과 같이 많은 기여점을 남기기도 하였다.

첫째, 삼자원리는 선교의 효율성을 높인다는 점이다. 선교는 제한된 인력과 재원을 가지고 빠른 시간 내에 최대의 열매를 거두어야 하는 사역이다. 그런 점에서 선교는 효율성의 문제를 늘 심각하게 생각해야 하는 사역이다. 선교 사역 가운데는 1년에도 수십만 불씩의 자금이 소요되는 사역들이 있다. 이러한 막대한 자금이 구령과 건강한 자립교회성장의 열매로 이어지기보다는 방대한 시설의 운영비나 인건비 등으로 유실되는 경우가 많다. 또한 외부에서 조달된 선교비로 운영되는 신학교, 병원, 학교 등은 건강하게 성장하질 못하고 겨우 명맥만 유지하면서 복음전도로 이어지지 못하는 경우가 많다. 아울러 선교사를 통하여 들어가는 자금이 철수되면 사역이 사라지거나 선교사가 철수할 때 소유권 등의 문제를 두고 이권에 밝은 현지인 지도자들 가운데 커다란 분쟁이 일어나는 경우도 많다.[12]

삼자원리를 잘 알고 충실히 따른 선교사들이라면 이상과 같은 사역은 시작하지 않았거나 시작했다 해도 무책임한 몸집 불리기를 시도하지는 않았을 것이다. 삼자원리를 따른 선교 사역은 처음부터 자립을 고려하면서 시작되어지고, 그런 점에서 결코 무리하게 돈을 투자하지

---

12 목만수, 『선교신학 문화』 (Pasadena, CA: 아시아 신학 연구소 출판부, 2002), 218.

아니한다. 고용제도 등을 이용하여 짧은 시간에 현란한 결과를 내고자 하는 유혹을 처음부터 배제하면서, 시간이 걸리지만 천천히 그러면서도 탄탄하게 기초를 쌓아간다. 아울러 삼자원리를 충실히 따른다면 현지인이 스스로 설 수 있을 만큼 성장하게 됐을 때 선교사는 또 다른 사역이나 다른 사역지를 찾아 나서게 되므로, 제한된 인적 자원과 물적 자원이 일정지역에 과다하게 투자되거나 한없이 낭비되는 것을 막을 수 있다. 즉 삼자원리를 따른다면 선교자금을 훨씬 더 많이 절약할 수 있고 절약한 자금을 다른 곳에 사용할 수 있을 것이며, 선교사가 불필요하게 오래 한 곳에 머물지 않게 되므로 제한된 인원으로 보다 큰 효과를 거둘 수 있게 된다고 할 수 있다.

둘째, 삼자원리의 가장 주된 강조점은 스스로 서갈 수 있는 건강한 교회의 설립이며, 이런 점에서 삼자원리는 선교지의 약한 교회들을 자립하는 교회들로 세워 나가는 데 일정 부분 기여한 면이 있다. 삼자원리를 따른 선교사나 목회자는 선교를 일차적으로 교회개척으로 해석하고 건강한 교회를 세우는 데 그들의 전 생애를 바쳤다.[13] 물론 이러한 강조는 선교의 목표를 너무 협소화시킬 가능성이 있는 측면도 있지만, 선교의 목표를 포괄적으로 잡는다 해도 역시 이 모든 목표를 이루는 가장 기초적이고 핵심적인 사역은 교회라는 사실을 부인할 수 없다. 예를 들어 요하네스 벌카일(Johannes Verkuyl)은 선교의 목적을 개인 영혼구원, 교회 설립, 기독교 사회형성, 사회복음의 구현, 그리고 거시적 사회구조 개선 등의 5가지로 정리하고 있는데,[14] 이 같

---

13 Donald A. McGavran, *Understanding Church Growth*, 이요한 외 역,『교회성장이해』(서울 : 대한예장총회출판국, 1987), 247-248.
14 Johannes Verkuyl, *Contemporary Missiology an Introduction*, 최정만 역,『현대선교신

은 목표들은 서로 깊이 연관되어져 있으며 모두 다 이루어져야하는 목표들이다. 그런데 현실적으로 이 같은 목표들이 동시에 이루어질 수는 없다. 즉 이 목표들은 단계적으로 차근차근 이루어져야 하는데, 이런 목표들을 성취하려고 할 때에 가장 우선적으로 이루어야 할 목표는 교회 설립과 성장이라 할 수 있다. 즉 든든하게 서가는 자립교회가 세워질 때에 영혼구원의 목표도 효과적으로 이루어질 수 있고, 기독교적인 문화로 사회를 변화시켜 나가면서 거시적인 사회구조 개선을 위한 노력도 할 수 있기 때문이다.

셋째, 교회연합 운동에 일정 부분 기여하였다. 삼자원리는 에큐메니컬 연합 정신에 반하는 원리라고 오해되어지는 경향이 있다. 예를 들어 한국에서 네비우스 선교 정책을 시행함에 있어서 각 교파 영역의 경계선을 설정하였는데, 이것으로 인해 한국 교회가 분열되었다고 생각되어지는 경우가 있다. 분열의 원인이 이러한 지역 경계 분할에도 조금은 있었겠지만 사실 실제적인 분열의 이유는 매우 다양하였기에 지역 경계 분할만을 교회분열의 이유로 드는 것은 적절하지 않다. 경계선을 설정한 근본적인 취지는 선교를 수행하는 과정에서 불필요한 경쟁과 힘의 낭비를 막고 다른 교파들과의 효과적인 협력 선교 즉 에큐메니컬 선교를 하기 위하여 선린 우호적인 합의 아래 이루어진 것이었다.[15]

오늘날 실제적으로 선교에 있어서 연합과 협력 정신을 헤치는 것들은 무엇인가?

학개론』(서울: CLC, 1991), 273-304.
15 George Thompson Brown, *Mission to Korea* (Presbyterian Church U.S.: Board of World Missions, 1962), 16.

그것은 자신들을 드러내려는 과도한 경쟁심과 이기적인 파벌, 중복투자와 물량공세 그리고 제국주의적 거만함 등이다. 삼자원리는 유급 사역자의 고용을 최대한 자제하므로 유급 사역자를 고용하고 물량공세를 하여 재빠른 선교 결과를 얻어 그것을 과시하고자 하는 사람은 결코 삼자원리를 따를 수 없다. 삼자원리를 바로 이해한 선교사라면 자신을 철저히 현지교회를 세우기 위해 썩어지는 한 알의 밀알과 같은 존재로 여기므로 결코 자신을 현지인 위에 군림하는 자로 둘 수 없다.

바울은 로마 선교를 계획하면서, "… 이는 남의 터 위에 건축하지 아니하려 함이라"(롬 15: 20)라는 말로 자신의 선교 철학을 표현하였는데, 바울의 이 정신에 가장 근접하는 자세가 바로 삼자원리라 할 수 있다. 삼자원리의 기본적인 정신이 바로 개척지를 찾는 것이기 때문이다. 그리고 이러한 개척정신을 갖는 선교사는 업적경쟁, 중복투자, 자기 과시 등 에큐메니컬 정신을 헤치는 일을 멀리하는 일에 최선의 노력을 기울일 것이다. 이러한 이유에서 삼자원리는 에큐메니컬 교회연합 운동에 상당 부분 기여한 면이 없지 않다.

2. 믿음 선교 전략

1) 믿음 선교의 주창자들 및 주된 내용

'믿음 선교'란 어떤 확실한 후원처를 갖지 않고 자신들의 필요를 오직 주님께만 의지하면서 수행하는 선교를 말하며, 이런 정신을 모토로 생겨난 선교회가 '믿음선교회'(Faith Mission)였다. 이러한 선교회가 출현한 것은 19세기 영국에서였는데, '제나나의료선교회'(Jenana and Medical Missionary Fellowship, 오늘날의 BMMF국제선교회)가 1852년에 설립되었고, 그 뒤를 이어 1860년에 '영국시리아선교회,' 1865년에 허드슨 테일러에 의해 '중국내지선교회' 등이 태동되었다. 특히 테일러의 중국내지선교회는 믿음선교회가 널리 확산되는 데 큰 기여를 하였다.

이 외에도 심프슨(A.B. Simpson)에 의해 결성된 '기독교선교사연합'(Christian and Missionary Alliance, CNMA), 롤런드 빙햄(Rowland Bingham)에 의해 설립된 '수단내지선교회'(Sudan Interior Mission), 피터 카메론 스콧(Peter Cameron Scott)에 의해 설립된 '아프리카내륙 선교회'(Afrian Inland Mission), 스코필드(C.I. Scofield)에 의해 설립된 '중미선교회'(Central American Mission) 등이 있다.[16] 이런 믿음 선교 단체들의 주요 특징들을 살펴보면 다음과 같다.

첫째, 그 이름에서도 나타나듯이 '철저히 하나님만 의지한 선교'라는 점이다. 이 선교 단체들은 선교사의 필요에 대하여 사람들에게 말하지 않고 오직 하나님의 도우심만을 전적으로 의지하였다. 중국내지 허드슨 테일러의 경우 헌금을 호소하는 방식으로 인간을 의지하는 선교 방식을 엄격하게 금지하였다. 이러한 선교 원칙은 재정적인 문제에만 국한되지 않고, 모든 사역을 함에 있어서 핵심적 원칙이었던 것이다.

둘째, 믿음 선교는 진취적이고 적극적인 선교를 수행하였다. 믿음 선교를 수행한 선교사들은 하나님과의 긴밀한 교제 그리고 그 뜻에 대

---

16   안승오, 『한 권으로 읽는 세계선교 역사 100장면』 (서울: 평단, 2010), 268-269.

한 순종을 가장 중요하게 생각하였으므로, 하나님의 뜻이라고 생각되면 접근이 불가능하다고 여겨지는 지역에라도 가서 복음을 전하고자 하는 진취적이고 적극적인 선교를 수행하였다. 이와 같은 진취적인 자세로 인하여 그들은 새로운 선교 전략을 많이 개발하고 수행하였다. 그들은 영혼구원을 위해서는 그 어떤 희생도 결코 아깝지 않다고 생각하였기에 가능한 모든 자원을 동원하여 효과적인 선교 전략을 개발하였다.[17]

셋째, 영혼구원과 토착교회 설립을 강조하였다. 믿음 선교 회원들이 지닌 선교의 가장 핵심적인 목적은 영혼들을 지옥불로부터 구원하는 것이었다. 그들은 영혼들이 복음을 한 번도 듣지 못하고 지옥불에 빠지는 일은 반드시 막아야 한다고 생각했고, 이런 이유 때문에 현지인들의 사회적, 인간적 필요를 채우는 의료 및 교육 사업 등에 적극적이었지만 여전히 영혼구원 사역을 가장 우선적이고 최종적인 목적으로 생각했다. 그리고 이 일을 효과적으로 수행하기 위하여 가장 필요한 것은 바로 토착교회 설립이라는 점을 강조했다.[18]

2) 믿음 선교 원리에 대한 평가

믿음 선교 원리에 대하여는 다양한 평가들이 있다. 김은수는 믿음 선교의 한계점에 대하여 다음과 같이 평가한다.

17　Ruth A. Tucker, *From Jerusalem to Irian Jaya*, 박해근 역, 『선교사 열전』 (고양: 크리스찬다이제스트, 1990), 379.
18　위의 책, 379.

① 신앙적 헌신과 체험을 바탕으로 하기 때문에 신학적 훈련과 지식이 빈약한 점이 있었고, 이런 이유로 중국내지선교회의 경우 선교사들의 자질이 너무 낮다는 비난을 받기도 하였다.
② 믿음 선교 원리의 경우 가능한 한 속한 시일 내에 복음을 널리 퍼뜨리는 것이었으므로 현지 사역자를 조력자로 사용은 하였지만 지도자로 세우는 것에는 매우 소홀하였다.
③ 선교의 계속성, 지속성, 효율성을 위하여 지도력 이양이 필요한데 지도력 이양에 소홀하였다.[19]

이상과 같은 평가는 아마도 믿음 선교의 어두운 부분들에 대한 평가가 될 것이다. 영혼구원을 강조하고 속한 시일 내의 복음화에 주안점을 두다보니 그와 같은 한계점이 드러난 것으로 보인다. 하지만 믿음 선교는 실제적으로 상당한 복음 열매를 거둔 전략이기도 하였다. 예를 들어 중국내지선교회의 허드슨 테일러의 경우 1865년 '중국내지선교회'를 설립하고 중국 내지 복음화에 힘을 쏟은 결과, 그가 임종할 당시 중국내지선교회는 중국 18개 성에 825명의 선교사들을 파송하였고, 300여 선교지에 500명 이상의 중국 현지인 협력자들과 더불어 12만 5천여 명의 회심자들을 양육하고 있었다.[20] 아마도 오늘날 중국교회의 엄청난 성장의 밑바닥에는 바로 허드슨 테일러와 같이 믿음 선

---

19 김은수, "한국 교회 해외 선교 정책," 「한국기독교와 역사」 제28호 (2008), 15-16.
20 Ruth A. Tucker, 『선교사 열전』, 217-223.

교를 실천한 분들의 희생적 밑거름이 있었던 것이다.

허드슨 테일러는 선교를 수행하면서 참으로 많은 어려움을 겪었다. 그의 자녀들이 폐렴과 설사병으로 목숨을 잃는 것을 보아야 했고, 두 번씩이나 아내가 먼저 세상을 떠나는 고통을 겪어야 했다. 어려움은 여기서 끝나지 않았다. 특별히 외세에 대한 반감으로 일어난 '의화단의 난'(1899-1901) 때 많은 어려움을 겪었는데, 이 때 135명의 선교사와 53명의 선교사 자녀들이 살해를 당하는 사건이 발생하였으며, 이들 중 대부분이 중국내지선교회 소속 선교사들과 그 자녀들이었다.[21] 그러나 이 모든 환난이 그의 선교 헌신을 포기하게 막지는 못했다. 그는 믿음으로 이 모든 환난을 돌파했다. 믿음 선교 정신이야말로 선교를 수행함에 있어서 수많은 장애와 환난들을 돌파하게 하는 가장 중요한 원동력이었던 것이다.

마크 테리(J. Mark Terry)와 페인(J.D. Payne)은 믿음 선교가 성공하게 된 이유를 다음과 같이 설명하였다.

> 첫째는 기존의 교단 선교 단체들의 활동이 아시아와 아프리카의 내륙 지역에는 들어가지 않는 등의 한계가 있었기 때문이었다.
>
> 둘째는 많은 보수적인 그리스도인들이 당시에 성장하고 있던 일부 개신교 교단들의 신학적 자유주의에 대해 우려하는 가운데 그들이 추구하고 있는 근본주의적 기독교 신앙에 부합하는 선교 단체를 지원하고자 했다.

21　이병길, 『중국 선교의 어제와 오늘』 (서울: 개혁주의신행협회, 1987), 82-83.

셋째는 교단 선교 단체들이 선교지의 재정적 필요를 채워 줄 수 있는 여력이 충분하지 않았다. 믿음 선교는 이 부분을 해소할 수 있는 하나의 대안이 된 것이다.²²

3. 교회성장 전략

1) 주창자 및 주된 내용

교회성장 전략의 주창자는 도날드 맥가브란이라 할 수 있는데, 그는 '교회성장 운동의 아버지'라 불린 교회성장 운동의 주창자요 핵심 리더였다. 그는 본래 할아버지와 아버지가 인도에서 선교사로 섬긴 선교사 가정의 자녀로 1897년 인도의 다모에서 출생하였다. 그리고 자신도 미국에서 교육을 마치고 3대째 인도 선교사로 30여 년 동안 '그리스도의 제자들'(Disciples of Christ)에 소속되어 선교부 행정을 맡아 사역했다. 하지만 자신의 선교부가 지난 50여 년 동안 수많은 선교사를 투입하여서 개척한 교회들이 너무도 미비한 성장을 보이는 것에 실망을 하고 미국으로 돌아와서 그 원인을 살펴보고자 하였는데 이것이 바로 교회성장학의 태동 배경이 되었다.

이러한 와중에 그는 감리교 선교사이었던 와스콤 피켓(Waskom Pickett)을 만나게 되었고 그를 통해서 '대중 운동'(People movement)에 대

22　J. Mark Terry & J.D. Payne, *Developing A Strategy for Missions*, 엄주연 역, 『선교 전략 총론』 (서울: CLC, 2015), 175.

한 개념을 얻게 되었고, 이 개념을 중심으로 그의 이론들을 뒷받침할 수 있는 많은 책들을 저술하였다. 그 책들 가운데 대표적인 저술들은 『하나님의 다리』(The Bridge of God), 『어떻게 교회는 성장 하는가』(How Churches Grow), 『교회성장 이해』(Understanding Church Growth) 등의 책들이다. 이러한 책들에 대하여 많은 비판들도 있었지만, 그는 선교지에서 가장 우선적으로 초점이 맞추어져야 하는 것은 바로 교회성장이어야 한다는 것을 줄기차게 주장하면서 교회성장 운동을 이끌었다.[23]

맥가브란의 교회성장 전략은 많은 원리들을 포함하고 있지만, 여기서는 가장 핵심적인 전략을 몇 가지만 살펴보자.[24]

첫째, '추수신학'(Harvest Theology)인데, 이 원리에 의하면 선교는 단히 탐색하고 씨를 뿌리는 것으로만 그치지 않고 하나님의 자녀들을 발견하고 추수하여 거두어들이는 것이 되어야 함을 강조한다.

둘째, '동질집단의 원리'(Homogeneous Unit Principles)인데, 동질단위에 속한 사람들은 자신들의 인종적, 언어적, 계급적 장벽을 헐지 않고 기독교인이 되기를 원하므로, 동질단위끼리 모일 수 있도록 해주고, 동질집단과의 관계를 끊지 않고 그리스도에게 올 수 있는 방법이 모색될 때 효과적인 선교가 이루어진다는 것이다.

셋째, '저항 수용성의 원리'(Resistance-Receptivity Principle)인데, 모든 국가나 지역은 복음에 대하여 다른 수용도를 지니고 있으므로, 수용성이 높은 지역에 우선적으로 일꾼들을 보내는 것이 효율적이라는 이론이다.

---

23 이현모, 『현대선교의 이해』 (대전: 침례신학대학교 출판부, 2003), 273-275.
24 Donald A. McGavran, 『교회성장 이해』, 안승오, 『건강한 교회성장을 위한 핵심원리 7가지』 (서울: 대한기독교서회, 2006), 241-262.

넷째, '대중 운동'(People Movement)인데, 서구와는 달리 대부분의 비서구에서는 개종과 같이 중요한 문제는 개인이 아니라 집단의 결정에 더 의존하게 된다는 것이다. 그러므로 이런 지역에서 선교사는 개개인을 선교의 단위로 보지 말고 공동의사 결정을 하는 종족집단을 기본 단위로 하여 선교 활동을 펴나가야 한다는 것이다.[25]

2) 교회성장 전략에 대한 평가

모든 이론이 그렇듯이 맥가브란이 주장한 교회성장 원리도 여러 가지 약점들을 안고 있는 것은 사실이다. 예를 들어 교회성장 원리는 숫자와 성공을 지나치게 강조하는 경향이 있고, 성공 가능한 지역에만 노력을 집중하라는 것은 모든 족속에게 가라는 말씀과 대치될 수 있고, 동질집단 원리는 자칫 인종 차별이나 사람 차별을 부추기는 이론으로 악용되어질 소지가 있다.

또 교회성장 원리는 대형교회에 많은 관심을 두는 경향이 있는데, 대부분의 교회들은 작은 교회이므로 작은 교회에도 적용될 수 있어야 한다. 또한 교회성장 원리는 특정 선교 방법이 모든 상황에 적합한 것으로 가르치고자 하는 유혹을 넘어서야 한다.[26]

이상과 같은 약점이 있음에도 불구하고 맥가브란의 교회성장 이론은 여러 가지 공헌을 하였다. 맥가브란은 선교에 있어서 조사방법의 중요성, 선교 지역과 추수 지역의 구분, 회심의 점진성 강조, 그룹 회심

---

25 Donald A. McGavran, *The Bridges of God* (New York: Friendship, 1955), 87-92.
26 J. Mark Terry & J.D. Payne, 『선교 전략 총론』, 227.

운동의 효과성, 목회에서의 생산성 강조 등을 주장하면서 선교지에서 교회를 성장시키는 일에 많은 공헌을 하였다. 아울러 선교의 포커스가 다른 어떤 것보다도 건강한 자립교회성장에 있어야 한다는 사실을 일깨워준 점은 많은 선교지의 교회들이 스스로 서지 못하고 선교사들에게만 의존하는 현 상황에서 의미 있는 기여라 하겠다.

특별히 오늘날 이슬람과 같은 타종교들은 왕성하게 성장하는 반면, 기독교는 유럽 등을 중심으로 심각한 퇴조 현상을 보이고 심지어 2/3 세계의 선교 선두 주자를 자부하고 있는 한국에서마저 교회들이 약화 현상을 보이고 있는 상황에서 건강한 교회를 세우는 것은 그 무엇보다 중요한 문제가 아닐 수 없다. 스스로 서서 성장해갈 수 있는 교회가 될 때 세상에 짐이 되지 않고 세상을 섬기고 변화시킬 수 있는 교회가 된다는 점에서 교회성장 전략은 여전히 중요한 전략이 아닐 수 없다.

4. 미전도 종족 선교 전략

1) 주창자 및 주된 내용

랄프 윈터(Ralph D. Winter)는 개신교의 선교 역사를 크게 세 가지 패러다임으로 분류하였다.[27]

첫 번째 패러다임은 '해안 선교 시대'로서 주로 접근이 용이하고 비

27　Ralph D. Winter & Steve Hawthorne, *Mission Perspectives*, 정옥배 역, 『미션 퍼스펙티브』 (서울: 예수전도단, 1999), 220-221.

교적 안전한 해안을 중심으로 선교가 진행된 시대의 패러다임이다. 이 시대의 선교는 '개신교 근대 선교의 아버지'로 불리는 윌리암 캐리에 의하여 18세기 말부터 시작되었다.

두 번째 패러다임은 '내지 선교 시대'의 패러다임으로서 위험하고 어렵지만 내륙 깊숙한 곳에 있는 영혼들에게까지도 복음을 전해야 함을 강조하면서 진행된 패러다임이다. 앞서 살펴본 믿음 선교 원리는 어떤 난관이 있더라도 영혼을 구해야 한다는 사명감에 불탔으므로 이 내지 선교 패러다임을 많이 추구하였고, 중국 내지 선교를 수행했던 허드슨 테일러에 의하여 널리 확산되었다.

세 번째 패러다임은 '미전도 종족 선교 시대'의 패러다임인데, 이것은 1974년에 열린 로잔 1차 대회에서 랄프 윈터가 '미전도 종족 선교 운동'(Un-reached People Mission Movement)으로부터 시작되었다고 할 수 있다. 윈터는 이 운동을 효율적으로 성취하기 위하여 당시 재직하였던 풀러신학대학원을 사임하고 '미국세계선교본부'(US Center for World Mission)를 설립하고 미전도 종족 선교를 위한 '종족 입양 운동'(Adopt-A people)을 전개하였다.[28]

이후 1980년에 열린 태국 파타야 대회와 1989년에 마닐라에서 열린 로잔 2차 대회 등에서 미전도 종족 선교 이슈가 심도 있게 다루어졌다. 특별히 마닐라 대회에서는 루이스 부시(Luis Bush)의 역할이 컸는데, 그는 미전도 종족 선교를 수행함에 있어서 복음화가 가장 미약하며 장애가 많은 10/40창(Window) 지역에 선교를 집중하는 전략을 제시하여 미전도 종족 복음화를 위한 견인차 역할을 감당하였다. 그 후

---

28 김은수, "한국 교회 해외 선교 정책," 18.

에는 토마스 왕(Thomas Wang)과 부시에 의해 'AD 2000 운동'(AD 2000 and Beyond Movement)이 주창되어 "2000년까지 모든 종족에게 적어도 한 교회를 개척하자"는 운동이 전개되었다.[29]

이상의 주창자들이 제시한 운동들의 방향에 대하여 노봉린은 "[아직도 복음을 들어보지 못한 이들에게] … 복음을 한 번이라도 들을 수 있는 기회를 마련해주도록 전 세계 교회가 힘을 합하여 기도하며 노력을 해야 한다는 굳건한 선교 전략을 장만할 수 있도록 강조하였다"[30]라고 정리하고 있다.

그렇다면 전 세계적으로 미전도 종족은 과연 얼마나 있을까?

미전도 종족의 숫자에 대해서는 다양한 의견들이 제시되고 있는데, 미국의 남침례교 선교부(International Mission Board, IMB)의 주장에 의하면 전 세계에는 11,355개의 종족이 존재하고 이 중 6,411개의 종족이 미전도 종족에 해당하며 그 숫자는 36억에 달한다고 분석했다. 반면, 여호수아 프로젝트는 전 세계에 15,988개의 종족이 있으며, 그 중 미전도 종족은 6,572개이고 그 인구는 26억에 달한다고 주장하였다. 한편 이러한 미전도 종족 가운데서도 특별히 최우선적으로 전도가 필요한 종족을 꼽을 수 있는데, 미국남침례교선교부는 629개의 최우선 종족이 있으며 이들의 인구는 5억 6천 2백만이라고 보고한 반면에 여호수아 프로젝트에서는 699개의 최우선 종족이 있으며 그 인구는 9억 2천 8백만이라고 주장했다.[31] 어찌되었든 이들에 대한 전도는 선교에

---

29 AD 2000 운동은 이름대로 2000년이 지난 다음 해에 끝났지만 1990년대 복음주의 진영의 미전도 종족을 위한 핵심적 선교 전략 운동으로 그 영향력은 현재도 이어지고 있다고 할 수 있다. 김승호, "로잔운동의 선교사상의 발전," 28
30 노봉린, "로잔 대회 이후의 복음주의 선교 운동," 「선교와 신학」 제5집 (2000), 56.
31 Justin Long, "Which People Need Priority Attention? Seeking Agreement on the

있어서 가장 우선적인 과제임에는 틀림이 없다.

2) 미전도 종족 선교 전략에 대한 평가

현재 해외 선교사들의 약 80.0% 이상은 해당 지역에 있는 교회들을 통하여 복음전도가 가능한 기독교 국가에서 사역을 하고 있고, 2.5%의 선교사들만이 자체적인 복음전도가 어려운 미전도 종족 지역에서 사역을 하고 있는 것으로 보고되고 있다.[32]

이러한 상황에서 그리스도의 지상명령의 신속한 수행을 위하여 모든 선교 역량을 우선적으로 미전도 종족에게로 집중하고 이를 위하여 현재의 배치 불균형을 해소해야 한다. 전 세계의 선교 현황을 보면서 중복투자를 막고 효과적인 집중 투자를 할 수 있도록 모든 선교 단체들 간의 긴밀한 협력과 공조를 수행해야 할 문제는 미전도 종족 선교 전략에서 풀어야 할 중요한 당면과제가 아닐 수 없다. 즉 미전도 종족 선교 전략이 오늘의 세계복음화를 위해 절실하게 필요한 전략이지만, 실제로 이 전략이 실현되어 열매를 맺기 위해서는 넘어야 할 산이 참으로 많은 것으로 보인다.

이상과 같이 이 전략의 실현 가능성과 연관해서는 여전히 많은 과제를 남겨두고 있지만 이 전략은 다음과 같은 강점들을 지니고 있는 것으로 평가된다.

첫째, 이 전략은 지속적이고 집중적인 선교 목표와 전략이 부재하

Core of Core," *Mission Frontier*, Jan-Feb. 2007, 19-20.

32   Justin Long, "The State of the Gospel," *Momentum*, Nov./Dec. 2006, 71.

며 전체적인 세계선교에 대한 조망이 없이 개별적으로 추진되는 현재 지역교회 선교의 약점을 극복하게 해준다. 또한 시대적 변화에 대응하는 선교 전략임과 동시에 교회 중심의 선교 전략으로서 교회의 특성을 살릴 수 있는 전략이라 할 수 있다.

둘째, 이 전략은 현재 복음에 소외된 지역과 그에 대한 상황 파악을 하면서 분명하고 체계적인 선교 목적 설정을 하도록 도전하며, 강한 동기 부여를 통하여 효과적인 협력 선교를 가능케 하는 강점이 있는 것으로 평가된다.

셋째, 미전도 지역 선교지와 종족에 관한 정보와 이에 적합한 선교 전략을 연구하도록 도전하고, 이러한 연구에 기초하여 효과적인 선교 정책을 세운 후 모든 가용한 인적 물적 자원을 동원하고 집중적으로 투여하도록 동기 부여를 하는 것으로 평가된다.[33]

---

[33] 이 일을 위해 특별히 랄프 윈터가 많은 열정을 쏟아 부었는데, 그는 "우리는 선교의 마지막 시대에 살고 있다. 모든 종족들 안에서 강력한 직접 전도가 일어나 지상의 모든 종족 집단의 언어와 사회구조 안에서 교회 운동이 일어날 때, 역사상 처음으로 터널의 끝을 볼 수 있다"고 강조했다. Ralph D. Winter & Steve Hawthorne, 『미션 퍼스펙티브』, 294.

4장

복음주의 선교신학에 대한 평가

1. 구령의 열정과 선교 열매

본 장의 서론 부분에서 '복음주의'라는 용어 자체가 매우 광범위하고 역사도 길어서 간단하게 정의를 내리는 것이 쉽지 않음을 밝혔다. 이와 같은 광범위한 성격 때문에 또한 이 복음주의를 평가한다는 것 역시 결코 쉽지 않은 일일 것이다. 하지만 그럼에도 불구하고 '복음주의'라는 용어 자체에 나타나듯이 복음주의는 기본적으로 그리스도를 통한 구원의 복음을 가장 우선적으로 생각하는 신학이며, 이런 점에서 구령에 대하여 깊은 관심을 가진 신학이다.

이러한 관심과 헌신 때문에 복음주의 신학에 근거한 선교는 많은 선교 열매를 산출하였다. 지금까지 나타난 세 가지 선교 패러다임 즉 복음주의 선교, 에큐메니컬 선교, 그리고 통전적 선교 가운데 가장 구령의 열매를 많이 거두고 기독교를 세계에서 가장 넓은 분포도와 가장 많은 신도수를 갖게 한 선교신학은 역시 복음주의 선교신학이다. 이에 대하여 이형기는 다음과 같이 언급한다.

라투렛(Kenneth S. Latourette) 교회사가는 프랑스 혁명 후, 그리고 나폴레옹 전쟁이 끝나는 1815년에 시작해서 제1차 세계대전이 일어나는 1914년 어간의 19세기야말로 서양제국의 시대로서, 유럽인들이 지구의 대부분을 통치하는 시대지만, 바로 이 99년 동안에 기독교 2000년 역사 동안 그 유래를 찾기 힘들 정도로 '복음'과 '기독교'가 널리 확장된, '위대한 세기'(the Great Century)라 하였다. 이와 같은 '선교'의 원동력은 18세기에서 19세기로 이어지는 개신 교회들의 복음주의 부흥 운동이었으니, 19세기 미국의 제2차 각성 운동과, 영국 및 유럽 대륙의 복음주의 부흥 운동이야말로 위대한 19세기의 추진력이었다.[34]

    이 위대한 선교의 세기는 특별히 영어권 국가들의 공헌이 컸다고 할 수 있는데, 영국의 경우 영국의 복음주의(Britisch Evangelicalism)의 영향으로 영국 국가교회와 관계없는 자발적 선교 단체들이 쏟아져 나왔고, 이들을 통하여 영국 복음주의 교회들은 19세기 개신교 선교를 강력하게 이끌었다. 미국의 경우는 19세기 초부터 제2차 대각성 운동(1787-1825)이 뿜어 낸 에너지로 말미암아 자발적 선교 단체들이 대거 탄생하였다.

    특별히 복음주의 계열의 교회들이 선교에 적극적으로 헌신하여 미국은 명실공히 선교사 파송 1위의 위치를 차지하게 되었다. 에큐메니컬 진영에 속한 교회들의 선교사 파송이 점차로 약화된 모습을 보이는

---

34   이형기,『하나님의 선교』(서울: 한국학술정보, 2008), 41.

것과는 대조적으로 복음주의 진영의 교회들은 열정적으로 선교에 헌신함으로 말미암아 영어권 복음주의가 지구촌 곳곳에 확산되면서 세계 지도상의 종교적 분포도가 다시 그려지게 되었다.[35] 오늘의 세계 종교 지도는 18-19세기 복음주의 선교의 헌신으로 말미암아 오늘의 모습을 지니게 되었다고 해도 과언이 아닐 것이다.

2. 역동적인 기독교 조성

복음주의의 선교 동기는 그리스도의 지상명령(마 28: 19-20)에 대한 순종의 마음과 복음을 전하지 않으면 복음을 듣지 못한 사람들이 영원한 멸망에 이를 수 있다는 믿음이라 할 수 있다. 이런 믿음 때문에 복음주의는 불신자들의 영혼구원과 그들이 교회에 소속됨으로 말미암아 교회가 성장되고 확장되는 것을 선교의 중요한 목표로 여긴다. 이러한 목표가 있기 때문에 복음주의는 개인들로 하여금 하나님과의 만남과 그로 인한 삶의 변화, 그리고 그 변화를 다른 이들에게 전하기 위한 헌신을 중시한다. 이런 이유로 복음주의가 강하면 기독교는 대부분 역동적인 모습을 보이게 된다. 김명혁은 이러한 역동성을 다음과 같이 묘사하였다.

그러나 그와 같은 신앙이 역사적 신조나 교리에 머물러있

35　이형기, 『복음주의와 에큐메니컬 운동의 세 흐름에 나타난 신학』 (서울: 한국장로교출판사, 1999), 22-23.

고 나에게 성령으로 체험되지 않을 때 그와 같은 신앙은 사변적이고 형식적이고 죽은 것이 되고 말 우려가 있다. 사실 모든 신앙은 어거스틴이나 루터는 물론 칼빈이나 쯔빙글리나 휫필드나 에드워즈는 모두 예외 없이 하나님의 임재를 생생하고 뜨겁게 체험하는 것으로부터 시작했다고 말해도 틀리지 않다. 삼위일체 하나님 신앙이 기독교 신앙의 출발이요 중심이요 목적임에 틀림없다. 그러나 그 하나님이 성령으로 나에게 만나지고 체험된 나의 하나님이 되지 않으면 하나님의 중심적 신앙은 모두 '공허한' 신앙이 되고 만다.[36]

복음주의의 역동성이 잘 나타난 운동은 18-19세기 대각성 운동이나 부흥 운동 등이었다. 대각성 운동은 냉랭하고 정적이며 형식적인 면이 강했던 기독교에 역동적인 힘을 불어 넣어주었다. 그리하여 개인의 삶이 변할 뿐 아니라 그들의 영향으로 말미암아 사회 전체가 정화되고 변화되는 놀라운 역사들이 나타났다. 복음주의는 기독교를 냉랭한 정통교리로부터 해방시켜 생동감 있고 능력이 넘치는 기독교로 바꾸는 데 결정적인 기여를 하였던 것이다.[37]

---

36 김명혁, "복음주의 운동과 한국 교회,"「선교와 신학」제5집 (2000), 108-109.
37 김동선, "한국복음주의 선교신학에 대한 비판," 한국선교신학회 편,『복음주의와 에큐메니즘의 대화』(서울: 다산글방, 1999), 122. 참조.

3. 사회의 변화로 이어진 개인들의 변화에 기여

복음주의 신학은 개인의 변화와 사회구조의 변화 중 개인의 변화에 더 깊은 관심을 두는 경향이 강하다. 물론 복음주의 신학이 사회의 구조 변혁 차원에 대하여 무관심한 것은 아니지만 사회의 변화는 개인들이 복음으로 변화되어질 때 이루어지는 것으로 보는 경향이 강했다. 즉 개인들의 변화를 씨로 보고 사회의 변화는 열매로 보는 이해를 지녔다고 할 수 있는데, 이러한 변화는 실제 기독교 선교 역사 속에서 나타났다. 예를 들어 미국에서 성령에 의한 강한 부흥 운동이 일어났을 때에 (1857년-1859년) 복음의 강한 영향력을 받은 사람들이 자신들의 일터에서 훨씬 성실하고 정직한 사람들로 변화되었고, 사회 곳곳에 쌓여 있는 악의 세력을 제거하는 일에 협력하여 사회를 개혁하는 일에 적극적으로 앞장섰다. 즉 그들은 고아와 환자들 그리고 가난한 자들을 적극적으로 도왔고, 나아가 노예 폐지 운동과 금주 운동 등에도 앞장섰다.[38]

영국의 경우에도 죤 웨슬리(John Wesley)를 통한 복음주의 부흥 운동이 일어났을 때 그것은 개인들을 변화시켰을 뿐 아니라 사회의 불의가 청산되고 정의가 회복되는 일로 이어졌다.[39]

또한 많은 선교지에서 흉악한 악습들이 복음의 영향력으로 점차 폐기되었는데, 소아 결혼(child marriage), 사티 관습(남편의 장례 화장 시에 그

---

[38] Mark A. Noll, *A History of Christianity in the United States and Canada* (Grand Rapids, MI: W.B. Eerdmanas, 1982), 104. & Kenneth Scott Latourette, *A History of Christianity: Reformation to the Present* (New York: Harper Collins Publishers, 1975), 1019.

[39] J. Wesley Bready, *England: Before and After Wesley* (London: Hodder & Stoughton, 1939), 327.

의 아내도 따라 죽게 하는 제도), 성전 간음(여아들이 어린 시절부터 성전에 살게 하여 사제들의 성적 노리갯감이 되도록 하는 관습), 천민 학대 등 인도의 폐습, 전족 (여자 아이들의 발을 자라지 못하도록 묶는 것), 아편 중독, 유아 포기 등의 중국의 폐습 등이 사라졌다. 한국의 경우도 복음 운동이 강하게 일어난 20세기 초에 복음을 받아들인 사람들 가운데 축첩, 조혼, 노비제도, 술과 담배 등의 폐해를 고치면서 백성들의 수준이 윤리적으로 한층 높아졌다.[40]

아프리카의 경우 일부다처제, 노예 매매, 쌍둥이 살해 등의 폐습이 사라졌으며,[41] 이런 점에서 나이지리아의 발레와(Balewa) 수상은 1960년 1월에 의회에서 행한 독립 발기문에서 "우리는 우리 나라 독립에 많은 공을 세운 선교사들에게 깊이 감사하고 있습니다. … 선교부는 교육 방면에 현저한 성과를 올렸기 때문에 만족할 수 있으며, 이 사실을 아는 살아있는 증인들이 아직도 이 의원들 가운데 많다고 확신합니다"[42]라는 말을 할 정도로, 선교는 윤리의 열매로 나타난 경우가 많았다.[43] 즉 복음주의 신학은 사회 변화를 소홀히 하거나 무시하였다기

---

40 박창현, "선교적 교회론의 모델로서 한국 교회 초기 대각성 운동 (1903–1907)," 「신학과 세계」 74집 (2012), 247–248. 이런 점에서 이만열은 " … 기독교는 단지 교회를 세우는 것으로 그 목적을 이루는 것이 아니라 복음을 통한 인간과 사회를 개혁하여 하나님 나라를 확장하는 운동으로 이해되었다"라고 평하였다. 이만열, 『한국 기독교 수용사』 (서울: 두레시대, 1998), 404.

41 Herbert J. Kane, *Concise History of the Christian World Mission*, 박광철 역, 『기독교 세계 선교사』 (서울: 생명의 말씀사, 1992), 143.

42 위의 책, 204.

43 이러한 견해는 로잔운동의 핵심 리더였던 빌리 그래함의 "교회가 복음을 선포하고 사람들을 그리스도에게로 돌아오게 하는 주요 과제로 되돌아온다면, 교회는 교회가 할 수 있는 어떤 다른 것을 통해 성취할 수 있는 것보다 인간의 사회적, 도덕적, 심리적 필요에 훨씬 더 큰 영향을 끼치게 될 것"이라는 말에서도 볼 수 있다. Ronald Sider & Rene C. Padilla, *Evangelism, Salvation and Social Justice*, 한화룡 역, 『복음전도 구원 사회정의』 (서울: IVF, 1987), 56.

보다는 개인들의 변화에 우선순위를 두고 이것이 사회의 변화로 이어지도록 힘을 썼다고 할 수 있다.

4. 복음화를 위한 연합 추구

흔히 복음주의는 에큐메니컬 진영에 비하여 연합에 관심이 없는 것으로 이해되는 경향이 있다. 예를 들어 복음주의의 가장 대표적인 선교 전략 중 하나인 삼자원리의 경우 이 전략은 한국 교회 분열의 한 원인이었다고 인식되는 경우가 많은데, 사실 이 전략은 효과적인 협력 선교 즉 에큐메니컬 선교를 하기 위하여 상호 협력적인 합의 아래 이루어진 것이었다.[44]

에큐메니컬 운동의 효시라 할 수 있는 에딘버러 대회도 효과적인 복음전파를 위한 연합을 강조하였고, 이 운동이 복음주의 정신에서 비롯된 것임은 모두가 인지하는 사실이다. 이런 점에서 에큐메니컬 진영의 대가인 이형기도 "그리고 20세기의 에큐메니컬 운동은 19세기의 교파들의 확장과 성장을 전제한다. 따라서 18-19세기 기독교가 20세기 에큐메니컬 운동을 낳았다고 주장해야 한다. 즉, 복음주의와 에큐메니즘은 연속선상에 있는 것이다"[45]라고 주장하면서, 복음주의 진영의 협력 모습을 다음과 같이 묘사한다.

---

44 George Thompson Brown, *Mission to Korea* (Presbyterian Church U.S.: Board of World Missions, 1962), 16.
45 이형기, 『복음주의와 에큐메니컬 운동의 세 흐름에 나타난 신학』 (서울: 한국장로교출판사, 1999), 27.

> … 복음주의 부흥 운동과 선교 활동으로 불타올랐던 19세기는 특히 피선교 지역의 선교 현장에서 교파들 간의 친교와 연합, 나아가서 선교 단체들 사이의 친교와 연합의 필요성을 느끼기 시작하였다. … 브랜드레트(Henry Renauld Brandreth)는 19세기가 기독교의 놀라운 확장을 경험했다는 라투레트의 주장을 인정하면서, 19세기야말로 기독교 역사상 일찍이 없었던 각 교파의 세계적 연합기구의 확산과 교파 대 교파의 연합운동을 보았다고 주장한다. 이는 교회의 지역화와 어느 정도 세계화라고 하는 새로운 패러다임의 교회일치 운동이었다.[46]

그렇다면 복음주의 신학이 추구하는 연합과 에큐메니컬 신학이 추구하는 연합은 어떤 차이를 지니는 것일까?

1910년 에딘버러 대회가 열릴 당시만 해도 양 신학 모두 효과적인 복음화란 목표를 위한 수단으로서의 연합의 성격이 강했다. 하지만 에큐메니컬 진영이 선교의 목표를 복음화에서 인간화로 수정하면서 양 진영이 이해하는 연합의 성격은 많이 달라졌다. 복음주의 신학은 여전히 복음화에 도움이 되는 범위 안에서의 연합의 성격이 강했다면, 에큐메니컬 신학이 의미하는 연합은 인간화에 도움이 되는 연합의 성격이 강했다.

또한 에큐메니컬 진영의 경우 샬롬을 위해서라면 타종교와의 연합도 추구할 필요를 인정하는데, 이것은 연합이 단순한 방법을 넘어서서

---

46 위의 책, 24-25.

거의 목표의 위치에 놓인 면이 있음을 볼 수 있다. 반면 복음주의 신학은 철저히 복음화에 도움이 되는 한도 내에서의 연합 즉 복음화를 위한 연합을 추구하였다.

5. 비윤리적인 선교 행태

전통적인 복음주의 선교가 위에서 언급한 것과 같은 다양한 강점을 지님에도 불구하고 비판을 받는 이유는 아마도 비윤리적 선교 행태라고 할 수 있을 것이다. '비윤리적 선교 행태'라고 하면 매우 광범위하여 간단히 표현하기가 쉽지 않은 면이 있지만 여기에서는 크게 세 가지 정도로 생각해보자.

첫째, 가장 먼저 지적되는 것은 제국주의적 선교이다. 기독교 선교의 황금기라 할 수 있는 19세기 선교는 시대적 정황으로 볼 때 자기 세력을 무한정으로 확대하려는 제국주의와 손을 잡고 수행된 선교였다는 점에서 '제국주의 선교'라는 오명을 쓰고 있을 뿐 아니라 선교의 행태 자체도 제국주의 선교 행태를 지닌 측면이 있었다.[47]

---

47 물론 전통적인 19세기 선교를 무조건 제국주의와 동일시하는 것은 다소 위험성이 없지 않다. 프레만 닐스는 "… 식민주의가 이방인을 착취하여 영국과 여타의 유럽 국가들로 보물들을 축재하는데 관심을 가지고 있었을 때, 이 선교사들은 자기들에게 위탁되었다고 생각한 하늘의 보물을 이방인에게 건네주는 데 더욱 관심이 있었다는 것을 기억해야만 한다"라고 강조하였다. 19세기 선교사들이 지녔던 한계점과 동시에 저들이 지녔던 뜨거운 영혼 사랑도 잊어서는 안 될 것이다. 프레만 닐스, "오늘날의 세계 선교," 『신학의 전망: 21세기를 맞으며』, 영남신학연구소 편 (서울: 한국장로교출판사, 1999), 205-206.

즉 제국주의가 무한한 자기 확대를 추구한 것처럼 기독교 선교도 수단 방법을 가리지 않고 무한대로 확장만을 추구한 면이 없지 않았던 것이다. 이러한 자세는 경쟁적인 교파주의의 폐해로 나타나기도 하였다. 허버트 케인은 교단주의가 선교지의 현지인들에게 어떤 영향을 미치는지를 다음과 같이 설명하고 있다.

> 교단적 분리와 특성이 서구의 경우에 역사적 중요성이 많지만 사실상 제3세계의 새로 설립되고 있는 교회들에게는 실질적인 의미가 없었다. 힌두교나 불교 또는 이슬람교에서 예수 그리스도께로 돌아오는 데에는 엄청난 대가를 치러야 했다. 어떤 경우에는 아내와 가족 및 생계를 포기해야 하는 때도 있었다. … 그런데 단순히 그리스도인만이 되는 것이 아니라, 장로교인이나 루터교인이나 침례교인이 되어야 한다고 할 때 그들은 놀랍기도 하고 실망하게 된다. 그리고 회심자들을 놓고 선교 기관들이 서로 다투게 되면 그 추문은 더 심각해지는 것이다.[48]

둘째, 오만함과 우월의식이다. 오만함은 비서구에 비하여 모든 면에 있어서 우월했던 서구인들이 가지고 있었던 태도였으며 약간의 차이는 있었겠지만 이러한 사고는 선교사들도 예외는 아니었다. 선교란 높은 문화와 지식을 지닌 서구인들이 야만적이고 무식한 비서구인들을 계몽하는 것이고, 부자인 서구인들이 가난한 비서구인들에게 자선

---

[48] 허버트 케인, 『기독교 세계 선교사』, 박광철 역 (서울: 생명의 말씀사. 1981), 229.

을 베푸는 것이라는 생각이 널리 퍼져있었다. 이러한 오만함과 우월의식은 자연스럽게 가부장적인 태도, 일방적 태도, 그리고 한걸음 더 나아가면 독재적 또는 위압적 태도로 이어졌다고 할 수 있다.

이러한 태도를 지닌 선교사들은 지나치게 선교사 중심의 일방적인 선교를 수행한 경향이 있었다. 그들은 메시지의 의미들보다는 형태들을 제3세계의 교회로 이전하는 경향이 있었다. 이런 과정에서 선교의 내용과 형태의 모든 것을 선교사가 결정하게 되었다. 이 같은 상황에서 선교사는 무조건 모든 것을 주고 지시하는 사람이며 선교지의 교회는 단지 받기만 하는 대상이었다. 이처럼 선교사로부터 선교지로 가기만 하는 일방통행의 선교를 수행하면서 19세기 선교는 선교사와 선교하는 교회 중심의 선교 형태를 지니게 되었다.[49]

이 같은 일방성은 다음의 두 가지 문제를 양산하였다.

하나는 선교사는 언제나 가르치는 자로만 여기는 것이며 선교사 자신은 선교지로부터 배우는 것에는 닫혀 있었다는 점이다. 다른 또 하나는 선교지 교회는 자신의 정체성을 자율적으로 결정하거나 형성하지 못하고 선교사와 그의 교회 신앙 형태를 답습하여 고착화하는 현상을 낳는 경향이 있었다.[50]

셋째, 위에서 언급한 선교사들의 일방성과 오만함의 결과로 나타난 것이라 할 수 있는데, 선교지의 온전한 정체성 형성을 저해하고 낯선 이방 교회를 설립한 문제라 할 수 있다.

서구 우월주의에 사로잡혔던 선교사들의 경우 자신들의 문화를 곧

---

49 한국일, 『세계를 품는 선교학』 (서울: 장로회신학대학교출판부, 2004), 136.
50 위의 책, 138.

기독교의 복음과 동일시하면서 선교지의 문화와 종교 등을 정면으로 논박하고 정죄하는 경향을 보였다. 또한 선교사들은 원주민들에게 서구의 문화와 종교를 적극적으로 이식하고자 했다. 이 과정에서 '서구 선진문화=복음=선,' 그리고 '미개 동양문화=미신 종교=악'이라고 하는 이원론적 세계관이 성립되었고 또한 널리 받아들여졌던 것이다.[51]

그런데 이 이원론적 세계관이 비서구인들에게는 파괴적인 결과를 야기해 왔다고 브릿스턴(Keith R. Bridston)은 강조한다. 피 선교지인들이 이 이원론적 세계관으로 인하여 한편으로는 자신의 고유문화를 경시하게 되고, 다른 한편으로는 서양문화를 피상적으로 모방하게 되는 비극적 결과를 낳게 되었다는 것이다.[52] 이런 태도는 타종교들과 전통문화나 사상들은 미개하고 마귀의 역사이고 잘못되었으며 일고의 가치도 없는 정복되어야 할 것으로 간주한다.[53]

그 결과 선교지의 교회는 그들의 교회가 아니라 선교사의 교회로 느껴지게 되는 경우가 많았다. 교회는 예배, 건축, 리더쉽, 재정, 그리고 전도의 측면에서 충분히 상황화 되지 아니한 경우가 많았다. 나아가서 겉모양은 그럴듯한데 진정한 회심은 일어나지 않는 경우도 있

---

51 물론 모든 19세기 서구 선교사들이 자신들의 문화를 우월하게 생각하면서 자신들의 문화가 우월하니까 이것을 시혜하기 위하여 선교를 하였다고만 보는 것은 분명 무리가 있다. 예를 들어 중국내지선교회를 창시했던 허드슨 테일러(Hudson Taylor, 1832-1905)의 경우, 그는 '서구문화화 = 복음화'의 원리를 신랄하게 비판하면서 서구문화화는 오히려 복음화를 방해한다고 보았다. 그는 말하기를, "복음을 전파하는 대신 의술을 베푸는 것은 중대한 실수입니다. 만약 우리가 마음을 변화시키는 영적인 능력 대신에 교육을 위한 학교를 제공한다면 이 또한 중대한 실수입니다"라고 하였다. Dr. and Mrs. Howard Taylor, *Hudson Taylor in Early Years* (New York, 1912), 407.
52 Keith R. Bridston, *Mission Myth and Reality* (New York: Friendship Press, 1965), 44-46.
53 John T. Seamands, *Tell it Well: Communicating the Gospel Across Cultures*, 홍성철 역, 『타문화권 복음전달의 원리와 적용』(서울: 도서출판 세복, 1977), 107-108.

었다.⁵⁴ 즉 선교지 현지인들의 문화적, 신학적 창조성을 계발하지 못하는 결과를 낳았다고도 볼 수 있다.

6. 사회에 대한 관심의 약화 가능성

앞에서도 살펴보았듯이 복음주의 신학은 개인들의 변화를 우선적으로 추구하고 그 결과로 사회의 변화가 일어날 것을 기대하는 경향이 강하다. 이것은 복음주의가 사회를 무시한다는 것을 의미하는 것이 아니라 사회보다는 개인의 변화에 더 우선순위를 둔다는 것을 의미하며, 이것은 자연스럽게 사회에 대한 관심의 약화 가능성을 내포하는 것이다. 특별히 복음주의는 다음과 같은 이유들 때문에 더욱 사회보다는 개인의 문제 특히 복음전도에 더 강한 관심을 보였던 것으로 보이는데 스토트(John R.W. Stott)의 견해를 중심으로 살펴보자.⁵⁵

첫째, 자유주의 신학에 대한 반동이었다. 특별히 20세기 초에 『근본주의자들』(*The Fundamentals*)이라는 제목이 붙은 12권의 소책자가 미국에서 출판되었는데, 이로 말미암아 '근본주의'(Fundamentalism)라는 말이 생겨났다. 복음주의자들은 신앙의 근본이 되는 것들을 지키기에도 바빴으므로 사회에 관심을 쏟을 여력이 부족했던 것으로 보인다.

둘째, 당시 자유주의 신학자들이 발전시키고 있던 소위 '사회복음'(Social Gospel)에 대한 반발이었다. 복음주의자들이 볼 때 사회복음은

54　홍기영, "비판적 상황화를 통한 효과적인 선교," 「신학사상」 제99집 (1997년 겨울), 287.
55　John R.W. Stott, *Issues Facing Christians Today*, 박영호 역, 『현대사회문제와 기독교적 답변』 (서울: CLC, 1985), 23-27.

기독교의 메시지를 근본적으로 위험스럽게 하는 것으로 보였다. 단지 이웃과의 관계만을 골격으로 하는 사회복음은 복음의 근본을 흔들 수 있는 위험성을 지닌 것으로 보였기에 이에 대하여 반발하면서 사회보다는 개인을 붙드는 데 주력한 것으로 보인다.[56]

셋째, 제1차 세계대전이 끝난 후 인간의 사악함이 드러나면서 널리 퍼지게 된 환멸과 염세주의로 인해 사회에 대한 관심이 줄었다. 전쟁의 참혹함을 경험하면서 개혁에의 시도는 별 의미가 없는 것으로 인식되기에 이르렀다. 또한 두 차례의 전쟁 와중에 희망을 유지할 수 있는 근거인 하나님의 일반 은총과 섭리를 주장하는 복음주의 지도자의 부재도 사회에 대한 무관심에 한 몫을 하였다.

넷째, 전천년설의 확장이다. 전천년설에 의하면 현재의 악한 세계는 개선하거나 구제할 수 없는 것이며, 예수님이 재림하여 이 땅 위에 그의 천년왕국을 세울 때까지는 끊임없이 타락할 것으로 인식된다. 만약 이 학설이 말하듯이 세상이 점차 더 악해지고, 예수께서 재림 하셔야만 올바르게 된다면 세상을 개선하려는 노력은 의미 없는 일처럼 보일 수 있으며, 가장 시급한 일은 언제 오실지 모르는 주님의 재림 전에 복음을 전하는 일이 더 급한 임무로 인식되는 것이다.

위와 같은 배경 하에서 복음주의 신학이 사회에 대한 관심을 많이 상실한 측면이 있었지만, 그렇다고 복음주의 신학이 전적으로 사회에 무관심했다는 것은 아니다. 여전히 복음주의 진영의 선교 사역은 복음 사역과 함께 사회활동을 수행하였다.[57]

---

56 Peter Beyerhaus, *Mission: Which Way?, Humanigation or Redemption*, 김남식 역, 『선교정책원론: 인간화냐 복음화냐?』 (서울: 성광문화사, 1982), 61.
57 John R.W. Stott, 『현대사회문제와 기독교적 답변』, 23-27.

하지만 바이어하우스가 주장한대로 "그리스도를 통한 구원의 선포가 복음주의 진영이 입버릇처럼 강조하듯 하나님과 인간 상호 간의 수직적 관계 회복 만으로만 제한될 수는 없다. 이것은 인간의 공동생활, 가정, 종족, 계급, 인종에 이르는 전체 측면에 구원이 은혜로 그러나 필연코 임해야 함을 선포하는 것이어야 한다"[58]는 점에서 복음주의 신학은 보완되어져야 할 것이다.

---

58 Peter Beyerhaus, 『선교정책원론: 인간화냐 복음화냐?』, 59.

제2부_ 에큐메니컬 선교신학

5장⋯에큐메니컬 선교신학의 태동 배경과 흐름
6장⋯에큐메니컬 선교신학의 주된 경향
7장⋯에큐메니컬 선교신학의 기여점과 한계점

에큐메니컬 선교신학은 전통적 복음주의 선교신학의 문제점들을 갱신하고 보완하고자 하는 동기에서 태동된 선교신학이다. '에큐메니컬'이란 용어는 헬라어 '오이쿠메네'에서 연원된 용어인데, 이 용어가 70인 역에서는 '세계,' '대지' 등을 뜻하는 용어였다. 이 말은 교회의 전 세계적인 선교 확장과 관련되거나 기독교의 하나 됨에 대한 자각과 희망을 표현하는 내용과 연관되어 사용되면서 한 마디로 '교회일치' 혹은 '교회연합'이라는 의미를 지닌다. 한 걸음 더 나아가 전 세계를 하나의 집으로 보고 그 가운데 사는 모든 인류를 한식구로 보면서, 한식구인 세계를 잘 섬기자는 의미도 지니고 있다. 이와 같은 배경 하에서 태동된 에큐메니컬 선교신학의 주된 관심은 교회보다 세상에 더 쏠려있는 경향을 지닌다. 전통적인 선교신학이 지나치게 교회 중심적이고 교회 확장 지향적인 선교 경향을 보였다면, 에큐메니컬 선교신학은 세상을 긍정적으로 보면서 지나치게 세상 지향적인 선교 경향을 보이면서, 세상의 정의, 평화, 생명 살림, 화해, 공존, 대화 등에 깊은 관심을 보인다. 이러한 에큐메니컬 선교신학은 세상에 대한 교회의 관심과 책임감을 불러일으키는 데 기여를 한 반면, 전도와 교회개척 및 성장 등의 문제에 대하여는 관심이 부족하여 교회와 전도의 약화를 불러올 수 있는 한계점을 보이기도 한다.

제2부

에큐메니컬 선교신학

에큐메니컬 선교신학은 전통적 복음주의 선교신학의 문제점들을 갱신하고 보완하고자 하는 동기에서 출발한 선교신학이다. '에큐메니컬'이란 용어는 헬라어 '오이쿠메네'에서 연원된 용어인데, '오이쿠메네'라는 말은 oikeo(살다, 거주하다) 혹은 oikos(집) 등과 연관된 말로서 70인 역에서는 '세계,' '대지' 등을 뜻하는 용어였다. 이 말은 교회의 전 세계적인 선교적 확장과 관련되거나 기독교의 하나 됨에 대한 자각과 희망을 표현하는 내용과 연관되어 사용되면서 한 마디로 '교회일치' 혹은 '교회연합'이라는 의미를 지닌다. 한 걸음 더 나아가 전 세계를 하나의 집으로 보고 그 가운데 사는 모든 인류를 한 식구로 보면서, 한 식구인 세계를 잘 섬기자는 의미를 지니고 있다.

이와 같은 배경 하에서 태동된 에큐메니컬 선교신학의 주된 관심은 교회보다 세상에 더 쏠려있는 경향을 지닌다. 전통적인 선교신학이 지나치게 교회 중심적이고 교회 확장 지향적인 선교 경향을 보였다면, 에큐메니컬 선교신학은 세상을 긍정적으로 보는 가운데 세상 지향적인 선교 경향을 보이면서 세상의 정의, 평화, 생명 살림, 화해, 공존, 대화 등에 깊은 관심을 보인다. 이러한 특징을 지니는 에큐메니컬 선교신학은 세상에 대한 교회의 관심과 책임감을 불러일으키는 데 기여를 한 반면, 전도와 교회개척 및 성장 등의 문제에 대하여는 관심이 부족함으로 말미암아 교회와 전도의 약화를 불러올 수 있는 한계점을 보이기도 한다. 에큐메니컬 선교신학을 좀 더 자세히 살펴보자.

에큐메니컬 선교신학의 태동 배경과 흐름

1. 에큐메니컬 운동의 의미와 태동 배경

1) '에큐메니컬' 용어의 의미

　에큐메니컬 운동의 태동 배경을 살펴보기 전에 먼저 '에큐메니컬' 이란 용어의 의미부터 살펴보자. '에큐메니컬'이란 말은 헬라어의 '오이쿠메네'라는 단어에 그 어원을 두고 있는데, '오이쿠메네'라는 말은 oikeo(살다, 거주하다) 혹은 oikos(집) 등과 연관된 말로서 70인 역에서는 '세계,' '대지' 등을 뜻하는 히브리어 단어들을 번역할 때 사용되었다. 이 단어의 용례를 살펴보면 다음과 같다.

　　① 헬라 로마 세계와 신약에서는 사람이 살고 있는 전 지구 혹은 전 로마 제국을 가리켰고,
　　② 초대교회에서는 전 교회 혹은 교회의 우주적 타당성을 가리켰으며,

③ 현대적 의미로는 교회의 세계적인 선교, 교회 간의 관계와 일치, 기독교 일치 등을 의미한다.[59]

즉 오늘날 '에큐메니컬'이라는 단어는 교회의 전 세계적인 선교적 확장과 관련되거나 기독교의 하나 됨에 대한 자각과 희망을 표현하는 내용과 연관되어 사용되면서 한 마디로 '교회일치' 혹은 '교회연합'이라는 의미를 지닌다. 즉 전 세계를 하나의 집으로 보고 그 가운데 사는 모두를 한 식구로 보면서, 선교를 할 때도 각개 전투하지 말고 힘을 합해서 하며, 한 식구인 세계를 잘 섬기자는 의미를 지니고 있는 것이다.[60]

2) 에큐메니컬 운동의 배경

선교 운동에 있어서 에큐메니컬 운동의 태동 배경은 단순하게 설명하기 어려운 면이 있지만, 크게 보아서는 두 가지로 그 배경을 생각해 볼 수 있다.

첫째, '선교 연합의 필요성 대두'이다.

둘째, '제2차 세계대전 후 전통적 선교에 대한 반성'이라고 할 수 있다.

이 두 가지 배경을 좀 더 상세히 살펴보자.

59　안승오 박보경, 『현대 선교학 개론』(서울: 대한기독교서회, 2008), 285.
60　김은수, 『현대선교의 흐름과 주제』(서울: 대한기독교서회, 2001), 27-28.

(1) 선교를 위한 연합의 필요성 대두

선교 운동에 있어서 에큐메니컬 운동의 첫 번째 태동 배경은 선교에 있어서 연합을 해야 할 필요성이 대두된 점이다. 라투렛이 표현한 대로 19세기는 개신교 선교의 황금기였고, 이로 인해 개신교 선교는 과거에 볼 수 없었던 커다란 확장을 이루어내었다. 그러나 이러한 성장의 이면에는 또한 어두운 그림자도 있었으니 선교가 과열되고 지나친 경쟁으로 인한 불필요한 인력과 재력의 낭비 등이 나타나게 되었다. 당시 선교는 자기 교파의 교회를 선교지에 세우는 일에 몰두하였고, 그 결과 심한 경쟁과 불필요한 인력과 재력의 낭비가 일어나게 되었다. 또한 서구교회가 지나치게 우월적인 태도로 선교에 임하는 것도 문제가 되었다. 이러한 문제들은 자연히 선교 현장에서 교파들 간의 친교와 연합, 그리고 선교 단체들 사이의 친교와 연합의 필요성을 제기하게 되었다.[61]

이런 제반 문제를 함께 모여 논의할 필요성 가운데서 에딘버러 대회가 열리게 되었는데, 이 모임이 에큐메니컬 운동의 이정표가 되게 되었다. 즉 "어떻게 하면 모든 교회들이 마음을 하나로 모아 협력하여 효율적으로 선교를 할 것인가" 하는 것이 에딘버러 대회의 목적이었고 이것이 바로 에큐메니컬 운동의 공식적인 효시가 되었던 것이다.[62]

이 대회는 세계복음화를 촉진시키기 위해서는 전 세계의 교회들이 연합하고 힘을 합하여야 할 것을 강조하면서 "이 세대 안에 세계복음

---

61 이형기, 『하나님의 선교』 (서울: 한국학술정보, 2008), 44.
62 물론 이 대회가 세계 최초의 선교 대회는 아니었다. 이 대회 이전에도 많은 선교 대회들이 있었는데, 예를 들면 1825년 봄베이에서 세계선교 대회가 열렸고 그 후에도 여러 선교 대회들이 열렸다. 그러나 에딘버러 대회는 20세기 선교와 연합 운동의 시발점이 된 회의였다. 황순환, 『선교와 문화』 (서울: 담론사, 1998), 287.

화"란 주제로 열렸다. 즉 세계에 많은 선교사들이 나가 있는데 어떻게 하면 효과적으로 협력하면서 선교를 할 것인가, 즉 방법(how)의 문제가 주된 의제였다. 어찌되었든 이 대회는 19세기 선교를 결산하고 20세기 선교와 연합 운동의 시발점이 된 회의였다.

이 대회 이후에 시간이 흐르면서 세 가지 운동이 생겨났다.

첫 번째로 IMC(International Missionary Council, 국제선교사협의회)이 1921년 레이크 모홍크(Lake Mohonk)에서 창립되어 주로 선교의 발전을 위하여 일하게 되었다.

두 번째로 1925년에 '생활과 사역'(Life and Work)라는 기구가 태동되었다. 이 기구는 기독교인의 사회적 정치적 책임 및 정의 구현의 책임을 느끼고 조직된 것으로 기독교인의 봉사와 윤리적 책임을 과제로 삼았다. 이 모임에서 강조한 것은 "봉사는 연합시키고 교리는 분열시킨다"(Service unites, doctrine divides)라는 말인데, 교회가 봉사에 힘을 쏟아야 할 것을 강조했다.

세 번째로 1927년 로잔에서 '신앙과 직제'(Faith and Order)라는 기구가 조직되었는데, 이것은 교회 분열을 가져오는 신학적 교리적 문제를 연구하여 교회일치를 위한 신학적인 근거를 제공하고자 하는 목적을 지녔다. 즉 1910년 에딘버러 선교 대회 이후 생겨난 에큐메니컬 운동은 각각 '선교'(IMC), '봉사'(Life and Work), 그리고 '일치를 위한 신학'(Faith and Order)의 기치를 내걸고 세 가지 운동으로 전개되어 왔는데, 기본적으로 세계복음화를 목표로 두고 효과적인 선교를 위한 협력에 깊은 관심을 둔 운동이었다.

(2) 제2차 세계대전 후 전통적인 선교에 대한 반성

에큐메니컬 운동의 두 번째 배경은 제2차 세계대전 후 전통적 선교에 대한 반성에 있다고 할 수 있다. 1918년에 막을 내린 제1차 세계대전에 이어 1939년부터 1945년까지의 제 2차 세계대전이 끝난 후 기독교는 심각한 고민에 빠지게 되었다. 그도 그럴 것이 두 번의 세계대전의 주범이 모두 기독교가 주요 종교인 국가들이었기 때문이다. 기독교 국가들은 하나님의 이름을 내걸고 전쟁을 치루면서 온 세계를 전쟁의 포화와 불행 속으로 몰아넣었다. 이러한 경험 후 교회는 기독교가 세계에 평화를 주기보다는 오히려 갈등과 분쟁 그리고 미움과 전쟁을 부추기는 종교가 되지 않았는가에 대한 자기반성을 하게 되었다.[63] 또한 제2차 세계대전 후 제3세계 국가들이 대거 독립을 맞이하게 되면서, 제3세계 지역을 중심으로 강력한 반(反) 기독교 운동, 반(反) 선교 운동이 일어났고,[64] 이로 인해 기독교 선교는 어디를 가나 환영을 받지 못하는 상황에 직면하게 되었다.

결국 교회는 내적으로 세계대전을 일으킨 주범 나라들의 종교였다는 자각을 갖게 되고, 외적으로는 과거 피식민지 국가들의 기독교 적대 운동에 직면하게 되면서, 기독교는 선교 방향에 대하여 심각한 반추작업에 들어갔다. 그 결과 기독교는 기독교 국가들을 중심으로 서구뿐 아니라 비서구 세계에 엄청난 피해를 주었으며, 전통적인 선교는 가부장주의, 비관용, 오만함 등으로 점철되어, 문화 파괴, 사회구조 와해, 전통 종교 억압, 낯선 이방 교회 설립 등을 가져왔다는 진단을 내리

---

63 남정우, 『선교란 무엇인가』 (서울: 쉐키나, 2010), 21.
64 위의 책, 22-23.

고 이러한 문제점들을 수정할 수 있는 선교 방향의 필요성을 깨닫게 되었는데, 이러한 것들이 에큐메니컬 선교 개념 탄생의 주된 배경이 되어졌다.[65]

이러한 반성이 신학적인 작업으로 나타나게 되었는데 이것이 바로 'Missio Dei'(미시오 데이) 즉 하나님의 선교 개념이다. 즉 제2차 세계대전 후 기독교가 선교의 방향 전환 모색을 심각하게 고려하는 상황 속에서 1952년 독일 빌링겐에서 개최된 빌링겐 선교 대회(IMC)는 '정복적인 태도'가 아닌 '섬김과 봉사의 태도'로 선교를 수행해야 한다는 생각으로 '십자가 아래서의 선교'(Missions under the Cross)라는 주제로 열리게 되었다. 이 대회가 끝난 후 독일 슈트트가르트(Stuttgart) 교구의 감독이었던 칼 하르텐슈타인(Karl Hartenstein)은 빌링겐 대회의 신학적 성과를 개인적으로 요약하면서 'Missio Dei'(하나님의 선교)라는 라틴어 단어를 처음 사용하였다.[66]

하르텐슈타인은 이상에 나타난 문제들이 근본적으로 사람과 교회가 중심이 되어 선교를 수행한 결과 생겨난 것이라고 분석하면서, 오직 하나님만이 선교의 동기와 목적이며, 그분만이 선교의 수행자가 되시고 사람들은 하나님의 선교에 동참할 때만 바른 선교가 이루어진다

---

[65] 김영동, 『교회를 살리는 선교학』(서울: 장로회신학대학교 출판부, 2003), 259-260.
[66] 하르텐슈타인은 말하기를, "선교란 단순히 개인의 회심이나 주님의 말씀을 향해 복종하는 것만을 뜻하지 않는다. 그것은 또한 공동체의 회집에 대한 의무만을 뜻하는 것이 아니라, 선교란 구원받은 전 피조물 위에 그리스도의 주권을 세우려는 포괄적인 목표를 가지고 '아들의 보내심'(an der Sendung des Sohnes), 즉 하나님의 선교 (der Missio Dei)에 참여하는 것이다"라고 하였다. Karl Hartenstein, "Theologische Besinnung," Walter Freytag, ed., *Mission zwishen Gestern und Morgen* (Stuttgart: Evang. Missionsverlag, 1952), 54.

고 보게 되었다.[67] 그 후 이 개념은 하르텐슈타인의 예기치 못한 갑작스런 사망 후 비체돔(Georg F. Vicedom)과 후켄다이크(J. C. Hoekendijk) 등에 의하여 이론적인 발전을 하였는데, 세계교회협의회는 후켄다이크의 이론을 많이 수용하면서, 전통적인 선교의 개념은 다음과 같은 변화를 갖게 되었다.

첫째, 교회 중심적 선교 개념이 하나님 중심적 선교 개념으로 변환되게 되었다. 즉 전통적으로는 주로 교회가 중심이 되어서 선교를 계획하고 추진하였다. 하지만 하나님의 선교 개념에 의하면 하나님께서 친히 선교의 주체가 되시어서 세상에서 직접 선교를 수행하시므로 교회는 단지 하나님의 선교를 수행하는 여러 다양한 기구들 중의 하나로 전락하게 되는 것이다. 즉 교회가 중심이 아니라 하나님이 중심이 되는 선교가 된 것이다.

둘째, 교회 중심에서 하나님 중심으로 선교의 중심을 바꾼 하나님의 선교 개념은 이제 또 하나의 중심을 바꾸었는데, 그것은 교회 중심의 선교관을 세계 중심의 선교관으로 바꾼 것이다. 이것은 선교의 주인이신 하나님의 관심이 더 이상 사람들을 교회로 데리고 오는 데 관심이 있는 것이 아니라 세상 자체를 샬롬이 넘치는 세상으로 바꾸는 데 관심이 있다는 이유에서 바뀌게 된 것이다. 즉 하나님의 선교 개념은 하나님의 관심이 교회에 있는 것이 아니라 오히려 세상에 더 많이 있다는 것을 역설하면서 세상을 참으로 사람 살만한 곳으로 만드는 것을 선교의 목표로 삼게 되었다.[68]

---

67 K. Hartenstein, "Krisis der Mission?" *Die Furche*, Vol. 17 (1931), 205-206.
68 WCC, *The Church for Others: Two Reports on the Missionary Structure of the Congregation* (Geneva: WCC, 1968), 16-17. 참조.

이상의 두 배경을 정리해보면, 에큐메니컬 선교 운동은 '효과적인 복음화를 위한 연합 운동'과 '잘못된 선교에 대한 반성'이라고 할 수 있는데, 첫 번째 배경에서는 선교의 목표가 '복음화'이고 이를 위한 방법으로서의 '협력'이었는데, 두 번째 배경에 오면 선교의 목표 자체가 '복음화'가 아니라 세계를 모두 잘 살게 만드는 '샬롬'으로 변화된 모습을 볼 수 있다. 따라서 에큐메니컬 운동을 단순히 효과적인 선교를 위한 '연합운동'으로만 보는 것은 첫 번째 배경만을 보는 것이라 할 수 있다.

(3) 에큐메니컬 선교신학의 사상적 배경

　에큐메니컬 선교신학의 사상적 배경이 된 것들은 수도 없이 많고, 그것들이 구체적으로 어떤 영향을 어떻게 미쳤는지를 파악한다는 것은 결코 쉬운 일이 아니다. 따라서 여기에서는 에큐메니컬 신학에 상당한 영향을 미쳤다고 보이는 몇 가지 사상적 배경만을 살펴볼 것이다.

　첫 번째 배경은 계몽주의라 할 수 있다. 계몽주의의 특징은 매우 광범위한 것이지만 가장 주된 특징은 역시 '이성에 대한 강조'일 것이다. "당신의 이성을 과감히 사용하라"는 것이 계몽주의의 모토이며, 데카르트의 "나는 생각한다. 고로 나는 존재한다"는 말, 즉 인간의 이성이 모든 인식의 가장 확실한 출발점이라는 것이 계몽주의를 잘 설명하는 구절이 될 것이다.

　이러한 계몽주의의 영향을 많이 받은 신학사조는 자유주의 신학인데, 자유주의 신학은 전통적으로 그 권위를 그대로 인정했던 성서일지라도 이성적으로 설명이 되지 않으면 받아들이지 않거나 이성에 맞도록 설명을 시도하였다. 에큐메니컬 신학은 자유주의와는 다른 성향을 지니지만, 이성과 계시의 구도에서 본다면 계시를 이성보다 우위에 두는 복음주의 진영보다는 이성을 계시보다 우위에 두는 자유주의 진영에 더 가까운 경향을 보인다. 예를 들어 성서는 그리스도만이 유일한 구원의 길임을 말하면서 어떤 환경에서든지 복음을 전파할 것을 명하고 있다. 반면, 에큐메니컬 신학은 타종교의 구원 가능성에 대하여도 어느 정도 문을 열어놓고 복음 전달보다는 대화와 공존에 더 많은 관심을 기울인다는 점에서 에큐메니컬 진영은 계시보다는 이성을 더 우위에 두는 경향을 보인다. 보쉬(David J. Bosch)는 유럽 대륙의 교회들이 점점 계몽주의 풍조에 항복하면서 이성을 강조하는 합리주의가 신학과 교회 진영에서 지지를 얻었다는 것을 지적하였는데,[69] 이 말은 에큐메니컬 신학에도 해당되는 말이라 하겠다.

두 번째 배경은 해방신학이다. 전통적인 서구 신학이 성서에 담겨 있는 텍스트(text)의 의미를 해석하는 철학적이며 분석적인 접근을 시도하는 반면에, 해방신학은 신학하는 사람의 상황(context)에서 출발하면서 논리나 합리성의 검증보다는 콘텍스트에 대응하는 '프락시스'(praxis, 실천)에 우선순위를 둔다. 해방신학은 고통과 억압 가운데 있는 사람들의 해방을 신학의 중심주제로 삼는 신학이다.[70]

이러한 해방신학은 역사를 일원론적으로 보는 경향이 강하고 그 결과 구원사가 세계사 속으로 흡수되어 사라지는 경향이 많다. 이 경우 종말론의 등대가 사라지면서 인간은 방향을 잃고 헤매다가 파도에 휩

---

[69] David J. Bosch, *Transforming Mission*, 김병길, 장훈태 옮김, 『변화하고 있는 선교』 (CLC, 2013), 424.

[70] Orlando E. Costas, *Christ outside the gate:mission beyond Christendom*, 김승환 역, 『성문 밖의 그리스도』 (서울: 한국신학연구소, 1987), 225.

쓸려 영원히 멸망하는 위험이 나타난다. 또한 해방신학은 구원을 영혼 구원의 관점에서 보기보다는 현실에서의 해방 또는 인간화로 보는 경향이 있다. 즉 신과의 화해보다 정치질서의 변혁을 위한 해방이나 투쟁 등을 지나치게 강조하는 경향을 지닌다.

그리하여 해방신학은 죄로부터의 구원인 회개를 말하지 않고 '사회적 회개'를 말한다. 죄의 억압에 대해 괴로워하는 양심보다 억압적 정치세력이나 계급에서 눌리고 있다는 것을 의식시키는 '의식화'를 주장함으로써 사회악은 말하지만 개인의 악은 간과하는 경향이 강하다. 이러한 경향은 자연히 전통적인 복음전도 중심의 선교를 무용화하게 된다.[71] 에큐메니컬 선교신학은 해방신학의 영향을 받아 한 때 선교의 핵심 목표를 '복음화'에서 '인간화'로 삼았다.

세 번째 배경은 포스트모더니즘이다. 포스트모더니즘은 그 정체가 무엇인지에 대하여조차 아직도 의견의 일치를 보지 못할 정도로 광대하고 복잡한 사상이다. 그러나 몇 가지 특성을 찾아볼 수 있는데, 가장 먼저 모더니티의 합리성 개념(즉 진리의 개념)을 지탱하는 가장 기초적인 가정에 대하여 의문을 제기하는 경향이 강하다.[72] 이 경우 절대성을 중요한 특징으로 생각하는 종교마저도 상대적인 것으로 보는 시각이 나타나게 되므로, 포스트모더니즘적 사고가 팽배해지면 모든 종교가 상대적인 가치를 지니게 된다. 이렇게 될 때 상대적인 가치를 지닌 종교들 간에 서로 다툴 이유가 없이 서로서로 좋은 점을 찾아가야 한다는

---

71 전호진, 『한국 교회와 선교 I』 (서울: 엠마도, 1985), 74-75.
72 Charles Van Engen, *Mission on the Way*, 박영환 역, 『미래의 선교신학』 (서울: 바울, 2004), 317.

종교 다원주의적 사고가 자연스럽게 확산되게 될 수 있다.[73]

또한 포스트모더니즘의 사고에서는 개인보다 공동체를 중시하는 경향을 보인다. 모더니즘에서는 타인에 대하여 다소 무관심한 태도를 보였지만 포스트모더니즘에서는 점차 상호 연관성(inter-dependence), 공동체성 혹은 공거성(togetherness), 공생(symbiosis) 등이 긍정적으로 인식되고 있다.[74] 이와 같은 '공생'에의 관심은 모두가 힘을 합하여 생명을 살리고 풍성하게 하는 일에 힘을 합하여야 함을 강조하는 방향으로 나가게 한다. 에큐메니컬 신학에서 추구하는 '창조질서보존' 또는 '생명 살림' 등의 패러다임은 이러한 '공생'에의 관심과 일정 부분 연관성이 있는 것이라 할 수 있다.

2. 에큐메니컬 선교신학의 흐름

선교에 있어서 에큐메니컬 운동의 효시를 1910년 에딘버러 대회로 잡는다면 에큐메니컬 운동은 100년이 조금 넘는 역사를 지니고 있다. 이 긴 역사의 흐름을 간단히 요약한다는 것은 결코 쉬운 일이 아닐 것이다. 하지만 전 세계를 한 눈에 보기 위하여서는 지도를 만들어야 할 필요가 있듯이 에큐메니컬 신학의 특징을 잘 이해하려면 몇 가지의 패러다임 구분을 통하여 에큐메니컬의 흐름을 분석할 필요가 있다. 에큐메니컬 신학의 흐름은 크게 다음과 같은 4가지 패러다임으로 구분을

---

73 Charles Van Engen, "Mission Theology in the Light of Postmodern Critique," in *I.R.M.* vol. 96, No. 343, 1997, 437-461.
74 David J. Bosch, 『변화하고 있는 선교』, 362.

지어볼 수 있다.

① 선교를 위한 협력 패러다임(1910-1948년)
② 하나님의 선교(Missio Dei) 패러다임(1952-1963년)
③ 인간화 패러다임(1968-1975년)
④ 생명 패러다임(1983- 현재)

1) 선교를 위한 협력 패러다임(1910-1948년)

가장 먼저 나타나는 에큐메니컬 선교 패러다임은 '선교를 위한 협력 패러다임'(1910-1948년)이라 할 수 있다. 이 시기의 대회들은 선교의 목표를 대부분 복음전도에 맞추면서 이를 위한 효과적인 선교 방법을 찾는 데 관심이 모아져 있었다. 물론 이 시기에도 사회복음이나 종교다원주의 등의 이슈들이 진지하게 논의되면서 선교의 정의에 대한 다양한 논의들이 있었다. 그럼에도 선교의 목표를 세계복음화로 잡는 데 어느 정도 합의가 이루어져 있었으며, 이와 같은 선교 목표를 효과적으로 달성하기 위한 협력에 주된 관심이 있었다.[75]

(1) 에딘버러 선교 대회(1910)

에딘버러 대회(1910년)는 에큐메니컬 운동의 효시라 할 수 있는 대회였다. 물론 이 대회가 세계 최초의 선교 대회는 아니었다. 이 대회 이전에도 많은 선교 대회들이 있었는데, 예를 들면 1825년 봄베이에서

75　이현모, 『현대선교이해』 (대전: 침례신학대학교 출판부, 2003), 78-80.

세계선교 대회가 열렸고 그 후에도 여러 선교 대회들이 열렸다. 그러나 에딘버러 대회는 "이 세대 안에 세계복음화"란 주제를 가지고 어떻게 하면 모두가 함께 협력하면서 효율적인 선교를 할 것인가를 다룸으로써 20세기 선교와 연합 운동의 시발점이 되었다.

에딘버러 대회는 다음과 같은 의의를 지닌다.[76]

첫째, 20세기 에큐메니컬 선교신학의 기초를 놓았다.

둘째, 선교 공동체로서의 일체성과 에큐메니컬 운동의 가능성을 제공했다.

셋째, 제도화된 교회와 교회지도자들이 선교 운동에 동참하게 됨으로써 그동안 경건주의 운동의 성격을 띠었던 선교 열정과 물결이 약화되고 에큐메니컬 세기로 나가는 전환점이 되었다.

이 에딘버러 대회의 주된 목표는 효과적인 선교 수행이었고 그것을 위한 방법으로서의 협력이 주된 관심이었다. 물론 에딘버러 대회가 폭넓은 신학적 견해를 표방하면서 다양한 신학적 조류들을 포용하는 경향을 띠면서 선교의 초점이 다소 폭넓어진 측면이 없는 것은 아니었지만, 기본적으로 에딘버러는 주제에서도 나타나듯이 세계복음화와 이를 위한 선교 협력이 주된 관심이었던 것은 틀림없다.

(2) 예루살렘 IMC 대회(1928)

1928년 부활절 기간에 예루살렘 감람산에서 개최된 예루살렘 IMC(International Missionary Council, 국제선교사협의회)는 에딘버러 대회와는 달리 더 이상 개별적 선교회의 대표들이 아닌 국가적인 선교협의

---

76 황순환, 『선교와 문화』, 287.

회나 교회협의회의 대표들로 구성되었다. 이 대회는 제1차 세계대전(1914-1918년)과 러시아 혁명(1917년)을 겪은 후 개최되면서 에딘버러 때의 선교적 낙관주의가 많이 사라졌다.

이러한 배경 하에서 이 대회는 기독교 선교에 위협이 되는 세속주의, 혼합주의, 공산주의 등에 어떻게 대처할 것인가에 관심을 보였다. 또한 '인종 관계,' '아시아와 아프리카의 산업화와 농촌문제 등에 따른 문제점들'에 관심을 가지면서 교회의 대(對)사회적 책임을 강조하였다.[77] 이처럼 선교에 있어서 사회적 차원에 대한 관심이 증대되면서 복음전도 중심의 선교에 대한 열의가 다소 식어진 모습을 보이기는 하였지만 여전히 복음화와 이를 위한 협력에 관심을 둔 회의였다.[78]

(3) 탐바람 IMC 대회(1938)

1938년 인도의 마드라스 근교 마을 탐바람에서 열린 제3차 IMC 대회는 그리스도의 예언자적 직무를 강조하였다. 이 대회에서 가장 주목되는 점 중의 하나는 바로 종교다원주의 논쟁이다. 이 논쟁에 점화를 한 사람인 윌리엄 호킹(William Hocking)은 자신의 책 『선교의 재고』[79]를 통하여 기독교인들은 메시지의 전달자로서가 아니라 비기독교 종교들과 함께 공동의 선을 추구해야 한다는 점을 강조하면서 다원주의적인 입장을 주장했다.

이와 같은 주장에 위기감을 느꼈던 IMC는 동양 언어에 뛰어난 신학자였던 헨드릭 크래머(H. Kraemer)에게 호킹의 다원주의적 주장에

77　이형기, 『하나님의 선교』(서울: 한국학술정보, 2008), 49.
78　황순환, 『선교와 문화』, 289.
79　이 책은 William Hocking, *Re-thinking Missions: A Laymen's Inquiry after One Hundred Years* (New York: Harper & Brothers, 1932)로 출간됨.

대해 대응할 수 있는 연구를 탐바람 대회에 제출해줄 것을 요청하였고, 이 요청의 결과로 나온 것이 『비기독교 세계에서의 기독교 메시지』 (The Christian Message in a Non-Christian World)[80]라는 책이었으며, 여기서의 핵심은 "다른 종교와 기독교 복음 사이에는 연속성이 없다"는 것이었다. 이형기는 탐바람에 대하여 "… 가장 특기할만한 것은 18-19세기적 개인의 회심과 경건을 포기하지 않고, 이를 구조악의 개선을 위한 기독교 운동들과 연결시킨 점일 것이다"[81]라고 평가한다. 탐바람은 사회에 많은 관심을 가졌지만 여전히 선교의 주된 과제는 복음을 전하는 것이었다.

(4) 휫트비 IMC 대회 (1947년)

1947년에 열린 휘트비 대회는 제2차 세계대전의 쓰라린 전쟁과 분열의 경험으로 연합과 일치의 중요성을 실감한 회의였다. 이 대회는 앞선 대회들보다 규모가 작은 대회였지만 선교 사역을 중단할 수 없다는 판단 아래 열린 회의였다. 제2차 세계대전 이전까지는 제1세계를 제외한 나머지 세계의 99.5%가 서구의 식민지였는데, 이 식민지들 가운데 99.5%가 1969년까지 독립을 하게 되었다.

이러한 과정 중에 열린 휘트비 대회는 '순종 속의 동역자' (Partnership in Obedience)라는 주제를 가지고 그리스도의 지상명령에 복종하는 동역으로서 세계 모든 교회의 동역을 강조했다. 또한 파산한 세계에서 하나님이 주신 과업은 오직 '대망의 복음화'라는 것을 선언하

80　Kraemer, H. *(The)Christian Message in a Non-Christian World*, 최정만 역, 『기독교 선교와 타종교』 (서울: CLC, 1993)로 번역됨.
81　이형기, 『하나님의 선교』, 50.

면서 복음화를 강하게 주장하기도 하였다.[82]

(5) 암스텔담 WCC 창립총회 (1948년)

1948년에 암스텔담에서 열린 대회는 WCC가 시작된 창립 총회였다. 이 대회는 "인간의 무질서와 하나님의 기획"(Man's Disorder and God's Design)이라는 주제로 열렸다. 제2차 세계대전이 끝난 지 얼마 되지 않은 상황에서 열린 이 대회는 전쟁으로 인한 인간들의 무질서를 해결할 길은 오직 하나님의 섭리라고 믿었으며 교회는 이 일의 중재자가 되어야 한다고 믿었다. 그러나 교회가 심각하게 분열되어 있으므로 이 대회는 WCC의 창립 총회로서 교회가 분열을 회개하고 자기 갱신을 통해 일치를 추구할 것을 강조하였다.[83]

이 대회는 전쟁의 악마성을 폭로하면서 주 하나님 안에서의 인간성 회복을 강조하고, 자본주의적 폐해를 견제하고 공산주의의 전체주의적 억압과 횡포에 대응해야 한다고 보았다. 암스텔담은 이러한 과제를 위하여 교회가 협력해야 할 필요성을 강하게 주장했다.

2) 하나님의 선교(Missio Dei) 패러다임(1952-1963년)

1952년을 기점으로 에큐메니컬 신학은 대대적인 패러다임 전환에 들어갔다고 할 수 있다. 즉 '선교를 위한 협력 패러다임'에서 '하나님의

---

82 김은수, 『현대선교의 흐름과 주제』, 89-93.
83 정병준, "암스테르담에서 부산까지: WCC 총회주제들 안에 나타난 WCC 운동과 신학," 2. http://www.wcc2013.kr/sub04/sub01.php?ptype=view&idx=5197&page=3&code=board04_1

선교' 패러다임'으로의 전환이 일어났다.

전자의 패러다임에서는 선교의 목표가 기본적으로 세계복음화이고 이를 위하여 모든 교회와 선교 기구들이 협력해야 함을 강조하였다면, 후자의 패러다임에서는 선교의 목표 자체가 복음화이기보다는 전 세계의 샬롬이며, 이를 위해 교회는 단지 하나님의 한 도구에 불과함을 강조하는 패러다임이다.

하나님의 선교 패러다임은 에큐메니컬 신학의 근저를 형성하고 있으며 지금도 영향을 미치는 개념이므로 일정한 시기로 한정하는 것이 다소 무리가 있겠지만 일단 인간화를 강조하는 패러다임이 출현하기 전까지를 그 시기로 정할 수 있다. 이 시기에 해당되는 대회들을 살펴보자.

(1) 독일 빌링겐 IMC 대회(1952년)

맨 먼저 하나님의 선교 개념의 태동 배경이 되는 1952년의 독일 빌링겐 IMC 대회를 살펴보자. 제2차 세계대전 후 식민주의가 붕괴되면서 독립된 신생국들은 민족주의를 부르짖었고, 신생교회의 강한 주체의식이 싹트기 시작했으며, 서구교회도 선교를 자성하는 시기를 지나게 되었다. 이런 상황에서 선교는 '정복적인 태도'가 아닌 섬김과 봉사의 태도로 이루어져야 한다는 생각이 팽배해졌다.

이런 점에서 빌링겐은 "십자가 아래서의 선교"(Missions under the Cross)라는 주제로 회의를 열었다. 회의가 끝난 후 칼 하르텐슈타인은 이 대회의 보고서를 작성하면서 '하나님의 선교'라는 선교신학적 단어로 이 대회의 핵심을 집약하여 표현하였고 이 개념은 에큐메니컬 운동의 핵심과 기초를 이루는 신학이 되었다. 빌링겐 회의에 대하여 이형기는 다음과 같이 정리하였다.

> 빌링겐은 1938년 탐바람을 잇는 삼위일체론적 복음 이해와 무엇보다도 삼위일체론적 기독론 중심의 파송의 신학(성부께서 성자를 이 세상에 파송하시고, 성자께서 그의 백성을 성령에 의하여 이 세상 속으로 파송하신다고 하는 신학 논리)은 18-19세기의 복음전도 개념을 훨씬 넘어서서 정치, 경제, 사회, 문화 등 삶의 모든 차원을 선교의 대상으로 삼았다. 그리하여 빌링겐은 개인의 회심과 개교회의 개척과 성장을 소홀히 할 정도였다.[84]

빌링겐 이후 에큐메니컬 선교신학은 선교의 목표를 복음전도에서 삶의 모든 차원으로 확장하면서 개인의 회심과 교회개척과 성장이 소홀히 될 정도로 세상 모든 영역의 샬롬에 관심을 기울였다는 것이다.

(2) 미국 에반스톤 WCC 2차 총회(1954년)

1954년에는 미국 에반스톤에서 WCC 제2차 총회가 열렸다. 이 대회는 "예수 그리스도는 세상의 소망"(Jesus Christ-the Hope of the World)이라는 주제를 가지고 열렸는데, 제1분과는 교회일치를 다루었고, 제2분과에서는 하나님의 선교(Missio Dei) 개념을 다루었다. 제3분과는 1차 총회에서 주장한 '책임사회' 개념을 더 발전시켰으며, 교회는 국가의 양심이 되어야 한다는 윤리신학을 제시하기도 했다.[85] 정병준은 에

84　이형기, 『하나님의 선교』, 51.
85　정병준, "암스테르담에서 부산까지: WCC 총회주제들 안에 나타난 WCC 운동과

반스톤에 대하여 다음과 같이 정리하고 있다.

> 에반스톤 총회는 교회들이 이념적 동서갈등, 경제적 남북갈등, 인종적 흑백갈등을 초월하여 서로 일치할 수 있는 방법을 제시해야 하는 과제를 가지고 있었다. 그래서 총회는 그리스도에 대한 신앙과 그 안에 있는 종말론적인 희망을 제시하였다. 그러나 종말론적 희망(하나님 나라)의 의미와 그 역사적 관련성에 대해서는 견해가 일치하지 못했다. 주로 유럽교회들은 희망을 종말론적으로 이해했고 미국교회들은 그것을 현실적 낙관론으로 이해했다.[86]

위에서 언급된 대로 에반스톤이 다양한 갈등의 문제를 넘어서 일치와 화해의 방법을 제시하고자 했던 것은 샬롬에 깊은 관심을 가진 하나님의 선교 개념과의 깊은 연관성을 보여주는 것이라 할 수 있다.

(3) 인도 뉴델리 WCC 3차 총회(1961년)

이 총회는 "예수 그리스도는 세상의 빛"(Jesus Christ – the Light of the World)이라는 주제 하에 매우 다양한 주제들을 다루었다. WCC 헌장의 확대 수정, 동방정교회의 가입, 아프리카 아시아 교회들의 가입, 로마가톨릭교회의 옵서버 참석, 타종교인들과 대화의 길 개방 등의 다양한 주제를 다루면서 이런 주제들을 담을 수 있는 넓은 개념으로 '세상의 빛'이라는 개념을 선택하였다. 특별히 이 대회는 1958년 아프리카

신학," 4.
[86] 위의 글, 3.

가나 IMC 대회의 결정대로 IMC가 WCC와 연합하게 되어 상징적으로 선교(IMC)와 교회(WCC)가 하나 된 총회였다.

이러한 연합으로 많은 사람들은 WCC가 선교적 과제들을 교회 사역의 중심으로 받아들일 것으로 기대했다. 또한 교회들의 선교는 에큐메니컬인 관점에서 이루어질 것을 기대하였다. 하지만 이것은 거의 희망 사항으로 끝이 나고 말았다. 실제적으로 일어난 것은 WCC의 조직과 활동에 선교가 제한을 당함으로써 선교가 현저히 약화되는 결과를 낳고 말았다.

랄프 윈터의 주장에 의하면 1957년에 미국 전체 선교사들의 42%가 WCC 회원 교회들과 연관을 지니고 있었으나, 이 비율이 1969년엔 28% 그리고 1975년엔 14%로 격감한 것이 그 한 예가 될 수 있다.[87] 세상의 복음화보다는 세상의 샬롬에 더 깊은 관심을 지닌 Missio Dei 개념의 영향이 자연스럽게 나타난 결과라 할 수 있을 것이다.

3) 인간화 패러다임(1968-1975년)

'하나님의 선교' 패러다임 다음으로 나타난 패러다임은 '인간화' 패러다임이라 할 수 있다. 인간화 패러다임은 새로운 것이기 보다는 하나님의 선교 패러다임의 한 구체적인 표현이라 할 수 있다. 즉 하나님의 선교 패러다임은 샬롬을 추구하는데 이 샬롬이 주로 인간의 행복 차원에서 추구된 것이 인간화 패러다임이라 할 수 있다. 샬롬은 매우 폭넓은 개념이라면 이 샬롬에서 인간 부분의 행복을 집중적으로 관심 갖

---

[87] R. D. Winter, "Ghana: Preparation for Marriage," *IRM*, July, 1978, No. 267, 349.

는 것이 바로 인간화 패러다임이라 할 수 있을 것이다. 이 시기에 해당되는 대회들을 살펴보자.

(1) 스웨덴 웁살라 WCC 4차 총회(1968년)

이 총회는 "보라, 내가 만물을 새롭게 하노라"(Behold, I will make all things new)라는 주제를 가지고 열린 회의였다. 특별히 이 주제는 요한계시록 21장 5절의 말씀을 인용한 것으로 종말적인 차원에서 역사의 최종적인 모습이 드러나는 순간을 기대하였다. 여기에서 나타나는 새로움은 질적인 변화이며 그 새로움은 개인뿐만 아니라 세계 전체를 새롭게 하는 변화를 의미하였다. 이제 선교는 교회일치나 선교를 넘어서서 세상 만물에 관심을 지녀야 하며 교회와 세상 사이에 있는 경계를 허물고 세상으로 나아가야 함을 의미했다.

웁살라는 특별히 인간의 참 인간성과 인간의 사회가 어느 때보다 여러 가지 파괴적인 힘에 의해 위협받고 있음을 심각하게 보면서 비인간화 문제, 정의와 평화 문제, 인종 차별의 문제 등을 심각하게 다루면서 '인간화'(humanization)를 선교의 목표로 삼았다.

즉 모든 비인간화의 현상을 극복하고 인간을 인간답게 만드는 것이야말로 선교의 일차적 과제라고 여겼다. 그리고 이러한 과제의 목표가 되는 진정한 인간화의 모델로 예수 그리스도가 제시되었다. 웁살라 대회는 비인간화의 문제를 해결하기 위해 물질적 빈곤을 해결하는 것이 영적 빈곤 못지않게 더 중요함을 강조하였다. 이러한 강조점에 따라 웁살라는 선교의 수직적인 차원(복음화)보다는 수평적인 차원(인간화)에

더 강조점을 두는 경향을 나타냈다.[88]

이형기는 웁살라에 대하여 "바야흐로 '복음'이 '하나님(삼위일체 하나님)의 선교' 및 해방신학과 관련되어, 로잔 신앙과 직제의 '복음'(1927)과는 달리 1960년대에 오면, 사회참여가 지나치게 첨예화된다"[89]라고 평가하고 있는데, 웁살라에서 선교는 인간을 인간답게 살도록 돕는 모든 활동을 의미하게 되는 것이다.

(2) 방콕 CWME 대회(1973년)

1972년 12월 27일부터 1973년 1월 12일까지 태국 방콕에서 "오늘의 구원"(Salvation Today)이란 주제로 열린 이 대회는 기독교의 구원론을 전면 재검토한 회의였다. 방콕이 이해한 복음은 만물을 모든 예속에서 해방하는 단순하고도 포괄적인(simple and comprehensive) 복음이며, 인간을 억압하는 모든 것에 대항하여 투쟁(struggle)하는 일에 우리로 하여금 헌신하게 하는 복음이었다. 방콕 제2분과에서 다음과 같이 구원을 네 가지 사회적 차원들 안에서 정의하고 있다.[90]

① 사람에 의한 사람의 착취에 대항하는 경제정의를 위한 투쟁에서의 구원 역사들(salvation works)
② 동료 인간들에 의한 인간에 대한 정치적 억압에 대항하는 인간의 존엄을 위한 투쟁에서의 구원 역사들
③ 인간으로부터 인간의 소외(alienation)에 대항하는 연대

---

88 김은수, 『현대선교의 흐름과 주제』, 225-230.
89 이형기, 『하나님의 선교』 (서울: 한국학술정보, 2008), 96.
90 WCC, *Bangkok Assembly 1973* (Bossey: WCC, 1973), 89-90.

를 위한 투쟁에서의 구원 역사들
④ 인격적인 삶(personal life)의 좌절에 대항하는 희망을 위한 투쟁에서의 구원 역사들

위의 구원 이해를 좀 단순화시켜 표현한다면 방콕은 '구원'을 '해방'으로 그리고 그 '해방'을 영혼만의 해방의 협소한 차원에서 벗어나 영과 육, 개인과 사회, 인간과 모든 피조물의 해방을 말하는 폭넓은 의미의 구원 개념을 지녔다. 아울러 이러한 복음을 받은 교회는 '해방시키는 그리스도의 능력에 순종'(the obedience to the liberating power of Christ)하는 마음으로 구조악을 유발하는 세상적 구조에 대한 연구 분석을 하며, 이러한 구조악을 척결하는 투쟁에 동참해야 하는 것이다. 특별히 투쟁의 성격과 연관하여 방콕 대회는 구조적 불의에 대항하는 해방 운동 차원에서 물리적 폭력의 가능성을 거론하기도 했다.[91]

보쉬는 에큐메니컬의 구원 개념에 관하여 "에큐메니컬 선교신학은 빈번히 각 사람 속에 있는 죄의 실제에 대한 강한 성서적 주장이 결여되어 있다. 이에 대한 한 결과로 이것은 또한 역동적 기독교가 항상 강조했던 인간 삶의 내적 깊은 곳에서 일어나는 그 과감한 혁명인, 회개와 회심에로의 단호한 소명을 결여하고 있다"[92]라고 비판하기도 하였는데, 방콕의 구원 이해를 잘 분석한 것이다.

---

91 김은수, 『현대선교의 흐름과 주제』, 258-260.
92 David J. Bosch, 『세계를 향한 증거』, 258.

(3) 케냐 나이로비 WCC 5차 총회(1975년)

나이로비 총회는 "예수 그리스도는 자유케 하시고 연합하신다" (Jesus Christ Frees and Unites)는 주제로 열렸다. 예수를 해방자(frees)로 고백하면서, 동시에 분열자가 아닌 화해자(unites)로 고백하면서 당시 에큐메니컬 운동의 딜레마를 해결하고자 하였다. 자유케 하신다는 것은 개인적이고 영적인 자유만이 아니라 인류와 함께 연대하는 정치성을 포함하는 자유를 의미하며, 연합하신다는 것은 동방정교회, 복음주의 교회들, 그리고 오순절주의 교회들도 다 포괄하고자 하는 마음을 나타낸다고 할 수 있다.

나이로비 총회는 다양한 측면을 드러내는 회의였다고 할 수 있다. 먼저 나이로비는 통전적 균형감을 지니고자 노력한 회의였다고 할 수 있다. 특별히 웁살라대회와 방콕 대회가 지나치게 수평적 차원이 강조되었다는 지적과 함께 로잔 대회 등의 영향으로 복음의 수직적 차원을 균형감 있게 강조하고자 하는 노력을 많이 기울였다. 이형기는 나이로비에 대하여 "구조악의 문제를 웁살라보다 더 심각하게 논하는 나이로비는 예배, 말씀, 세례, 성만찬을 통한 개인의 신앙과 회심, 부활하신 주님, 나아가서 삼위일체 하나님과의 만남을 결코 제외시킨 것이 아니었다"[93]라고 말함으로써 나이로비가 균형감을 갖기 위해 노력한 모습을 지적한다. 이런 점에서 나이로비는 소위 말하는 '통전적 선교신학'을 발아시킨 회의였다고 할 수 있다.

하지만 이형기가 지적한대로 나이로비는 어떤 면에서는 웁살라보다 더 구조악의 문제에 깊은 관심을 기울인 측면이 있다. 나이로

---

93 이형기, 『하나님의 선교』, 80-81.

비는 "해방자 예수," "삶의 신학"(Living Theology), "행동신학"(Doing Theolgoy) 등을 강조하면서 교회의 해방적 기능을 역설하였으며, 참된 해방을 위하여 가난한 자와 무력한 자들이 그들의 착취된 상황을 깨닫도록 의식화(Conscientization)하는 작업이 중요함을 강조했다.[94]

1968년 웁살라에서 태동된 인간화 개념은 1973년 방콕에서 인간화를 포함하는 새로운 구원 개념을 통하여 확실한 이론적 기반을 확립하였고, 1975년 나이로비에서는 막시즘을 통한 역사 분석, 눌린 자의 해방, 가난한 자를 도움, 의식화 등의 구체적인 방안을 제시했다고 볼 수 있다. 이런 점에서 나이로비는 인간화 패러다임의 정점이었다고 할 수 있지만, 동시에 통전적 선교로 나아가고자 하는 고민을 드러낸 회의였다고 할 수 있다.

4) 생명 패러다임(1983년 - 현재)

앞에서 살펴본 '인간화' 패러다임 이후의 에큐메니컬 패러다임을 한마디로 표현한다면 그것은 아마도 '생명'이라는 용어가 될 것이다.[95] 이 시기에 에큐메니컬 운동이 생명 살림에 관심을 갖게 된 것은 총체적인 생명 죽임의 현실이 가장 주된 이유가 될 것이다. 아울러 공산주의의 종주국인 소련이 붕괴되면서 마르크스주의에 대한 회의가 대두되고 마르크스주의에 근간을 둔 해방신학이 지지 세력을 많이 상실하면

---

[94] David. M. Paton, ed., *Breaking Barriers: Nairobi 1975* (Grand Rapids, MI: Wm. B. Eerdmans, 1976), 43.
[95] 강희창, "에큐메니컬 선교신학의 패러다임 변화에 대한 연구," 「장신논단」 제22집 (2004), 126.

서 해방신학에 이론적 기반을 둔 '인간화' 개념에 대한 대안으로 '생명 살림'이 부각되었을 가능성이 있다.

또한 제1세계나 제3세계 모두를 포함하여 향후 세계 교회가 감당해야 할 과제 역시 "생명이 지탱되는 미래사회"라는 점에서 생명은 에큐메니컬 선교의 가장 핵심적인 패러다임으로 부상하였으며 통전적 선교의 성격을 지닌다.[96]

(1) 캐나다 밴쿠버 WCC 6차 총회(1983년)

이 대회는 "예수 그리스도는 세상의 생명"(Jesus Christ – Life of the World)이라는 주제를 가지고 모였으며, 이 주제의 성경적 배경은 "나는 부활이요 생명이니"(요11:25)와 "나는 길이요, 진리요, 생명"(요11:25)이었다. 이 대회는 주제에서도 나타나듯이 '생명'에 대한 관심이 특별한 회의였다. 생명의 주제는 이미 1970년대부터 서서히 나타나기는 하였지만 생명 주제가 본격적으로 전면에 부각된 것은 1980년대부터 라고 할 수 있고 밴쿠버 대회에서 그 모습을 드러내었다고 할 수 있을 것이다.[97] 생명에 특별한 관심을 가진 밴쿠버는 생명 죽임의 현실을 다음과 같이 기술했다.

> 악명 높은 부정의, 끊임없는 부정의, 압제적인 부정의는 폭력을 유발합니다. 오늘날 삶은 전쟁과 모든 종류의 군비 증강, 특히 핵무기 경쟁에 의해 위협받고 있습니다. 모든

---

96 이형기, 『하나님의 선교』, 296.
97 이형기, 『복음주의 에큐메니컬 운동의 세 흐름에 나타난 신학』 (서울: 한국장로교출판사, 1999), 303.

사람에게 의식주를 제공하는 데 훨씬 많은 일을 할 수 있는 과학과 기술이 이 지구의 삶을 끝장 낼 수 있는 데 사용될 수 있습니다. … 지금은 우리 모두에게 위기의 시대입니다. 우리는 전 세계적으로 함께 연대하여 지속적으로 모든 여론의 광장들을 통해 군비경쟁의 중단을 촉구하고 있습니다.[98]

이러한 생명 죽임의 현실에서 예수 그리스도가 생명의 주인 되심을 강조하면서 벤쿠버는 생명 되신 예수 그리스도의 뒤를 따라 생명 살림 운동에 동참할 것을 강조했다. '예수 그리스도'를 '세상의 생명'으로 고백한다는 것은 바로 생명을 파괴하는 모든 죽음의 세력에 대응한다는 것이며, 그 내용은 샬롬을 실현하는 것이라 할 수 있다.[99]

(2) 호주 캔버라 WCC 7차 총회(1991년)

호주 캔버라 총회는 "오소서 성령이여, 만물을 새롭게 하소서"(Come, Holy Spirit- Renew the Whole Creation)라는 주제로 열렸는데, 신앙고백이 아닌 기도 형식을 사용하였고 삼위 중 세 번째 위격을 특별히 부각시킨 대회였다. 이 대회의 4분과는 모두 성령을 주제로 삼았는데, 내용을 보면 다음과 같다.

① "생명의 수여자시여, 당신의 창조를 보전하소서!"

---

98 WCC, "제6차 총회: 캐나다 밴쿠버(1983년)," 『역대총회종합보고서』, 417.
99 정병준, "암스테르담에서 부산까지: WCC 총회주제들 안에 나타난 WCC 운동과 신학," 10.

② "진리의 영이시여, 우리를 자유하게 하소서!"
③ "연합의 영이시여, 당신의 백성들을 화해케 하소서!"
④ "거룩한 영이시여, 우리를 변화시키고 거룩하게 하소서!"[100]

캔버라 대회가 열릴 당시 WCC는 탈 근대화 시대에 세계적으로 일어나는 종교 부흥 현상을 보면서 성령이 과연 기독교 신앙 안에서만 배타적으로 일어나는지 아니면 다른 종교 영성들 안에서도 일어나는지에 대한 깊은 관심을 지니고 있었다. 또한 시대적으로도 영적인 요구에 대한 깊은 열망이 증가하면서 WCC는 새로운 성령론적 신학을 추구하게 되었다.

영적인 차원에 대한 관심과 혼란은 개막 예배에서도 나타났는데, 당시 이화여대 교수였던 정현경은 '버림받은 애굽인 하갈의 영'으로 시작하여 18가지의 한 맺힌 영들을 부르고 초혼문을 적은 창호지를 불태워 하늘에 날려 보내는 예식을 진행하였다. 참여자들 가운데 일부는 매우 신선한 접근이라는 긍정적인 반응을 보였고, 다른 사람들은 성령과 사령(死靈)을 구별하지 못한 것이라는 부정적인 반응을 보이면서 참석자들 가운데서 상당한 논란거리가 되기도 했다.

캔버라는 영적인 차원에 대한 관심과 함께 또한 생명 문제에 대한 깊은 관심을 나타내었다. 캔버라는 환경 문제와 창조신학을 연결시키면서 경제와 생태계에 대한 윤리가 교회의 삶 속에서 성찰될 수 있도록 유도했다. 이러한 성찰에는 특별히 호주 원주민들의 땅에 대한 영성이

---

100 WCC, *The Section Report of the WCC*, 이형기 역, 『역대총회종합보고서』 (서울: 한국장로교출판사, 1993), 499-533.

이러한 주제를 다루게 된 매개체가 되었다.[101]

좀 더 구체적으로 보면 캔버라는 전쟁 무기의 경쟁적 개발과 증강, 다량 살상의 테러와 전쟁, 각종 환경오염과 자연의 폐해, 인권 탄압, 증오와 차별주의의 심화 등으로 무질서해진 세계 정치, 경제, 사회, 문화에 질서를 선포하면서 화해의 교량이 되어 본래의 창조질서를 회복하면서 생명을 살리고자 하는 것에 깊은 관심을 두었다.[102]

(3) 아프리카 짐바브웨 하라레 WCC 8차 총회(1998년, 희년 총회)

하라레 총회는 WCC 총회 창립 50주년을 맞아 희년을 기념하는 총회로서 "하나님께 돌이켜라 – 희망 중에 기뻐하라"(Return to God – Rejoice in hope)는 주제로 1998년 12월 짐바브웨 하라레에서 모였다. 하라레는 인류의 많은 문제를 해결하는 것은 곧 삼위일체 하나님께 돌이키는 것임을 강조했다. 이 대회에서 가장 큰 관심을 둔 것은 '생명의 신학'이었다. 이 대회는 '생명'을 주제로 정의, 평화, 창조세계의 문제를 접근하였으며, 이 주제를 위하여 세계 22개 지역의 사례연구를 통하여 생명의 신학을 적용하고 검토하는 방식으로 진행되었으며 다음과 같은 일들을 수행했다.

> 총회는 2000-2010을 '폭력극복을 위한 10년'(Decade to Overcome Violence)이라고 선언했고, 제3세계의 가난한 국가들 특히 아프리카에 대해 '부채탕감운동'을 전개하자고

101　정병준, "암스테르담에서 부산까지: WCC 총회주제들 안에 나타난 WCC 운동과 신학," 12.
102　강영옥, "세계교회협의회 흐름,"「세계의 신학」제4호 (1989), 141.

선언했다. 총회는 에큐메니컬 운동의 대중화를 위해 공청회식 회무진행(Hearing)을 도입했고, 에큐메니컬 공간을 확대하는 의미로 '파다레'(열린마당)을 열어 놓았다. WCC와 에큐메니컬 운동의 위기를 극복하기 위해 "공동의 이해와 비전"(CUV) 문서를 채택했는데, 이 문서는 향후 에큐메니컬 운동 안에 '기독교 포럼'을 활성화시키는 계기가 되었다.[103]

이상과 같은 특징 외에 하라레는 다음 몇 가지 관심을 가지고 추진되었다.

첫째, 아프리카에 있는 WCC 회원 교회들을 지원하는 프로그램을 진행하고, HIV/AIDS라는 인류의 재앙을 극복하며, 윤리적 삶을 유지하도록 지원하는 일 등에 관심을 표현했다.

둘째, 하라레대회는 회원 교회들에게 인권 존중, 대안적인 경제질서와 채무경감, 분쟁 지역에서의 정의와 평화구축, 그리고 무기판매 축소 등을 촉진하도록 고무시켰다.

셋째, "기독교회와 에큐메니컬 조직 포럼"을 만들어 WCC 회원 교회를 넘어서 에큐메니컬 운동이 확대되도록 하였다. 또 다양한 성격의 '파다레'(열린 마당)를 만들어 복음주의 – 정교회의 대화에서부터 인간성(sexuality)에 이르기까지 다양한 주제들을 다루었다.[104]

---

103   정병준, "암스테르담에서 부산까지: WCC 총회주제들 안에 나타난 WCC 운동과 신학," 14.
104   WCC, "Timeline World Council of Churches," http://www.oikoumene.org/en/about-us/organizational-structure/assembly/since-1948.

(4) 브라질 포르토 알레그레 WCC 9차 총회(2006년)

브라질 남부도시 포르토 알레그레에서 개막된 세계교회협의회(WCC) 제9차 총회는 "하나님, 당신의 은총으로 이 세계를 변화시켜 주옵소서"(God, in your grace, transform the world)라는 주제로 열렸다. 이 총회는 남미 지역에서 열린 만큼 남미에 대한 관심을 많이 보였는데, 총회 결과 WCC는 남미 지역의 빈곤과 일부 지역에서 여전히 존재하는 정치적 폭력, 불의 등에 주목하고 빈곤과 불의, 폭력에 맞서 이를 치유하고 극복하려는 남미교회를 지원하는 데 노력을 기울이기로 했다.

또한 세계 곳곳에서 벌어지는 폭력과 인권유린, 무기 확산, 그리고 에이즈 문제 등에 교회가 적극 대처해야 할 책임이 있으며, 이를 위한 해결책으로 예방활동이 강조되었다. 아울러 테러와 대 테러 전에 대한 우려를 나타내면서, 이와 같은 폭력이 정치적 종교적 사회적 문제에서 빚어진 데 유감을 표하면서 자제해줄 것을 촉구했다.

포르토 알레그레는 에큐메니컬 운동의 내적 위기를 극복하고 종교적 다원성 안에서도 기독교의 정체성을 확실히 해야 한다는 내적인 과제를 해결하는 동시에 경제정의를 이루고 환경파괴와 폭력을 극복하면서 평화를 실현해야 하는 외적 과제 등 많은 안건을 다루었다. 특별히 총회에 보고된 "사람들과 지구 생명 공동체에 관심을 갖는 대안적 세계관(AGAPE: Alternative Globalization Addressing Peoples and Earth)이라는 문서를 통하여 경제세계화 프로젝트의 희생자들을 돕는 차원에서 세계화 과정을 분석할 것을 요청한다.[105]

즉 불의한 경제구조를 변혁할 것을 촉구하며, 특별히 빈곤의 세계

---

[105] 박영호, 『현대 에큐메니컬 운동과 사회 선교』(서울: 개혁주의신학사, 2010), 210-211.

화, 전쟁과 갈등의 증폭, 자연과 에이즈의 재앙 등 절망의 신음이 가득 찬 이 세상을 향해 하나님이 주시는 은혜로 새 세상을 만들 수 있다는 희망의 메시지를 던지고자 했다. 특별히 이 총회는 에큐메니컬 운동의 비전을 '생명의 잔치'라는 신학적 개념으로 제시했다. 경제세계화의 부작용으로 제1세계와 제3세계의 양극화가 날로 심화되어 가고, 인간의 무절제한 탐욕으로 하나뿐인 지구의 생태계가 위협당하는 현실적 상황 속에서 생명을 심고, 생명을 가꾸고, 생명을 살리는 행진을 추진하고자 하는 강한 의지를 보여주었다.[106]

(5) 부산 WCC 10차 총회 (2013년)

WCC 10차 총회는 부산에서 10월 30일부터 11월 8일까지 약 7,500여 명이 참석하여 개최되었다. 10차 총회는 제3차 총회 (1961년 뉴델리)에 이어 두 번째로 아시아에서 열리는 총회로서 "생명의 하나님, 우리를 정의와 평화로 이끄소서"(God of Life, Lead us to Justice and Peace)라는 주제로 열렸다. 이 주제를 뒷받침 하는 성경 구절은 이사야 42:1-4로 "갈대"와 "등불"은 생명을 나타내고, "꺾지 아니하며," "끄지 아니하고"는 평화를 나타내며, "공의"는 정의를 상징하는 것으로 보인다.[107]

10차 총회는 특별히 선교에 관한 기념비적인 자료 문서를 내어놓았는데 "함께 생명을 향하여"(Together towards Life)라는 선교 문서이다.

---

106 대한예수교장로회총회 에큐메니컬위원회, "제9회 세계교회협의회총회," 미간행 자료집 (서울: 총회출판국, 2006), 126-133.
107 정병준, "암스테르담에서 부산까지: WCC 총회주제들 안에 나타난 WCC 운동과 신학," 15.

이 문서는 '하나님의 선교'라는 틀 안에서 '성령의 선교'(Missio Spiritus)를 강조한 것이다. 이 문서가 선언하는 열 가지 확신을 장윤재는 다음과 같이 정리하였다.

① 하나님의 선교의 목적은 생명의 충만함(요 10:10)이며 그것이 선교를 분별하는 기준이다.
② 선교는 하나님의 창조행위로부터 시작되고 생명을 살리는 성령의 능력에 의해 재창조 가운데 지속된다.
③ 영성이 선교적 활동력의 근원이며 성령 안에서 선교는 변혁적이다.
④ 하나님의 영의 선교는 온 창조세계를 새롭게 하신다.
⑤ 우리는 오늘날 다방향적이고 많은 양상을 지닌 선교 운동들이 남반구와 동양으로부터 출현하고 있음을 목도한다.
⑥ 주변화 된 사람들이 선교의 대리자들이며 생명의 충만함이 만유를 위한 것이라고 강조하는 예언자적 역할을 감당한다.
⑦ 하나님의 경제는 모든 사람들을 위한 사랑과 정의의 가치들에 기초해 있으며, 변혁적 선교는 자유시장 경제 안에 있는 우상숭배에 저항해야 한다.
⑧ 예수 그리스도의 복음은 모든 시대와 장소에서 좋은 소식이고 사랑과 겸손의 성령 안에서 선포되어야 한다.
⑨ 생명을 위한 대화와 협력은 선교와 전도에서 필수적이다.

⑩ 하나님께서는 선교하기 위해 교회를 움직이게 하시며
권능을 주신다.[108]

이상과 같은 내용을 담고 있는 선교 선언의 중요성은 다음과 같다.

첫째, 생명 중심적 선교론을 말한다. 즉 생명을 구원하고 살리는 선교를 하나님의 선교로 말한다.

둘째, 창조와 영성의 중요성을 강조한다. 하나님의 선교는 인간뿐 아니라 모든 창조세계를 다 포함하는 구원을 말한다.

셋째, 교회일치의 관점에서 다양한 선교 이해를 포용하는 에큐메니컬 선교신학이다.

넷째, 겸손과 존중 안에서 전도를 수행하면서 헌신한다는 점이다.[109]

(6) 독일 칼수르헤 WCC 11차 총회(2022년)[110]

11차 총회는 2022년 8월 31일부터 9월 8일까지 독일 칼스루헤에서 "그리스도의 사랑이 세상을 화해와 일치로 이끄신다"는 주제로 열렸고, 전 세계 회원 교회들로부터 약 4천여 명의 참가자들이 모였다.[111] WCC 대회는 보통 7년을 주기로 모이는데, 2013년 부산 총회 이후 코로나 등으로 연기되어 9년 만에 11차 대회가 열렸으며, 필자도 이 행사에 참여할 수 있게 되어 WCC 대회의 분위기를 직접 체험할 수 있는

108　장윤재, "WCC 10차 부산총회 평가," 「PCK 해외 선교 저널」 제1집 (2014), 411.
109　위의 글, 412-413.
110　11차 대회의 내용은 필자의 『현대 선교학개론』 (개정증보판), 374-76에서 발췌한 내용이다.
111　WCC 대회는 보통 7년을 주기로 모이는데, 2013년 부산 총회 이후 코로나 등으로 연기되어 9년 만에 11차 대회가 열렸으며, 필자도 이 행사에 참여할 수 있게 되어 WCC 대회의 분위기를 직접 체험할 수 있는 기회를 가졌다.

기회를 가졌다.

11차 총회는 전 세계가 코로나 팬데믹으로 심각한 난국에 빠진 상태에서 모인 회의로 치유, 화해, 일치, 사랑 등에 깊은 관심을 표명하였다. 총회 주제 해설 1장 마지막 부분에 다음과 같은 글이 나온다.

> 그리스도의 사랑 안에 함께 담긴 우리는 성령으로 강해지고, 우리 존재와 만물의 근원이신 하나님으로 인하여 세움을 받은 세계 교회의 교제로 다음 여정을 위한 힘을 얻고, 미래에 대한 희망을 갖게 된다. 사랑받지 못하고, 존중받지 못하고, 그림자 취급받는 소외된 자들에게 하나님의 사랑을, 갈등하는 이들에게 화해를, 모든 분열된 이들에게 화합을 가져올 방법을 모색할 것이다.[112]

위 글에서 WCC는 소외된 자들에게 사랑을, 갈등하는 이들에게 화해를, 분열된 이들에게 화합을 가져올 방법을 모색하겠다는 다짐을 통해 온 인류에게 사랑과 화해 그리고 일치를 가져다주는 것에 깊은 관심을 지니고 있음을 보여준다. 총회는 화해와 일치에 도전이 되는 사항들로 1) 코로나 19, 2) 기후 변화, 3) 불평등, 4) 디지털 혁명, 5) 더 나은 미래를 향한 소망과 확신의 상실, 6) 평화와 정의를 부르짖는 현실

---

112 WCC, "제11차 '칼스루헤'(Karlsruhe) 2022, 총회 주제 해설," 2024. 11. 15. 접속. https://www.oikoumene.org/sites/default/files/2022-06/WCC%20%EC%84%B8%EA%B3%84%EA%B5%90%ED%9A%8C%ED%98%91%EC%9D%98%ED%9A%8C%20%EC%A0%9C11%EC%B0%A8%20%EC%B4%9D%ED%9A%8C%20%EC%A3%BC%EC%A0%9C%ED%95%B4%EC%84%A4%20%EB%B2%88%EC%97%AD_%EA%B8%B0%EC%9E%A5-1.hwp%20-%20%ED%95%9C%EA%B8%80.PDF

등을 제시한다. 그리고 이를 위해 해결의 길로 그리스도의 사랑을 강조하면서 그리스도의 사랑이 세상을 이끌어 갈 것을 천명한다.[113] 이 모든 것이 생명을 살리는 큰 방향과 연결되어 있는 것이다.

　WCC는 세계의 샬롬에 깊은 관심을 가지고 있으므로 이를 실현하기 위해 필요한 JPIC 그리고 갈등과 분열이 있는 곳의 화해와 일치 등에 깊은 관심을 가지고 이런 사역들을 윤리적 목표가 아닌 선교의 목표로 삼는다. 특별히 11차 총회는 화해와 일치에 방점을 찍었던 것이다. 이런 점은 총회가 교회의 대 사회적 책임을 새롭게 상기하고 다짐하는 계기가 되었다는 점에서 일정 부분 기여점이 있지만, 화해와 일치의 근본인 그리스도를 통한 하나님과의 화해 그리고 이를 위한 복음 전도는 등한시하고 단순히 온 세계의 화해와 일치만을 추구한 점은 현실성이 없는 이상주의에 빠질 위험성은 없는지 고민할 필요가 있어 보인다.

113　WCC, "제11차 '칼스루헤'(Karlsruhe) 2022, 총회 주제 해설."

6장

에큐메니컬 선교신학의 주된 경향

앞에서 우리는 에큐메니컬 회의들을 패러다임별로 나누어서 살펴보면서 에큐메니컬 신학 흐름의 변화들을 살펴보았다. 이러한 흐름 속에서 우리는 에큐메니컬 선교신학의 주된 특징들을 발견할 수 있는데, 특별히 앞장에서 언급한 전통적 복음주의 진영의 특징들과 대조하면서 비교를 하면 쉽게 그 특징을 분간할 수 있다. 물론 이러한 비교는 각 진영의 특징을 지나치게 단순화시킴으로 말미암아 각 진영의 성격을 포괄적으로 온전하게 이해하지 못하게 하는 위험성이 있을 수 있다. 에큐메니컬 선교신학을 표방하는 세계교회협의회 안에도 다양한 신학 사조가 공존하고 있기에 획일화된 선교신학을 말하기는 어려운 면이 있다.

그럼에도 불구하고 에큐메니컬 진영의 문헌과 역사 등을 잘 살펴보면 에큐메니컬 진영이 핵심적으로 추구하는 주된 경향들을 발견할 수 있다.[114] 물론 여기에서 조심해야 할 점은 한 진영의 특징이라고 말하

---

114 Peter Beyerhaus, *Mission: Which Way?, Humanigation or Redemption*, 김남식 역, 『선

는 것은 그 특징이 좀 더 강하게 부각된다는 것이지 반대의 특징은 전혀 나타나지 않는다는 말이 아니다. 예를 들면, 에큐메니컬의 선교 목표를 샬롬으로 전통적 복음주의 선교의 목표를 복음화로 규정할 때, 에큐메니컬은 복음화를 전혀 추구하지 않는다거나, 복음주의는 샬롬을 전혀 추구하지 않는다는 것으로 이해해서는 안 되고, 각각의 진영에서 어느 특정 목표가 좀 더 강조되어 나타난다는 것이다.

1. 세계에 대한 관심

전통적 신학에서는 교회와 세상 사이에 엄격한 구분선이 그어지고 세상은 부정적인 관점에서 기술되는 경향이 강했다. 세상은 하나님을 거역하고 등진 곳이며 그래서 멸망이 기다리는 곳일 뿐이었다. 세상은 폭풍이 몰아치는 바다와 같은 곳이고 교회는 참된 쉼과 살 길이 주어지는 방주와 같은 곳으로 이해되어졌다. 세상에 있는 것은 언제 죽을지 모르는 위험한 일이며, 살 길은 오로지 방주인 교회로 오는 길 밖에 없었다. 이와 같은 전통적 관점에서 본다면 교회는 매우 중대한 사명을 지니는데 그것은 바로 풍랑 가운데 죽어가는 영혼들을 한 명이라도 더 빨리 구하는 일이었던 것이다.[115]

그러나 구원사를 세계사와 분리하지 않고 하나로 보는 견해가 헤겔

교정책원론: 인간화냐 복음화냐?』(서울: 성광문화사, 1982), 38.
115 이러한 경향의 신앙은 교회가 부르는 찬송에도 잘 나타나 있는데, 찬송가 500장 2절 "너 빨리 생명줄 던지어라 형제여 너 어찌 지체하나 보아라 저 형제 빠져간다 이 구조선 타고서 속히 가라"와 찬송가 499장 1절 "흑암에 사는 백성들을 보라 수 많은 심령 멸망하겠네" 등의 가사가 이런 신앙을 보여준다고 하겠다.

이나 판넨베르그 등에 의해 주장되었다.[116] 자연신학 역시 자연질서 가운데 나타나는 하나님의 계시를 강조하였는데, 이종성은 그러한 경향에 대하여 다음과 같이 말하였다.

> 창조계 전체가 하나님의 구속적 대상이 되거나 자연 질서 안에서 하나님의 뜻이 알려져 있다는 것을 인정하는 학문은 자연신학이란 이름으로 알려져 있다.[117]
> … 이 자연신학은 바르트학파에 의해서 철저하게 봉쇄되었으나 다른 한편에서는 그리스도의 구원을 위한 유일주의를 유지하면서 전 피조계에 대한 하나님의 관대하신 섭리를 인정해야 한다는 주장도 계속해서 나오고 있다.[118]

이어서 그는 주장하기를, "… 최근에는 에큐메니컬 운동의 저류에 그러한 생각이 강하게 흐르고 있음을 감지할 수 있다"[119]고 강조하였다.

즉 이종성의 분석에 의하면, 에큐메니컬 신학은 구원사의 완성만을 하나님의 주된 관심이라고 여기지 않고 이 세계 속에서 샬롬을 이루어

---

116 헤겔과 판넨베르그의 주장을 김균진은 다음과 같이 정리하였다. 헤겔에 대하여 "세계사의 모든 활동은 정신의 자기 활동이다. 이 정신이 헤겔에 있어서 곧 하나님이라면 세계사의 모든 것은 하나님의 자기 활동이다"라고 하였고, 이러한 헤겔을 따라서 판넨베르크는 "… 하나님이 자기를 계시한다는 것은 하나님이 이 세계 안에 있음을 뜻하며, 역사는 그의 창조세계 속에서 일어나는 하나님의 활동이다"라고 하였다. 김균진, 『기독교조직신학 I』(서울: 연세대학교출판부, 1984), 361-362.
117 이종성, 『교회론(1)』(서울: 대한기독교출판사, 1989), 494.
118 위의 책.
119 위의 책.

가는 것 또한 매우 중요하게 여긴다. 특별히 하나님의 선교 개념(Missio Dei)의 출현과 함께 에큐메니컬 진영의 세계 이해는 매우 긍정적인 것으로 변화되었다. 하나님의 관심은 교회보다 오히려 세상에 더 주어진다. 선교는 교회 속에서가 아니라 세상 속에서 이루어지며 교회는 단지 그 선교에 참여할 권한을 받는 것이다.[120]

또한 하나님이 온 우주 만물에 관심을 가지고 계시며 어떤 시간과 장소에서라도 스스로를 증거하시기 때문에,[121] 하나님은 교회만 사랑하시고 교회 안에만 갇혀 계시는 하나님이 아니라 온 세계를 품으시고 온 세계에서 직접 역사하신다는 생각이 강하게 나타났다. 세계교회협의회의 "일치를 통한 오늘날의 선교와 전도" 문서는 다음과 같이 말한다.

> 비록 논쟁의 여지가 없는 것은 아니지만, 하나님이 교회 바깥에서도 활동한다는 인식이 선교 사역에 참여하는 사람들 사이에서 점점 확대되고 있다. 사실 하나님이 어떤 종교 공동체 안에서 어떻게 활동하는지를 정확하게 설명할 수는 없다. 그러나 선교에 참여하는 사람들은 다른 종교의 전승을 따르는 사람들에게서도 하나님의 임재와 활동의 '희미한 그림자'(glimpses)를 확실히 발견한다. 사실 이 같은 현대적 경험이 과거의 전승과 상반되는 것만은 아니다. 초기 기독교 신학자였던 순교자 저스틴(Justin Martyr)은 세상의 문화 속에 존재하는 '말씀의 씨앗'(the seeds of the word)

---

120 David J. Bosch, 『변화하고 있는 선교』, 579.
121 WCC, "선교와 전도: 에큐메니컬적 확언," WCC, ed., *You Are the Light of the World*, 김동선 역, 『통전적 선교를 위한 신학과 실천』 (서울: 대한기독교서회, 2005), 63.

에 관해 언급했다. 또 가이사랴의 유세비우스(Eusebius of Caesarea)는 '복음적 준비'(evangelical preparation)라는 용어를 사용했으며, 비슷한 내용을 바오로 6세의 회람이나 살바도르대회의 보고서에서도 언급하였다.¹²²

이상과 같이 하나님이 교회 밖 또는 다른 종교 안에서도 활동하신다는 추측이 가능하다고 하는 관점은 자연히 세계를 교회와 완전히 분리된 곳으로 보기보다는 교회와 어느 정도 동등성을 공유하는 곳으로 보게 만든다.¹²³ 즉 에큐메니컬 진영의 세상 이해는 세상이 멸망할 곳이라는 부정적 관점보다는 하나님의 우선적 사랑의 대상이라는 긍정적 관점이 부각되어지는 경향이 나타난다. 이러한 견해는 자연히 선교의 주된 목적을 세상 사람들을 교회로 데려와야 한다는 전통적 선교 사고에서 세상 자체를 샬롬이 넘치는 세상으로 바꿔야 한다는 사고로의 전환을 가져오게 하였다고 할 수 있다.

---

122 WCC, "일치를 통한 오늘날의 선교와 전도," WCC, ed., *You Are the Light of the World*, 김동선 역, 『통전적 선교를 위한 신학과 실천』, 135-136.
123 하나님이 창조하신 이 세상과 마지막에 이루실 새 창조 사이에는 연속성과 불연속성이 함께 존재한다. 연속성의 관점은 새 창조가 현재의 우주를 새롭게 하는 것이지 모든 만물을 완전히 새롭게 시작하겠다는 것이 아니라고 본다. 반면 불연속성을 강조하는 관점은 하나님께서 자신의 완전한 계획에 해롭거나 역행하는 모든 것들을 새로운 질서로부터 추방하기 때문에 새 창조는 처음의 창조와 매우 다를 것이라고 본다. 에큐메니컬 신학에서 교회와 세계를 가깝게 보는 관점은 창조와 새 창조 사이의 연속성에 더 강조점을 두는 경향과 가깝다고 보여진다. Stanley J. Grenz, *Theology for the Community of God*, 신옥수 역, 『조직신학: 하나님의 공동체를 위한 신학』(고양: 크리스챤 다이제스트, 2003), 908-909.

2. 화해와 일치

에큐메니컬 진영의 주된 관심이 세상에 있다는 것을 앞에서 살펴보았다. 이것은 곧 에큐메니컬 진영의 관심이 세상의 행복에 있다는 것이라 할 수 있다. 즉 이 세계에서 세상의 행복을 가로막는 불행을 제거하는 것에 깊은 관심을 갖는 것이며, 이런 점을 보쉬는 다음과 같이 표현하였다.

> 오늘날 근본 질문은 오히려 참 인간에 대한 것이다. 오늘날 선교의 목적은 인류의 봉사를 통한 인간의 사회화이다. 그러므로 한 독일의 개신교 주일신문은 "인도가 필요로 하는 것은 선교가 아니라 도움이다!"라는 제목으로 기사를 낼 수 있었다. 또 다른 곳에서는 요구하는 바가 "전도지가 아니라 농기계를 달라!"고 했다. 인간으로 하여금 공동체 안에서 그리고 정의 문제에 있어서 인격적 그리고 사회적 해방을 얻는 것이 곧 구원이다. 교회는 인류를 순수히 섬김으로써 조금이라도 이 지구촌의 삶을 좀 더 인간답게 해주어야 한다. 여기에서 가장 중요한 개념은 후켄다이크가 소개한 구약 용어인 샬롬으로 사회의 조화를 의미한다. 이 개념은 웁살라 총회에서 공식적으로 발표한 바에 의하면, '유색인종의 해방, 상업관계상의 인간화 문제, 농촌개발을 위한 다양한 시도, 기업과 직업윤리 추구, 지성적 정직성과 성

실성에 대한 관심'으로 표현된다.[124]

오늘날 세상을 행복하지 못하게 하는 여러 요소들이 있지만 그 중에 가장 심각한 것들은 불화와 분열이라 할 수 있을 것이다. 이런 점에서 에큐메니컬 진영은 화해와 일치에 깊은 관심을 보이면서 이와 연관된 문서들을 발표하였는데, 일치를 위해서는 2000년에 "일치를 향한 오늘날의 선교와 전도"(Mission and Evangelim in Unity Today)라는 문서를 발표하였고, 화해를 위해서는 2005년에 "화해의 사역으로서의 선교" (Mission as Ministry of Reconciliation)라는 문서를 발표하였다. 협의회는 화해와 일치가 필요한 상황을 각각 다음과 같이 설명한다.

> … 우리는 정체를 알 수 없는 종교의 보급, 폭력의 정당화, 종교전파의 호전적인 방법 등 여러 내외적 요인에 의해 유래된 서로 다른 종교 사이의 긴장이 점점 고조되고 있음도 경험한다. 이러한 경향은 우리로 하여금 선교의 화해적 영성을 추구해야 할 긴박한 필요성을 더욱 인식하게 만든다.[125] … 후기현대주의의 대중문화는 개인이나 국가의 정체성을 위협하면서 사회의 단편화를 촉진시키는 결과를 가져온다. 세계화의 결과로 많은 사람들이 가족과 지역적 기반을 상실하고, 원치 않는 곳으로 이주하고 있으며, 소외의 현실은 광범위하게 확산되었다. 많은 사람들은 주위

---

124   David J. Bosch, 『세계를 향한 증거』, 51.
125   WCC, "화해의 사역인 선교," WCC, ed., 김동선 역, 『통전적 선교를 위한 신학과 실천』, 154.

사람들과의 관계를 갈망하고 있으며, 가족과 공동체의 필요성을 느끼고 있다.[126]

물론 전통적인 선교에서도 화해와 일치에 대하여 관심이 없었던 것은 아니었다.

그렇다면 어떤 차이를 지닐까?

전통적인 선교에서 관심을 갖는 화해는 주로 하나님과 인간 간의 깨어진 관계를 회복시키는 의미에서였고, 일치는 기독교 안에서 효과적인 선교를 위한 일치에 있었다고 할 수 있다. 이에 비해 에큐메니컬 진영의 화해 개념은 하나님과의 관계를 넘어서서 사람들 간의 화해와 모든 피조물 사이의 관계 회복인 화해와 하나 됨에 관심을 갖는 것이다. 즉 전통적인 화해와 일치의 개념이 주로 하나님과의 관계 그리고 교회에 주된 초점이 주어졌다면, 에큐메니컬 진영의 화해와 일치는 교회와 기독교를 넘어서서 온 인류와 모든 피조물 사이의 화해와 일치에 관심을 갖는 것이다. 이러한 관심사에 대하여 이형기는 다음과 같이 정리하고 있다.

> 즉 교회는 예수 그리스도의 화해 사역으로 하나님과 화해된 공동체로서 시장 경제의 지구화로 인해서 생긴 가진 자와 갖지 못한 자, 힘이 있는 자와 힘이 없는 자, 북반구와 남반구, 동양과 서양, 백인들과 유색인종, 남성과 여성, 하나의 종족과 다른 종족, 남한과 북한, 자유주의적 자본주

---

[126] WCC, "일치를 통한 오늘날의 선교와 전도," WCC, ed., 김동선 역, 『통전적 선교를 위한 신학과 실천』, 111.

의와 국가 간섭적인 사회주의 경제, 그리고 인간과 창조세계 등 양극화의 상황에서 예수 그리스도 안에서 종말론적으로 보이고 약속된 인류와 하나님의 화해와 연합을 바라보면서 화해 사역을 여러 가지 모양으로 실현시켜 나가야 할 것이다.[127]

3. 대화와 공존

에큐메니컬 진영은 기독교인이 다양한 배경을 지닌 사람들과 함께 살아가고 있다는 사실에 깊은 관심을 가지면서 "거의 모든 곳에서 기독교인은 다른 종교를 갖고 있는 이웃들과 함께 살아가고 있으며 우리 모두는 세계 공동체의 일부분이다. 우리는 하나의 세계 속에서 살고 있으며 이 세계의 생존과 향상을 위해 일해야 하는 공통의 사명이 있다"[128]고 말한다.[129] 이처럼 다양한 사람들과 함께 살아간다는 점을 인식하면서 에큐메니컬 진영은 평화로운 공존과 대화에 깊은 관심을 지닌다. 즉 일방적으로 복음을 선포하여 자신의 세력을 확장하고자 하는 전도보다는 대화와 공존 등을 추구하면서 모든 인류가 함께 평화로운 인류 공동체를 건설하는 데 힘을 기울이는 것이 바람직한 선교의 방향이라는 인식을 갖는 경향이 강하다.

특별히 제2차 세계대전 이후의 제국주의 시대 종식과 함께 에큐메

---

127 이형기, 『하나님의 선교』 (서울: 한국학술정보, 2008), 69.
128 위의 책, 354.
129 WCC, 『역대총회종합보고서』, 354.

니컬 진영은 기독교가 서구 기독교 중심적 세계관에 근거한 우월적 태도를 가지고 일방적 선교를 수행해왔다는 인식 아래 과거 지배자의 종교라는 오명을 벗어나 과거 서구 제국주의의 영향 하에서 형성되었던 절대주의와 문화 우월주의의 이데올로기에 근거한 선교 형태를 종식시켜야 한다는 생각을 절실히 갖게 되었다.[130] 이런 상황에서 바른 선교는 대화와 나눔의 정신 속에서 경계선 너머에 있는 사람들과의 연대를 추구해야 하며, 서로가 서로를 존중하고 인정하는 대화와 공존을 통해서 이루어질 수 있다는 주장을 하게 된 것이다.[131] 이러한 생각은 호주 캔베라의 다음 글에도 잘 나타난다.

> 오늘날 세계의 많은 곳에서 종교가 분열의 힘으로 사용되고 있으며, 종교언어와 상징들이 갈등을 부채질하는 데 사용되고 있다. 무지와 관용치 않음이 화해를 어렵게 만든다. 우리는 타종교인들과 존중심과 이해로서 함께 살아가기를 추구하며, 이 목적을 위해서는 상호 신뢰 및 '대화의 문화' 구축이 필요하다. 이러한 일은 우리가 타종교인들과 대화하고, 특별히 정의 및 평화 증진에 공동행동을 취함으로써 지역적 차원에서 시작된다.[132]

"함께 생명을 향하여"(Together towards Life: mission and evangelism in changing landscapes) 문서와 "선교와 전도: 에큐메니컬적 확언"(Mission

---

130 한국일, 『세계를 품는 선교』, 218.
131 Donal Dorr, *Mission in Today's World* (Maryknoll: Orbis Books, 2000), 188.
132 WCC, 『역대총회종합보고서』, 525.

and Evangelism: An Ecumenical Affirmation)도 대화가 필요한 배경과 필요성을 각각 다음과 같이 천명한다.

> 교회는 다종교, 다문화 환경에서 살고 있으며, 새로운 통신기술의 발달도 세계인들이 서로의 정체성과 일상을 더 잘 이해하도록 이끌고 있다. 기독교인들은 지역적으로 또한 세계적으로 다른 종교와 문화를 가진 사람들과 관계를 맺으면서 사랑, 평화, 정의가 있는 사회를 건설하는 데 종사한다. 다원성은 교회가 만나는 도전이며 종교 간의 대화와 문화 간의 소통에 대한 진지한 참여는 피할 수가 없다.[133] 종교적인 다툼이 있는 모든 상황에서 교회는 각각의 그리스도인이 자신의 신앙을 되돌아보고 이웃의 종교를 보다 잘 이해할 수 있게 돕도록 부름 받았다. 모든 점에서 교회는 자신이 처한 상황에서 다른 종교의 사람들과 대화와 협력을 위한 접촉점을 찾기 위해 노력해야만 한다. 공동의 문화 유산과 국민의 단합과 발전을 향한 사명감과 더불어 위에서 언급한 기준들은 대화를 통해 서로를 증거하기 위한 출발점이 될 수 있다. 이를 위해 교회는 다른 종교를 가진 사람들을 향해 개방적이고, 존중하고, 진리를 추구하려는 마음을 먼저 가져야 한다.[134]

---

133   WCC CWME, "함께 생명을 향하여: 기독교의 지형 변화 속에서 선교와 전도," 세계교회협의회 제10차 총회 한국 준비 위원회 편역, 『세계교회협의회 신학을 말한다』 (서울: 한국장로교출판사, 2013), 75-76.
134   WCC, "선교와 전도: 에큐메니컬적 확언," 75.

물론 전통적인 선교가 선교를 수행할 때 대화를 하지 않은 것은 아니었다. 선교를 수행하면서 대화를 하지 않고서는 선교가 불가능하기 때문이다. 그러나 전통적인 선교는 대화를 통하여 복음을 알리고 상대방이 복음을 받아들여 그리스도인이 되도록 하는데 그 주된 목적을 둔 대화였다고 할 수 있다. 반면에 에큐메니컬 선교는 타종교인을 기독교로 이끌려고 조종하는 자 즉 '조작자'(manipulators)의 자세를 버리고 상대방을 진정한 동료 순례자로 보면서 함께 열린 대화를 나누어야 함을 말하며,[135] 이런 자세를 지닐 때 참된 증거의 기회가 열린다고 강조한다.[136]

이와 같은 생각과 함께 에큐메니컬 진영의 대화 이해는 기독교 진영 중심의 대화 이해로부터 다른 종교들과의 대등하고 객관적인 입장에서의 대화 이해로 점차 변화되는 모습을 보인다.[137] 어찌되었든 에큐

---

135   에큐메니컬 진영은 "'우리는 예수 그리스도를 통한 구원 외에 다른 구원을 이야기할 수 없다. 동시에 우리는 하나님의 구원의 능력에 어떤 제한을 둘 수 없다.' 이상의 두 문장 사이에는 긴장이 있으나, 이 긴장은 아직 해결되지 않고 있다"고 말한다. 이런 관점으로부터 타종교인을 동료 순례자로 볼 수 있는 안목이 가능해지며, 이런 이유 때문에 일방적인 선포보다는 상호 간의 대화가 더 바람직한 선교 방법이라고 생각하는 것이다. WCC, "일치를 통한 오늘날의 선교와 전도," 135.

136   WCC, *Guidelines on Dialogue with People of Living Faiths and Ideologies* (Geneva: WCC, 1979), 11.

137   김은수는 이와 같은 변화를 다음과 같이 설명한다. "선교에서 '대화'의 발전 과정은 그 용어 사용을 통해서도 알 수 있다. 1963년 CWME 멕시코대회에서 처음으로 대화를 선교의 방법으로서 표시되기 전까지 선교와 관련하여 대화라는 용어 자체가 사용되지 않았고 단지 '타신앙인과 그리스도인의 증거'라고 하였다. 그 후 증거와 대화라는 말이 함께 사용되었으나 그 초점은 '그리스도인의 증거,' '그리스도인의 만남' 그리고 '그리스도인의 대화' 등과 같이 언제나 기독교에서 본 관점이었다. 그러다가 1970년 베이루트의 아잘톤(Ajaltoun)에서 본격적인 첫 번째 대화 모임이 개최되면서 '살아있는 신앙을 가진 사람들과의 대화'로 바뀌면서 기독교와 다른 종교들을 객관적인 입장에서 서술하기 시작하였다. 이 같은 시각은 1977년 4월 태국의 치앙마이(Chiang Mai)에서 개최된 대화를 위한 협의회의 주제가 '공동체 안에서의 대화'로 채택되면서 더욱 분명하게 나타나게 되었다." 김은수, "한국 교회의 해외선교 정책," 「한

메니컬 선교신학은 분쟁의 원인이 될 수 있는 복음의 선포나 서로 다른 종교를 가진 사람을 개종시키는 데 집착하는 경쟁적인 선교 대신에, 평화로운 세계 공동체를 만들기 위하여 대화와 공존을 추구해야 함을 주장한다.[138] 이러한 일이야말로 세계와 인류의 평화로운 삶을 보존하고 실현할 수 있는 길이 된다는 점에 깊은 관심을 기울인다.

4. 생명

생명을 말할 때 주로 영생에 관심을 두었던 전통적인 선교와 달리 에큐메니컬 선교는 영육을 구분하지 않고 통합적인 생명 이해를 가지며 인간의 생명뿐 아니라 온 우주의 모든 피조물의 생명에 관심을 기울인다. 이와 같은 관심의 배경에는 생태계 파괴 문제와 총체적 생명 위협의 문제 등이 있다. 인간 세계의 무한 성장지향의 경제와 난개발 등으로 인하여 생태계가 심각하게 훼손되고 있다.

지구생태계는 인간들이 대규모로 만들어내는 오염물질을 자체적으로 정화할 능력을 상실하면서 지구 생태계의 자정 능력과 지구의 자연자원이 점점 한계점을 향해 도달하고 있다. 현재 나타나고 있는 '온실효과'나 '오존층구멍' '산성비' 등이 그 문제를 잘 반영해주는 증거라 하겠으며, 인류는 자연의 보복에서 오는 대가는 누구도 피할 수 없

국기독교와 역사」, 제28호(2008), 26–27.
138 나이로비 역시 "거의 모든 곳에서 기독교인은 다른 종교를 갖고 있는 이웃들과 함께 살아가고 있으며 우리 모두는 세계 공동체의 일부분이다. 우리는 하나의 세계 속에서 살고 있으며 이 세계의 생존과 향상을 위해 일해야 하는 공통의 사명이 있다"는 점을 강조하였다. WCC, 『역대총회종합보고서』, 354.

게 되었다.[139] 또한 인류는 심각한 생명 죽임의 위협을 받고 있는데, 프레만 나일스(Preman Niles)는 지구촌의 생명 죽임의 현실을 다음과 같이 고발하고 있다.

> 매분마다 세계의 여러 국가들은 군비 확장에 1백 80만 달러를 소모한다. 매시간 1천 5백 명의 아이들이 기아와 관련된 원인으로 사망하고 있다. 매일 동물의 1개 종이 사멸되고 있다. 제2차 세계대전의 기간을 예외로 하고 1980년은 매우 역사상 어느 시기보다도 더 많은 사람들이 구금, 고문, 암살되고 피난민의 신세가 되었거나 압제를 일삼는 정부에 의하여 다른 방법으로 인권이 침해되었다. 매월 세계 경제계는 지금 제3세계 국민들의 숨통을 억누르고 있는, 너무나 엄청나서 도저히 견딜 수 없는 빚더미 1조 5천억 달러에 75억 달러의 가산금을 빚지게 하고 있다. 매년 남한 국토 넓이의 4분의 3이나 되는 열대 산림 지역이 파괴되고 상실되고 있다. 매 10년마다 현재 지구상에 만연되고 있는 온실현상의 결과로 해수면이 약 1.5M 상승될 전망이며, 이는 우리가 사는 지구에 특히 해안 지방에 재앙의 결과가 다가올 것임을 경고하는 정도에 이르고 있다.[140]

이런 상황 속에서 에큐메니컬 진영은 생명 문제에 지대한 관심을

---

139   채수일, 『21세기의 도전과 선교』(서울: 대한기독교서회, 1998), 71-72.
140   D. Preman Niles, *Resisting the Threats to Life*, 김종일 역, 『도전받는 하나님의 창조』(서울: 대한기독교서회, 1990), 22-23.

보이고 있다. 1983년 벤쿠버 회의에서는 회의 전체 주제가 "예수 그리스도-세상의 생명"이었으며, 또한 1991년 캔베라의 전체 주제도 "성령이여 오소서, 전 창조의 세계를 새롭게 하소서"였다.[141]

2013년에 열린 10차 부산총회도 "생명의 하나님, 우리를 정의와 평화로 이끄소서" 라는 주제로 열렸으며, 특별히 이 총회에서 선교 문서인 "함께 생명을 향하여: 기독교의 지형 변화 속에서 선교와 전도" (Together towards Life: Mission and Evangelism in Changing Landscape)를 채택하였다. 이 문서는 하나님을 생명의 하나님으로 묘사하면서, "생명을 부정하는 것은 생명의 하나님을 거절하는 것이다.

하나님께서는 우리를 삼위일체 하나님의 생명 살리기 선교로 초대하시고, 새 하늘과 새 땅에서 만물이 충만하게 생명을 누리는 비전을 증거하도록 권능을 주셨다"[142]고 선언한다. 이어서 생명을 살리는 선교를 다음과 같이 그리고 있다.

> 우리는 하나님 선교의 목적이 생명의 충만함(요 10:10)이며, 그것이 선교를 분별하는 기준임을 확언한다. 그러므로 우리는 생명의 충만함이 있는 곳에서, 특히 억압당하는 사람들의 해방, 깨진 공동체의 치유와 화해, 그리고 온 창조의 회복이 있는 곳에서 하나님의 영을 분별하도록 부름 받는다. 우리는 상이한 문화들 안에서 생명을 긍정하는 영들을 식별하고 생명을 긍정하고 보존하는 선교에 참여하는

---

141 WCC, 『역대총회종합보고서』, 411, 497.
142 WCC CWME, "함께 생명을 향하여: 기독교의 지형 변화 속에서 선교와 전도," 73.

모든 사람들과 연대하도록 도전받고 있다. 우리는 또한 죽음의 세력들과 생명에 대한 거부가 경험되는 곳에서 악령들을 분별하고 대적한다.[143]

그렇다면 전통적인 선교에서 관심 갖는 생명과 에큐메니컬 선교에서 관심 갖는 생명 사이에는 어떤 차이점이 있을까?

전통적인 선교에서는 주로 영적인 생명에 깊은 관심을 지녔다. 물론 전통적인 선교가 육적인 생명에 무관심한 것은 아니었다. 다만 영적인 생명에 비하여 육적인 생명은 잠깐이고 영적인 생명은 영원한 것이므로 영적인 생명을 구원해야 한다는 것이 전통적인 선교신학의 관점이었다.

그러나 에큐메니컬 신학은 영적인 생명과 육적인 생명을 구분하는 것 자체가 옳지 않다고 보면서 영육을 통전적으로 보는 생명 개념을 지니고 있다. 또한 생명을 말할 때 인간만의 생명이 아니라 모든 피조물의 생명을 함께 생각하는 생명 개념을 지닌다.

이런 점에서 "함께 생명을 향하여" 문서는 말하기를 "선교는 창조세계를 그 중심에 가지고 있다"[144]고 선언한다.

창조세계 속에서 생명을 거스르는 모든 것에 대항하는 것이 선교요 전도라는 의미에서 "우리는 하나님의 생명 살리기 선교에 헌신하기 위해서 생명을 긍정하는 것과 생명을 파괴하는 것이 무엇인지 주변으로부터 나오는 소리들을 들어야 한다.

---

143 위의 글, 108-109.
144 위의 글, 110.

제2부   6장 에큐메니컬 선교신학의 주된 경향   153

우리는 주변화 된 사람들이 취하는 행동을 향해 선교의 방향을 돌려야 한다"[145]고 말하고 있다. 그리고 "또한 전도는 이러한 지형 변화 속에서 하나님의 통치의 가치들에 모순되는 억압과 비인간화의 구조들과 문화들에 맞서야 한다"[146]고 선언하고 있다.

---

145   위의 글.
146   위의 글.

17장

에큐메니컬 선교신학의 기여점과 한계점

1. 교회의 화합과 일치에 기여

　에큐메니컬의 기본 정신은 교회의 화합과 일치에 있다. 근대 에큐메니컬 선교 운동의 효시로 여겨지는 에딘버러 대회는 기본적으로 모든 교회가 연합하여 효과적으로 선교를 수행하자는 데 그 주된 관심이 있는 대회였다. 그 후 예루살렘과 탐바람 회의들은 선교지의 신생교회들을 동역자로 인정하기 시작했다. 휘트비 회의는 '자율적인' 교회들과 '의존적인' 교회들을 구분하는 것이 신학적으로 옳지 않은 것이라는 확신을 표현하기 위해 '순종의 협력관계'라는 문구를 만들었다.
　즉 선교는 더 이상 서구에서 제3세계로의 일방통행으로 수행되어서는 안 되며 모든 교회가 동등한 입장에서 협력하는 사역이 되어야 함을 강조했다. 물론 여전히 서구의 부유한 교회들 가운데는 '기부자 증후군'이 존재하고 있고, 제3세계의 교회들 가운데는 '의존자 증후군'이

남아 있는 것이 현실이지만,[147] 에큐메니컬 신학은 연합정신, 화합정신, 일치정신을 기본정신으로 삼고 있으며, 교회들로 하여금 이런 정신을 가지고 선교에 임하도록 도전하였다는 점에서 나름대로 기여를 하였다고 할 수 있다.

물론 에큐메니컬 운동이 과연 교회들 간에 얼마나 긴밀한 협력관계를 형성하는 데 기여하였는가에 대한 회의적인 시각 역시 존재하는 것이 사실이다. 에큐메니컬 진영이 모든 교회들 간의 연합을 강조하지만 실제로는 에큐메니컬 진영의 신학에 반대하는 진영들과의 갈등으로 인해 분란이 일어나고 있는 것도 사실이다.[148]

또한 에큐메니컬 진영이 연합과 일치의 정신을 기독교를 넘어 타종교에게도 적용하면서 다원주의 논란에 휩싸이게 되는 면도 없지 않다. 그러나 기독교가 불필요한 경쟁과 중복투자를 하면서 선교의 재정과 인력을 낭비하고 이로 인해 기독교 선교에 대한 부정적 인식을 심어주는 일은 분명히 지양해야 할 일이며, 이런 점에서 연합과 일치를 위한 에큐메니컬 정신이 오늘의 선교에 많은 도전을 준 것은 사실이라 하겠다.

---

147 David J. Bosch, *Transforming Mission: Paradigm Shifts in Theology of Mission*, 김병길, 장훈태 옮김, 『변화하고 있는 선교』 (CLC, 2013), 562-564.
148 박영호는 에큐메니컬 운동에 대하여 "에큐메니컬의 의미가 갈라진 교회들의 일치 운동, 정의와 평화와 창조를 보전하는 봉사의 사명을 수행하자는 운동이다. 그런데 에큐메니컬 운동에서 실제적으로 교회 간의 긴장과 갈등만 분출되었다. 성경적 교회들 상호 간의 일치 운동이 아니라 타종교 간의 일치를 위한 대화와 협력에 노력하고 있다"고 하면서 문제점을 지적하였다. 박영호, 『현대 에큐메니컬 운동과 사회 선교』 (서울: 개혁주의신학사, 2010), 209.

2. 세계 속에서의 교회와 교인의 책임 강조

전통적인 선교는 이 세상보다는 저 세상에 대한 관심이 많았다. 이 세상은 지나가는 세상이고 저 세상은 영원한 세상으로 이해되기 때문이었다. 또한 세상은 하나님을 거역하고 배반한 죄인들이 가득한 곳으로서 멸망의 대상이라는 이해 때문에 이 세상에 대한 이해가 매우 부정적인 경향이 강했다. 자연스럽게 전통적인 선교는 저 영원한 세상에 들어갈 수 있도록 돕는 사역 즉 구령의 사역에 깊은 관심을 가졌고 천국 시민의 훈련장인 교회에 깊은 관심을 갖는 반면, 이 세상에 대한 관심은 다소 약했던 것이 사실이었다. 이러한 경향은 자연히 교회와 세상 간에 보이지 않는 높은 담장을 만들고 교회를 담장 안에 머물러 있는 교회로 만든 경향이 있었으며, 세상 문제에 대하여 무책임한 교회가 되도록 한 면이 없지 않았다.

이러한 경향에 대한 문제점을 지적하면서 태동된 에큐메니컬 신학은 '하나님의 선교'(Missio Dei) 개념의 태동과 함께 하나님의 관심이 이 세계에 있음을 강하게 일깨워주었고, 격변하는 세계와 역사 속에서 기독인이 사회적 책임의식을 갖고 살아야 함을 도전하였다. 또한 이 세계에 대한 안목을 열어줌으로써 사회, 경제, 정치, 문화 등의 폭넓은 분야에서의 선교의 영역과 과제를 알고 그것을 실천할 수 있도록 도전하였다.[149]

이러한 도전으로 인하여 교회는 교회만을 위해 존재하는 것이 아니라, 세상의 문제를 자신의 문제로 떠안고 세상의 고뇌와 함께 아파하

149　김은수, 『현대선교의 주제와 흐름들』(서울: 대한기독교서회, 2001), 125.

는 교회가 되고, 그리하여 세상 사람들이 볼 때 자신들만의 잔치를 위한 교회가 아니라 세상과 함께 하는 교회라는 인식을 주는 데 일정 부분 기여한 점이 있다고 보여진다. 물론 이러한 강조와 도전이 실제적으로 얼마나 성과를 내었는가 하는 것은 다소 회의적인 부분이 없지 않지만, 에큐메니컬 선교신학이 세상에 대한 교회와 교인들의 책임을 강조한 것만큼은 일정 부분 기여점이 있는 것으로 보인다.

3. 샬롬에 대한 책임 도전

'오이케오'(Oikeo, 살다 또는 거주하다) 혹은 '오이코스' (Oikos, 집) 등의 용어에서 유래된 에큐메니컬 선교는 기본적으로 이 세계를 '인류가 함께 사는 집'으로 보면서 모든 만물의 공존과 화해 일치 등에 깊은 관심을 갖는다. 이러한 것들을 한 마디로 표현하면 '샬롬'이라 할 수 있고, 쉽게 표현하자면 '행복'이라고 표현할 수도 있을 것이다. 즉 에큐메니컬 선교의 주된 관심은 모든 인류와 모든 피조물의 행복이라 할 수 있다. 즉 에큐메니컬 선교의 주된 관심은 전통적인 선교가 관심 갖던 구령이나 교회개척이기보다는 이것을 포함하여 모든 피조물의 행복에 있는 것이라 할 수 있다.

그런데 오늘날 이 세계에는 이러한 행복을 가로막는 장애물들이 참으로 많다. 많은 사람들이 인종, 종교, 계급, 관심 등으로 나뉘어져 갈등과 분열로 고통을 받고 있으며, 인권 문제, 가난 문제, 환경 문제, 전쟁 문제, 질병 문제 등으로 인하여 고통을 당하고 있다. 이 모든 것들이 인류의 샬롬 즉 진정한 행복을 깨뜨리는 방해 요인이 되고 있는 것이다. 이런 상황에서 에큐메니컬 진영은 이 땅 위에서 모든 피조물에게 참된 행복을 가져다주는 것이 교회의 사명이고 이것이 곧 선교의 본질이라는 점을 강조하면서 교회가 세상의 샬롬 형성에 기여할 것을 도전하고 있다.

특별히 기독교가 기독교만의 진리를 주장하고 강요하면서 갈등과 불행을 야기하는 자세보다는 평화와 샬롬을 추구하면서 함께 공존할 수 있는 방안을 모색해야 한다는 점에서 협의회는 '살아있는 신앙을 갖고 있는 사람들과의 대화'[150]라는 부서를 설치하고 타종교들과의 대화를 시도하는 데 많은 힘을 기울여 왔다. 이런 시도들을 통하여 타종교에 대한 이해를 넓히고, 갈등과 분쟁을 방지하고, 세계 평화와 샬롬을 이룩하는 데 일정 정도 기여를 한 면이 있다고 평가되어진다.[151]

4. 복음화 역량의 약화 가능성

앞에서 살펴 본대로 에큐메니컬 진영은 세계, 화해와 일치, 대화와 공존, 생명 등에 많은 관심을 기울여오면서 세계의 샬롬을 위하여 많

---

150   WCC는 기획 제1부인 '신앙과 직제' 산하에 "살아있는 신앙을 갖고 있는 사람들과의 대화"라는 부서를 설치해놓고 종교 간 대화를 적극 추진하고 있다. WCC, *And So Set Up Signs: The World Council of Chruches first 40 years*, 이형기 역, 『세계교회협의회 40년사』 (서울: 한국장로교출판사, 1993), 174.

151   벤쿠버는 대화를 "궁극적 실재에 대해 다른 주장을 가지고 있는 사람들이 서로 만나 상호 존중하는 마음으로 그 주장들을 탐구할 수 있는 만남"으로 진술하고 있다. 그리고 이러한 대화를 통해서 이 세상 안에서 일하시는 하나님의 활동에 대하여 보다 많은 것을 얻을 수 있고 또한 타종교인들의 궁극적 실재에 대한 통찰과 경험을 많이 이해하게 될 것이라고 기술한다. WCC, 『역대총회종합보고서』, 430.

은 노력을 해왔다. 이와 같은 관심과 노력은 분명 이 분야들의 발전에 일정 부분 기여한 면이 있다.

그런데 하나를 잡으면 하나를 놓치고, 빛이 있으면 그늘이 있는 것이 인간세계의 이치라고 할까?

에큐메니컬 진영은 세계의 샬롬에 대하여는 일정 부분 기여한 면이 있지만, 동시에 전통적인 선교 진영이 강조해 온 복음화의 부분에서는 상당히 약화된 면이 없지 않다. 이것은 에큐메니컬 진영의 학자들도 인정하는 바인데, 예를 들면, 에큐메니컬 신학의 대가로 알려진 이형기는 1948년 암스테르담 창립총회에 대하여 다음과 같은 평가를 하였다.

> 이와 같은 WCC가 교회의 사회참여를 점차 강조하기 시작하여 교회사에서 그 유래를 찾아볼 수 없는 교회의 역사와 사회참여를 실천하기에 이른 것은 크나큰 교회사적 공헌이라 하겠다. 그러나 WCC가 1910년 에딘버러의 WMC 이전의 복음주의적 선교열의로부터 점점 거리를 멀리하고 있는 것도 사실이다.[152]

또한 1954년 에반스톤에 대하여는 "에반스톤의 WCC 역시 교회의 사회참여에는 지대한 발전을 보였으나, 19세기 복음주의적 선교열정을 상당히 상실했다"[153]고 평하였다. 또한 "비록 에큐메니컬 운동이 지향하는 세계선교가 로잔언약과 마닐라 메니페스토가 보여주는 '복

---

152 이형기, "에큐메니즘의 역사적 고찰," 『세계교회협의회 40년사』, 231.
153 위의 글, 233.

음전도'에 대하여 어느 정도 소홀히 여기는 경향이 있어서, 에큐메니컬 선교 진영은 이들의 목소리에 귀를 기울여야 하지만 말이다"[154]라는 말 속에서 에큐메니컬 진영이 복음전도에 대하여 귀를 기울여야 한다는 사실도 언급하였다. 에큐메니컬 진영의 복음화 약화 가능성에 대해서는 WCC 자체 안에서도 지적이 나오고 있는데, 협의회의 회원교회인 동방교회 역시 다음과 같은 점을 지적하였다.

> 우리는 WCC의 많은 문서들에서 예수 그리스도께서 세상의 구세주라는 고백이 빠져 있음을 안타깝게 생각한다. 우리는 WCC가 다음과 같은 신학적 항목들에 대한 성서적 이해로부터 일탈하고 있음을 감지한다. (a) 삼위일체 하나님, (b) 구원, (c) 복음 자체의 좋은 소식, (d) 하나님의 형상(the image and likeness of God)으로 창조된 인간, (e) 교회…[155]

동방교회가 지적한 대로 협의회의 많은 문서들 가운데 '구세주,' '구원,' '복음 자체의 좋은 소식' 등에 대한 언급이 없는 것은 이러한 것들에 대한 에큐메니컬 진영의 무관심을 방증하는 것이고, 이러한 것은 복음화 역량의 약화로 이어질 수 있는 가능성을 높이는 것이라 하겠다. 이종성도 "… 에큐메니컬 운동이 교회의 본래의 사명인 미션을 버리고 정치 경제 사회 노동 등의 문제에 더 관심을 가지고 있다는 비난을 받고"[156] 있다는 점을 말하였고, 또한 "역사적으로 교회의 개혁과

---

154 이형기, 『하나님의 선교』, 228.
155 위의 책, 291.
156 이종성, 『교회론 II』 (서울: 대한기독교출판사, 1989), 174.

갱신 그리고 복음전도가 에큐메니컬 운동의 원동력이었고, 추동력이 었음에도 불구하고, 일치운동과 하나님의 선교의 합류만이 강조되고, 교회의 '개혁과 갱신'이 약화되어 오고 있는 것은 오늘날 에큐메니컬 운동이 영적 힘의 원천을 차단해버리는 결과를 초래할 위험을 보이고 있다 하겠다"[157]고 강조하였다.

5. 선교의 주된 역군인 교회의 약화 가능성

에큐메니컬 신학의 기초를 이루는 이론 중의 하나인 '하나님의 선교'(Missio Dei) 개념은 전통적인 '교회 중심 선교'의 문제점을 지적하면서 그 대안으로 탄생되었다. 이와 같은 '하나님의 선교' 개념에서 볼 때 전통적인 교회 중심의 선교는 교회 이기주의적인 선교요 교회확장을 목표로 하는 선교이며 무조건적인 확장 추구라는 점에서 제국주의적인 선교라는 평가를 내릴 수 있다. 이런 점에서 선교는 더 이상 교회 설립이나 교회성장을 목표로 삼아서는 안 되며, 교회는 철저히 세상의 샬롬을 위하여 녹아져야 한다는 것이 '하나님의 선교신학'과 이를 핵심으로 삼고 있는 에큐메니컬 선교의 주장이다.

이와 같은 주장은 지나치게 교회 이기주의에 빠질 수 있는 교회를 향해 세상을 향한 봉사로의 갱신을 도전한다는 점에서 일정 부분 기여점이 있지만, 교회를 약화시킬 수 있는 위험성 또한 존재한다. 에큐메니컬 진영은 하나님의 선교가 교회의 선교보다 더 크다는 것을 극단화

---

157   이형기, 『하나님의 선교』, 53.

하여 교회의 참여를 배제하는 듯한 모습을 보이기도 했다. 즉 교회의 노력이나 지원 없이 하나님이 자신을 전하시는 것이라는 주장이 나타나면서 교회의 위치는 갈수록 약화되는 경향을 보였다.[158]

또한 복음을 전하는 사도적 헌신보다 세상을 섬기는 봉사적 헌신을 강조하는 에큐메니컬 신학은 교회와 세상 간의 경계선을 흐려지게 하면서 교회의 정체성을 약화시키고 종국적으로는 세상이 주된 것이 되고 교회는 부차적인 것으로 보게 만들 수 있는 위험성이 있다. 이러한 현상을 보면서 밴 엥겐(Van Engen)은 '하나님의 선교' 개념을 강조한 후켄다이크의 견해를 평가하면서 이 견해는 교회를 "하나님의 행위에 박수를 보내는 구경꾼"으로 전락시키고 자연스럽게 "교회의 안락사"로 이어지게 된다고 평가하였다.[159] 또 보쉬도 평생을 통해 가차없이 교회를 비판하고 교회론을 위한 여지가 전혀 없다고 강하게 주장했던 후켄다이크조차 결국에는 교회를 향해 등을 돌리는 것이 불가능한 것을 발견했다고 지적하였다.[160]

이종성도 이와 같은 에큐메니컬 진영의 문제점에 대하여 "교회일치 운동의 근본 목적은 복음을 더 효과적으로 선교하기 위함이었다. 그러나 [에큐메니컬 운동은] 총회수를 거듭해 갈수록 사업과 관심이 확

158　David J. Bosch, 『변화하고 있는 선교』, 580-581.
159　Charles Van Engen, *Mission on the Way*, 박영환 역, 『미래의 선교신학』(서울: 바울, 2004), 221. 이런 이유 때문에 하나님은 이스라엘이 가나안 족속들과 섞이는 것을 엄히 경계하신 것을 볼 수 있다. 선교백성으로 불리움을 받은 이스라엘이 가나안 족속과 섞여 버리면 세상을 섬기는 일을 수행하기 전에 먼저 택함 받은 이스라엘의 정체성 자체가 사라져 버리게 되는 것이다. 교회도 마찬가지다. 세상을 섬기고 변화시키는 일은 일단 교회가 있을 때 가능한 일이다. 교회 자체가 사라진 후 즉 교회의 정체성이 사라진 후에는 세상에의 참여도 불가능해지는 것이다. 안승오 박보경, 『현대선교학개론』, 279-281.
160　David J. Bosch, 『변화하고 있는 선교』, 572.

대되어 현재는 복음전도의 사업은 약화되고 오히려 정치적 사회적 프로그램이 더 큰 비중을 차지하고 있다"¹⁶¹고 언급하였는데, 에큐메니컬 진영이 복음전도보다는 정치적 프로그램들에 관심을 집중하는 것은 교회의 약화 가능성을 높이는 것이다. 박영환도 "에큐메니컬 선교는 선교의 근본적 영역에 자신의 근거를 두어야 한다. 그 외의 에큐메니컬 선교는 거짓된 이데올로기에 흔들리게 되며, 심지어 교회는 복음 없는 사회봉사기관으로 전락하게 될 것이다"고 경고하였다.¹⁶² 김은수 역시 이 점을 다음과 같이 언급하였다.

> 에큐메니컬 선교를 선호하는 기관은 한국기독교교회협의회(KNCC) 회원 일부와 선교 단체들이다. 그러나 선교사의 수적인 면에서 보수적인 단체나 교회에 비해 적을 뿐 아니라, 선교 열정도 미약한 편이다. 또한 정치적 부패와 경제적 불의에 대항하여 투쟁하는 것이 곧 하나님 나라의 확장이라는 인식은 지양되어야 한다. 분명한 신앙고백이 없는 정치참여와 사회봉사는 이념적 유토피아 건설과 휴머니즘적 활동에 지나지 않기 때문이다.¹⁶³

에큐메니컬 신학이 교회의 약화로 이어질 가능성이 있다는 것은 실제적으로도 나타나고 있다. 즉 교회 역사를 볼 때 지나치게 교회의 사

161　이종성, 『교회론 I』, 263.
162　박영환, "로잔운동의 선교신학과 WCC 선교신학의 비교," 한국로잔연구교수회 편, 『로잔운동과 선교』 (서울: 한국로잔위원회, 2014), 214.
163　김은수, "한국 교회의 해외선교 정책," 「한국기독교와 역사」, 제 28호(2008), 28.

회적 책임을 강조한 교회들은 대부분 쇠퇴한 반면 교회의 사도적 책임을 강조하고 거기에 헌신한 교회들은 대부분 성장을 해왔다. 아이러니컬하게도 사회적 책임을 강조한 교회들은 교회 자체가 약화되면서 그렇게 강조하던 사회적 책임도 잘 감당하지 못하게 된 반면에, 오히려 복음을 강조한 교회들은 교회가 성장하면서 대 사회 봉사나 책임을 잘 감당하게 된 경우가 많이 있다는 점은[164] 에큐메니컬 신학이 깊이 고민해야 할 문제가 아닌가 싶다.

6. 광범위한 포괄성과 그로 인한 효율성 감소 가능성

에큐메니컬 선교신학의 주된 특징 가운데 하나는 선교의 범위를 광범위하게 넓히는 것이다. 전통적인 복음주의 선교가 복음화를 선교의 목표로 삼고 전도를 선교의 우선순위로 삼았다면, 오늘의 에큐메니컬 선교는 복음전도뿐 아니라 정의, 평화, 생태보전 등 세상의 샬롬을 위한 모든 일들을 선교의 범주에 넣고 있다. 한마디로 "모든 것이 선교다"라는 말이 나올 정도로 선교의 폭이 넓어졌다.

이와 같이 선교의 폭이 넓어지는 것은 많은 것을 포함할 수 있다는 점에서 이론적으로는 일견 좋아 보이지만 현실적으로는 힘의 분산이 이루어지면서 효율성이 감소될 수 있는 위험성이 있다. 어린 시절에 까만 종이를 태워 본 경험이 있는 사람은 까만 종이를 태울 때 무엇이 가장 중요한 것인지를 잘 알 것이다. 바로 초점을 최소한으로 작게 잡

---

[164] 김성건, 『한국사회와 개신교』 (서울: 서원대학교출판부, 2005), 151.

아서 집중하는 것이다. 초점을 넓게 잡으면 종이는 결코 타지 않는다. 선교의 폭을 넓게 잡는 에큐메니컬 선교가 빠질 수 있는 함정이 바로 이런 것이다.

앨리스터 맥그라스(Alister McGrath)는 에큐메니컬 신학을 추구하는 에큐메니컬 진영이 갈수록 약화되어가는 현상을 아래와 같이 적고 있는데, 에큐메니컬 진영이 과연 효율적인 선교를 수행하고 있는지를 생각하게 하는 내용이다.

> 세계교회협의회는 1998년 8월로 탄생 50주년을 맞았다. 하지만 50주년 행사는 그 누구도 축하하기 바라지 않는 일이 되고 말았다. 누구도 그 행사에 초청받고 싶어 하지 않았다. 50여 년이 흐른 지금, 세계교회협의회는 세계의 웃음거리가 되었다. 관례를 존중하고, 역기능을 덜 일으키는 여러 국제기구들의 방식들에 익숙한 외부 사람들에게, 세계교회협의회는 영속적인 무능력을 보여주면서 회의, 위원회, 보고서 그리고 출판물과 같은 폐쇄된 울타리 안에 사로잡혀 있는 것으로 보일 뿐이었다.[165]
> 세계교회협의회 회원인 각 교회들이 새로운 세기, 새로운 천 년이 제시하는 약속들과 도전들을 찾아나서는 동안에도, 세계교회협의회와 교회일치 운동은 여전히 불확실성의 시기를 지나가고 있다. 결국 교회일치 운동에 대한 참여가 약해지고, 협의회와 회원 교회 사이의 거리는 점점 더

---

165 Alister McGrath, *The Future of Christianity*, 박규태 역, 『기독교의 미래』(서울: 좋은씨앗, 2005), 121-122.

멀어지고 있으며, 교회일치 운동이 그 생명력을 잃어버린 채 오늘날 당면하는 문제에 관한 해답을 제시하지 못하고 있다는 인식이 젊은 세대에 널리 퍼져가고 있다.[166]

라르킨 역시 알리스터와 유사한 평가를 아래와 같이 하였다.

그런데 이러한 교회연합 운동은 더 강력한 복음전파의 영향력으로 승화되지 못하고 제도와 행정적인 문제에 얽매였으며 단지 관료적인 교회 구조를 유지하는 데 자체의 에너지를 낭비해버렸다. 교회연합 운동은 선교 사역의 진보를 앞당기기보다는 선교의 목적을 달리 해석하고 말았다. … 아무튼 몇 해 전까지만 해도 전 세계를 복음화 하려던 희망처럼 보였던 이 운동은 오늘날 거의 그 자취를 감추고 말았다. 오늘날의 추세는 각자의 독특한 믿음과 선교 사역을 견지하고 있는 교회와 교단들의 사역이 선교에 오히려 더 효과적이고 성장의 가능성이 높다는 것을 보여주고 있다.[167]

현대 사회에서 중요한 화두 중의 하나는 '선택과 집중'이다. 모든 것을 다 하려고 하면 하나도 제대로 못하게 될 수 있다. 하늘의 별을 따는 것 같은 목표를 설정하면 그 목표의 달성은 멀어지는 것이다.

---

166   위의 글, 122-123.
167   Jerry A. Rarkin, "오늘날 선교의 상황," in J.M. Trery 외 편저, *Missiology*, 한국복음주의선교신학회 역, 『선교학 대전』(서울: CLC, 2003), 80.

어차피 시간과 힘은 제한되어 있으며, 제한된 것을 가지고 너무 많은 것을 하려 하면 현실적으로 이루어 내는 것이 적어질 수밖에 없기 때문이다. 너무 많은 것을 하려고 하면 효율성이 감소될 수 있는 것은 인간의 어쩔 수 없는 한계라는 사실을 에큐메니컬 진영이 인식할 필요가 있어 보인다.

제3부_통전적 선교신학

8장 … '통전적 선교신학'이란 용어의 의미와 태동 배경
9장 … 에큐메니컬 진영의 '통전적 선교신학' 흐름
10장 … 복음주의 진영의 "통전적 선교신학" 흐름
11장 … 통전적 선교신학의 기여점과 한계점

대략 제2차 세계대전 이후부터 '선교'라는 용어에 큰 혼란이 일어나게 되었다. 복음주의 진영은 여전히 복음전도가 선교의 핵심이라는 견해를 지닌 반면, 에큐메니컬 진영은 세상을 평화롭게 하고 인간들을 인간답게 살도록 만드는 인간화가 선교의 핵심이라는 견해를 표방하였다. 이와 같은 견해 차이로 인하여 양 진영 간에는 상당한 갈등과 논쟁이 있어왔다. 하지만 2천 년대에 들어서면서 복음주의 진영 역시 통전적 선교 개념을 공식적으로 수용하면서 구령이나 타문화권 교회개척과 같은 의미를 넘어서 세상에 샬롬을 가져오는 모든 활동 또는 교회가 하는 모든 일이 다 선교로 이해되어지기 시작했다. 이렇듯 선교의 개념이 폭넓게 이해되어지면서, 과거에는 선교의 개념은 분명하고 다만 선교의 방법만을 고민하였지만, 이제는 선교 개념 자체가 논쟁의 대상이 되었고, 이런 이유로 데이비드 보쉬(David Bosch)와 같은 선교학의 대가도 선교를 정의하기 어렵다는 말을 할 정도가 되었다. 통전적 선교신학은 그 포괄성과 균형감에 있어서는 나름대로 강점을 지니지만 그 개념조차도 명확히 정의하기 어려울 정도로 복잡하고 포괄적이어서 실제적으로 현장에서 적용함에 있어서는 다소 효율성이 작은 한계점을 지니고 있다.

제3부

통전적 선교신학
(1975년 나이로비 대회부터 – 현재)

19세기까지 선교는 아주 간결하고 명료하게 이해되어 왔었다. 좀 단순하게 말하자면 선교란 "복음을 알지 못하는 곳에 가서 복음을 전하여 스스로 서 갈 수 있는 자립교회를 세워 하나님 나라를 확장하는 활동"으로 이해되어왔다. 그러나 20세기 중반에 들어서면서부터 선교는 크게 두 가지 흐름으로 나뉘어져 이해되게 되었다.[168]

하나는 상황이 변했으니 교회의 선교적 책임도 새로워져야 한다는 입장이고, 다른 하나는 상황이 어떻게 변화되었든지 초대교회 때부터 예수의 지상명령에 따라 줄기차게 행해져왔던 선교의 목표 즉 복음전도를 여전히 핵심적인 선교 사역으로 유지해야 한다는 입장이라고 할

---

168 흔히들 19세기를 가리켜 '위대한 선교의 세기'라고 부른다. 기독교 역사상 가장 왕성하게 복음전파가 일어났기 때문에 붙혀진 이름이다. 그렇다면 20세기는 어떨까? 필자는 20세기를 '폭 넓어진 선교 개념 출현의 세기'라고 부르고자 한다. 그만큼 선교의 개념 자체가 매우 폭넓게 이해되어지고 이로 인해 선교 개념에 대한 다양한 논의들이 이루어진 세기였기 때문이다. 폭이 넓어진 선교의 개념은 선교 개념에 균형감과 통전성을 제공한다는 점에서는 장점이 있지만, 다른 한편 선교의 개념 자체가 명확하지 못하게 되면서 선교의 추진 동력은 약화되는 한계점도 드러내는 면이 있다고도 할 수 있다. 안승오, 박보경, 『현대선교학개론』(서울: 대한기독교서회, 2008), 284.

수 있다. 전자는 흔히 '에큐메니컬 선교신학'으로 일컬어졌고, 후자는 주로 '복음주의 선교신학'이라 일컬어졌다.

　이 두 진영은 선교의 핵심에 대한 관점이 상당히 상이하여 양 진영 사이에는 상당한 갈등이 있어 왔다. 이런 상황에서 양 진영의 갈등을 해소하고 보다 효율적이며 균형 잡힌 선교신학을 추구하고자 하는 한 노력으로 소위 말하는 '통전적 선교신학'이 탄생하게 되었다. 통전적 선교신학이란 선교의 양대 진영인 '복음주의 선교신학'과 '에큐메니컬 선교신학'을 균형감 있게 아우르면서 양 신학의 장점을 최대한 살리고자 하는 관심 속에서 태동된 것이라고 할 수 있겠다.

　따라서 통전적 선교신학은 나름대로 다양한 장점을 지니면서 오늘날 가장 널리 수용되고 있는 선교 패러다임이다. 하지만 통전적 선교신학은 심각한 한계점도 지니고 있다. 오늘날 선교가 이 통전적 선교신학의 패러다임에 의해서 진행될 경우 기독교 선교는 다양한 문제를 만들어낼 수가 있다. 이 장에서는 통전적 선교신학이 태동된 배경, 흐름, 기여점 등을 살펴본 후 이 선교신학이 어떤 한계점을 지니는지를 심도 있게 살펴보고자 한다.

'통전적 선교신학'이란 용어의 의미와 태동 배경

1. 양 진영 사이의 갈등 상황

세계교회협의회가 공식적으로 출범한 1948년 이전까지만 해도 선교의 중심 과제를 '복음화'로 보던 에큐메니컬 운동이 2차 세계대전의 영향과 '하나님의 선교'(Missio Dei) 개념 등의 출현과 함께 선교의 개념 자체를 다른 방식으로 이해하는 경향을 보이게 되었다. 에큐메니컬 신학은 전통적 선교신학의 문제점을 비판하면서 그 신학을 발전시켜나간 반면, 소위 말하는 복음주의 진영은 '복음화'가 여전히 중요하다고 생각하면서 에큐메니컬 운동의 문제점을 지적하였다.

특별히 에큐메니컬 진영이 1968년 웁살라대회에서 선교의 목표 자체를 '복음화'에서 '인간화'로 바꾸고, 1973년 방콕 CWME 대회에서는 선교의 핵심 내용인 구원의 개념 자체를 '영혼구원'에서 '오늘의 구원'(Salvation Today) 즉 포괄적인 구원 개념으로 바꾸자 복음주의자들은 자신들의 선교신학을 분명하게 선언할 모임의 필요성을 느꼈고, 이

것이 1974년 로잔 대회의 모임 동기가 되었다.[169] 이때 부터 양 진영은 똑같이 '선교'라는 용어를 말하면서도 다른 의미를 지닌 선교 개념을 가지게 되었고 이로써 양 진영 사이의 갈등이 점차로 심하게 나타났다. 두 신학 사이의 주된 차이점을 간단하게 살펴 보자.

첫째, 선교에 있어서 주된 관심의 차이다. 전통적인 선교에서는 선교의 목표인 영혼구원과 그 결과로 이루어지는 교회개척 등을 고려하면서 영혼구원, 교회개척, 교회성장 등을 선교 성공의 주요한 지표로 보았다. 그러나 에큐메니컬 진영은 하나님의 선교 관점에서 전통적인 선교를 교회의 세만 불리려는 이기적이고 제국주의적인 선교로 판단하면서 참된 선교는 하나님의 주된 관심인 이 세상에서 샬롬을 실현하는 것임을 강조하였다. 즉 양 진영의 선교 관심을 볼 때 제1 선교신학인 전통적 복음주의 선교신학은 교회에 관심을 갖는 반면, 제2 신학인 에큐메니컬 선교신학은 세상에 깊은 관심을 갖는 것이라 할 수 있다.[170]

둘째, 선교의 목표에 있어서의 차이점이다. 세계교회협의회 제4차 웁살라 총회 제2분과 위원회는 "선교의 갱신"(Renewal in Mission)을 주제로 다루면서 "우리는 인간화를 선교의 목표로 설정했다"[171]라고 하

---

169 김동선, 『하나님의 선교: 그 신학과 실천』 (서울: 한국장로교 출판사, 2003), 39.
170 이용원, "빌링겐에서 나이로비까지," 「선교와 신학」 제4집 (1999), 72-73. David J. Bosch, 『변화하고 있는 선교』, 579. 참조. 에큐메니컬 운동의 어원이 되는 '오이쿠메네'라는 용어 자체가 하나의 집 또는 가족이란 의미를 지니고 있으므로, 에큐메니컬 신학은 자연스럽게 온 우주를 하나의 가족으로 보면서 온 우주의 행복에 지대한 관심을 지니는 경향이 강하다. 즉 개인의 구원에 관심을 갖던 전통적인 선교와 달리, 세계 전체의 행복과 모든 피조물의 생태 문제 등에 관심을 가지는 것이다.
171 WCC, *Drafts for Sections Prepared for the Fourth Assembly of the World Council of Churches* (Uppsala, Sweden: WCC, 1968), 34.

였다. 즉 모든 비인간화의 현상을 극복하고 인간을 인간답게 하는 것이야말로 선교의 일차적 과제라고 보았다. 이러한 견해는 전통적으로 선교의 목표를 복음화로 보고, 인간화의 문제는 복음화의 결과로 나타날 수 있는 것으로 보던 전통적인 선교신학과 상당한 차이를 지니게 되었다.

셋째, 선교에서 전해야 하는 구원의 내용 자체에 변화가 일어났다. 전통적으로 구원은 '영혼구원'이었으며 그 구원을 받는 길은 예수를 믿는 것이었다. 하지만 1973년에 방콕에서 열린 에큐메니컬 회의는 구원의 개념을 영혼구원을 넘어서서 '경제정의,' '정치적 억압,' '인간의 소외,' 그리고 '인격적 삶의 좌절' 등으로부터의 해방을 의미하는 구원 개념으로 이해하였다.[172] 이와 같은 구원 개념에서는 영혼구원을 위한 개인 전도보다는 해방을 위한 투쟁 등이 더 강조되는 경향이 있으므로, 복음전도와 그로 인한 영혼구원을 선교의 목표로 삼던 전통적 선교신학을 계승한 복음주의 진영과 에큐메니컬 진영 사이에는 상당한 갈등이 발생하였다.

그리하여 "[양측은] 서로 다시는 돌이킬 수 없는 길로 등을 돌리고 헤어진 것처럼 보이기도 하였다"[173]고 김영동은 기술하였다. 보쉬는 양 진영이 서로를 향해 지녔던 태도를 다음과 같이 기술하였다.

> 의심할 여지도 없이 복음주의측의 시각에서 에큐메니컬주의자들을 '해방주의,' '신마르크스주의,' '혁명적 이데올로기,' '성서의 권위를 배척하는 자' 등의 딱지를 붙여서 공격

172　WCC, *Bangkok Assembly 1973* (Bossey: WCC, 1973), 89-90.
173　김영동, "전도와 사회봉사," 「선교와 신학」 제7집 (2001), 114.

하며 몰아붙이는 것은 너무나 쉬운 일이었을 것이다. 또한 에큐메니컬측이 그들의 입장에서 복음주의자들을 '고집쟁이,' '보수주의,' '한쪽으로 치우친 자,' '착취자의 편,' '인간에게 필요한 것을 외면하는 자' 등으로 비난하는 것도 역시 쉬울 것이다.[174]

2. 갈등 상황에서 대안으로 제시된 통전적 선교신학

김동선은 갈등 가운데 있던 양 진영의 모습에 대하여 "양 진영의 선교신학이 서로 배타적인 요소를 가지고 있다는 점은 부인할 수 없는 사실이다. 또 각각의 선교신학이 시간이 지남에 따라 서로를 수용하기보다는, 오히려 자신의 입장을 확인하는 극단적인 양극화의 방향으로 흘러간 듯 보이는 것도 사실이다"[175]고 기술하였다.

양 진영 간의 갈등의 골이 이처럼 깊어지자 이 갈등을 최소화하고 양 진영의 장점을 최대한 살리자는 제안들이 도출되었고, 이러한 의견들 중 하나가 '통전적 선교신학'이었다고 할 수 있다. 김명용의 표현을 빌리자면, 이것은 여러 신학 전통 중 '복음적이고 에큐메니컬적인 신학 전통'과 맥을 같이 하는 신학이라 할 수 있는데, 그는 이 신학을 다음과 같이 기술하였다.

---

174 D. J. Bosch, *Witness to the World* (Eugene: Wipf & Stock Publishers, 1980), 40.
175 김동선, 『하나님의 선교: 그 신학과 실천』 (서울: 한국장로교 출판사, 2003), 43.

그 핵심은 종교개혁자들의 신학과 개혁신학의 전통을 이어받으면서 오늘에 와서는 복음주의 신학과 에큐메니컬 신학 양쪽의 신학적 장점을 이어받겠다는 것이다. 이를 뒤집어서 얘기하면 복음주의 신학과 에큐메니컬 신학 모두를 비판하면서 참으로 복음적이고 참으로 에큐메니컬적인 신학을 가르치고, 참으로 복음적이고 참으로 에큐메니컬적인 교회를 만들어야 한다는 것이다.[1]

한편 김영동은 통전적 선교신학의 정의와 연관하여 "회심과 영혼구원과 교회개척과 성장을 도모하는 동시에 가난한 자, 소외된 자, 갇힌 자, 억눌린 자를 위한 구제와 봉사와 복지와 인권신장과 자유와 해방을 도모하는 선교를 통전적 선교라고 한다"[2]라고 말하였다. 박보경은 통전적 선교를 총체적 선교로 표현하면서 다음과 같이 기술하고 있다.

… 예수 그리스도를 향한 개인적 회심을 기초로 하여 세계 속에 존재하는 다양한 악의 문제를 적극적으로 저항하고, 비인간화되고 착취적인 구조, 문화에 대하여 그리스도인들이 적극적으로 대응하는 것도 하나님의 선교에 포함될 수 있다는 선교의 보다 통전적인 접근을 말한다.[3]

결국 통전적 선교신학은 복음전도와 사회적 책임을 모두 다 선교의

---

1 김명용, 『이 시대의 바른 기독교 사상』 (서울: 장로회신학대학교 출판부, 2001), 167.
2 김영동, "공적선교신학 형성의 모색과 방향," 「장신논단」 제 46-2집 (2014), 314.
3 박보경, 『통전적 복음주의 선교신학』 (서울: 케노시스, 2016), 163.

중요한 두 부분으로 인정하고 실천하자는 신학이다. 둘 중 어느 하나만을 선교라고 주장하는 것은 바른 선교가 아니라고 보면서 둘 다를 통전적으로 실천하는 것이 바른 선교라고 보는 입장이며,[4] 이러한 신학은 양 진영의 갈등 상황 속에서 이러한 문제를 해결하고 보다 통전적으로 선교를 수행해야 한다는 필요성 가운데서 태동된 신학이라 할 수 있겠다.

---

4 김영동, "전도와 사회봉사," 「선교와 신학」 제7집 (2001), 139.

우장

에큐메니컬 진영의 '통전적 선교신학' 흐름

1. 통전적 선교를 향한 에큐메니컬 진영의 노력

선교의 목표를 '복음화' 대신 '인간화'로 두면서 전통적인 복음주의 선교 진영과 갈등을 하던 에큐메니컬 진영은 1975년에 케냐 나이로비에서 열린 제5차 WCC 총회를 기점으로 어느 한쪽에 우선순위를 두지 않는 통전적 관점을 지니고자 노력하는 모습을 보였다. 물론 나이로비가 해방신학, 민중신학, 해방자 예수, 상황신학, 행동신학(Doing Theolgoy) 등에 관심을 기울이면서 복음의 수직적 차원보다는 수평적 차원에 기울어진 경향을 보인 것은 사실이었지만, 그래도 복음의 수평적 차원인 인간화에 기울어져 있던 경향에서 통전성을 추구하고자 노력하는 경향을 보여주었다.

그 후 에큐메니컬 진영에서 나온 선교 관련 문서들은 통전적 선교를 표방하고자 노력하는 모습을 보여왔다. 이런 이유로 1982년에 발표된 "선교와 복음전도- 하나의 에큐메니컬 확언"에 대하여 이형기는 "… 직접적으로는 1980년 멜버른 CWME의 치우침을 수정하였고, 간접적으로는 1975년 나이로비의 통전성을 이어받았다고 보여진다"[5] 고 평가할 정도로 에큐메니컬 진영은 통전성을 추구하였다. 임희모도 "선교와 복음전도— 하나의 에큐메니컬 확언" 문서에 나타난 통전적 시각에 대하여 "1982년에 WCC가 생산한 이 에큐메니컬 선교 문건은 세계의 여러 교회들의 의견이 수렴된 통전적 선교 문건이다. 에반젤리칼들의 선교관점을 반영하여 에큐메니컬적 의미를 제고시킨 대화적 문건이다"[6]라고 언급하면서 이 문서에 나타난 복음주의적 시각에 대하여 다음과 같이 언급하였다.

> 첫째, 수많은 성경구절을 인용함으로써 에반젤리칼 접근을 취하고 있다.
> 둘째, 본 선교 문건은 에반젤리칼 선교 내용을 앞에서 서술하고 에큐메니컬 선교 내용을 뒷부분에서 기술하고 있다. 이것은 개인적 회심으로부터 출발하여 교회적 선교를 통하여 사회적 선교를 지향하고 있다. 이러한 순서는 형식적인 면에서 볼 때 복음전도 우선성을 강조하는 에반젤리칼들의 취향에 맞는 구조이다.
> 셋째, 내용에 있어서 에반젤리칼 선교가 강조되고 있다. 예를 들면, 에반젤리칼 교회 선교와 선교의 긴급성을 강조한다.[7]

---

5 이형기, 『복음주의와 에큐메니컬 운동의 세 흐름에 나타난 신학』, 370.
6 임희모, "에반젤리칼 선교신학의 에큐메니컬 대화," 한국선교신학회 편, 『복음주의와 에큐메니즘의 대화』 (서울: 다산글방, 1999), 66–67.
7 위의 글, 65–66.

2. 에큐메니컬 진영이 말하는 통전적 선교

에큐메니컬 진영은 영적인 생명과 육적인 생명을 하나로 보고 동시에 이런 이유에서 '영적인 복음'과 '물질적인 복음'을 나누어질 수 없는 하나의 복음으로 보는 통전적 관점을 지니고 있다. 한 걸음 더 나아가 에큐메니컬 선교는 인간만을 구원의 대상으로 보던 전통적 관점에서 모든 피조물을 통전적 선교의 대상으로 본다. 이런 배경 하에 제10차 부산 총회에서 채택된 선교 문서 "함께 생명을 향하여"(Together towards Life)도 "우리의 선교 참여, 창조세계 안에 존재함, 성령의 삶의 실천은 상호 변혁적이기 때문에 함께 엮여 있어야 한다. 우리는 나머지 둘 없는 하나를 추구하지 말아야 한다"[8]라고 말하면서, 모든 피조물을 선교의 대상으로 보아야 함을 다음과 같이 주장한다.

> 선교는 삼위일체 하나님의 무한한 사랑의 흘러넘침이다. 하나님 선교는 창조 행동과 함께 시작되었다. 피조세계의 생명과 하나님의 생명은 서로 얽혀있다. 하나님의 영의 선교는 항상 베풀어지는 은혜 행동 안에 우리 모두를 포함한다. 그러므로 우리는 협소한 인간 중심적인 접근을 넘어서 모든 창조된 생명과 우리의 화해된 관계를 표현하는 선교 유형을 품어야 한다. 우리는 가난한 사람들의 울음소리

---

8 CWME, "Together Towards Life: Mission and Evangelism in Changing Landscapes," 21항, "함께 생명을 향하여: 기독교의 지형 변화 속에서 선교와 전도," 세계교회협의회 제10차 총회 한국 준비 위원회 편역, 『세계교회협의회 신학을 말한다』 (서울: 한국장로교출판사, 2013), 79.

를 듣는 것처럼 땅의 울음소리를 듣고 있으며 우리는 처음부터 땅이 인간의 부정의에 대해 하나님께 호소하고 있음을 알고 있다(창 4:10).[9]

이상과 같이 에큐메니컬 선교는 영과 육, 영적인 것과 물질적인 것, 교회와 세상, 인간과 피조물, 교회와 세상, 이 땅과 저 세상, 개인구원과 사회구원 등으로 구분하여 어느 한쪽에 우선순위를 두는 시각을 거부하고 모든 것을 통전적으로 보는 시각을 지니고 있는 것이다.[10] 이와 유사하게 스탠리 죤스(Stanley E. Jones)도 "사회복음 없는 개인의 복음은 육신 없는 영혼과 같으며, 개인의 구원이 없는 사회복음은 영혼이 없는 육신과 같은 것이다"라고 설파하였다.

이와 같은 에큐메니컬 진영의 통전적 선교의 목표는 "… 포괄적인 구원(comprehensive salvation)을 통한 온전한 하나님 나라의 건설로 본다. 하나님이 인간에게 주신 복은 인간과 사회 및 모든 피조물을 포함한 자연이 온전한 조화를 이루며 하나님을 찬양하며 영광을 돌리는 것이며 샬롬이 이루어지는 것이다"[11]라고 김영동은 말한다. 그리고 이러한 목표를 이루기 위한 회개는 죄 사함과 거듭남의 개인적인 회개만이 아니라 "… 사회구조에 대한 도전과 경제적, 정치적, 사회적 기관들을 변화시키는데 대한 소명, 죄와 부정에 대한 고발, 과부와 고아를 위로하고 돕는 것, 예언, 인류를 위협하는 과학과 기술의 영역 내에서의 길잡이

---

9 CWME, "Together towards Life," 19항. 세계교회협의회 제10차 총회 한국 준비 위원회 편역, 『세계교회협의회 신학을 말한다』, 79.
10 Stanley E. Jones, *The Unshakable Kingdom and the Unchanging Person* (Nashville: Abingdon Press, 1972), 40.
11 김영동, "공적선교신학 형성의 모색과 방향," 「장신논단」 제46-2집 (2014), 315

등을 포함한다"[12]라고 말한다.

이상과 같은 '통전적 선교신학'은 언뜻 보면 에큐메니컬 신학과 전통적인 복음주의 신학을 잘 조합한 것처럼 보인다. 그러나 사실 통전적 선교신학은 에큐메니컬 신학에 더 가까운 것이라 할 수 있다. 전통적 복음주의 선교신학은 개인구원과 사회구원 가운데 개인구원에 우선순위를 두었던 반면, 에큐메니컬 선교신학은 기본적으로 개인구원과 사회구원을 통합적으로 추구하는 경향을 지녔으므로 통전적 선교신학은 에큐메니컬 신학에 더 가까운 신학이라 할 수 있다.

여기에 대해서는 사이더도 언급했는데, 사이더는 선교에 관한 4가지 관점들을 말하면서, 그 중 세 번째 관점을 "개인의 회심과 사회의 정치적 개조는 동등한 중요성을 갖는 구원의 각 부분들이다"라고 제목 붙인 후에 "이 세 번째 관점은 에큐메니컬 진영에서 가장 보편적인 것이다. 구원은 개인적이고 사회적이며, 개별적이고 집단적이다. 그리스도께서 가져오신 구원은 영혼과 몸의 구원, 개인과 사회의 구원, 인류와 신음하는 피조물의 구원이다"[13]고 말하고 있다. 이어서 그는 다음과 같이 말한다.

> 물론 WCC의 전반적인 강조와 프로그램의 활동이 이 정의를 반영하고 있는지 물어야 하지만, 적어도 이론상으로 '구원'이라는 단어는 개인의 칭의와 중생, 그리고 보다 큰 사회 경제적 정의를 실현하기 위한 사회의 정치적 개조, 양자

---

12 위의 글, 315-316.
13 Ronald Sider & Rene C. Padilla, *Evangelism, Salvation and Social Justice*, 한화룡 역, 『복음전도 구원 사회정의』(서울: IVF, 1987), 11.

를 함축한다. 이러한 유의 정의가 매우 널리 보급되어 있다는 것은 숨길 수 없는 공공연한 사실이다. 이것은 우리 시대의 가장 중요한 신학 운동인 해방신학의 핵심적인 전제가 된다.[14]

즉 통전적 선교신학은 기본적으로 에큐메니컬 신학을 약간 변형시킨 아류라고 할 수 있는 것이다. 한편 이와 같은 통전적 견해가 에큐메니컬 진영에만 머문 것이 아니라 복음주의 진영에도 들어오게 된 것이다. 이에 대하여 사이더는 "보다 놀라운 것은 아마도 비에큐메니컬(non-conciliar) 복음주의자들이 이 용어법을 채택하고 있다는 사실일 것이다"[15]라고 말한다.

결국 통전적 선교신학이라는 것은 에큐메니컬 진영과 전통적인 복음주의 진영이 각각의 성격을 반반씩 섞어서 균형감 있는 선교신학으로 태동 되었다기보다는 후자의 신학이 전자의 신학에 편입되어 나타난 것이라고 해도 과언이 아닐 것이다.

---

14 Ronald Sider & Rene C. Padilla, 한화룡 역, 『복음전도 구원 사회정의』, 12-13.
15 위의 책, 13.

복음주의 진영의 "통전적 선교신학" 흐름

1. 복음주의 진영의 점진적인 변화

전통적으로 선교의 중심 과제를 '복음화'로 규정하던 세계선교의 흐름 속에서 세계교회협의회의 탄생과 함께 선교의 개념 자체가 논쟁의 대상이 되기 시작했다. 특별히 에큐메니컬 진영이 1968년 웁살라 대회에서 선교의 목표 자체를 '복음화'가 아닌 '인간화'로 바꾸고, 1973년 방콕 CWME 대회에서는 선교의 핵심 내용인 구원의 의미를 '개인구원'에서 개인구원과 사회구원을 포함하는 '오늘의 구원'(Salvation Today) 개념으로 바꾸자 복음주의자들은 자신들의 선교신학을 분명하게 선언할 모임의 필요성을 느꼈고, 이것이 1974년 로잔 대회로 나타나게 되었다.[16]

이러한 배경 하에서 모인 로잔 대회는 로잔언약 6항에서 "교회가

16　김동선, 『하나님의 선교: 그 신학과 실천』 (서울: 한국장로교 출판사, 2003), 39.

희생적으로 해야 할 일 중에서 복음전도가 최우선이다"[17]라는 말을 하면서 전도가 가장 우선적인 사역임을 천명하였다. 그러나 5항에서 "물론 사람과의 화해가 곧 하나님과의 화해는 아니며 또 사회참여가 곧 복음전도일 수 없으며 정치적 해방이 곧 구원은 아닐지라도, 우리는 복음전도와 사회 정치적 참여는 우리 그리스도인의 의무의 두 부분임을 확언한다"[18]라고 말함으로써 사회적 책임을 선교에 포함시켰다. 그러니까 로잔은 복음전도의 우선성을 인정하면서도 사회봉사를 선교에 포함시킴으로 말미암아 로잔 진영 안에서도 서로 입장을 달리 하는 사람들 사이에 '불편한 합의'를 도출하였다.

즉 선교에 있어서 복음전도의 우선성에 대하여 명확한 입장을 유보한 채 적당히 봉합을 해 놓았다는 것이다. 이것이 로잔 구성원들 안에서도 지속적인 갈등의 요인이 되었는데,[19] 로잔은 둘 사이의 관계를 고민하면서 점차로 에큐메니컬 진영의 통전적인 선교 개념 쪽으로 나아가게 되었다.

이후 1980년 3월 17일부터 21일까지 영국 호데스돈의 하이레이에서 "단순한 삶에 관한 대회"(Consultation on Simple Lifestyle)가 열렸다. 이 선언문 제8장은 복음전도와 사회적 책임에 대한 관계를 다음과 같이 간접적으로 언급하고 있다.

> 책임 있는 삶에로의 요청(call to a responsible lifestyle) 은 책

---

17 Lausanne Movement, "로잔언약(1974)," in Lausanne Movement ed., *The Cape Town Commitment: Study Edition*, 최형근 역, 『케이프타운 서약』 (서울: IVP, 2014), 부록 220.
18 위의 글, 부록 219.
19 박보경, "로잔운동에 나타난 전도와 사회적 책임의 관계," 「복음과 선교」 제22집 (2013), 14.

임 있는 증거에로의 요청(call to responsible witness)과 분리될 수 없다. 왜냐하면 우리의 메시지가 우리의 삶과 충돌될 때 그 신뢰성이 심각하게 훼손되기 때문이다. 만약 우리가 탐욕으로부터 구원받지 못한다면 우리는 그리스도의 구원을 정직하게 선포할 수 없고, 만약 우리의 소유에 관한 선한 청지기적 역할을 하지 못한다면, 우리는 주님의 주권을 선포할 수 없고, 만약 우리가 가난한 자들을 향하여 마음을 열지 않는다면, 우리는 주님의 사랑을 선포할 수 없다. 그리스도인들이 서로를 향하여 혹은 고통 중에 있는 자를 향하여 돌봄을 이룰 때, 예수 그리스도는 더 명백하게 매력적인 존재가 된다.[20]

이 선언문은 책임 있는 삶과 복음전도가 결코 분리될 수 없음을 강조하면서 선교에 있어서 사회적 책임의 위치를 전도와 대등한 관계로 올려놓았다. 이 대회는 이후 1982년에 미국 미시간 주의 그랜드래피즈에서 열린 그랜드래피즈대회에 깊은 영향을 주었는데,[21] 이 대회는 전도와 사회적 책임의 관계를 규명하고 전도의 우선성의 의미를 논의하고자 모인 대회였다. 대회는 오랜 시간 동안의 난상토론 끝에 총 7장으로 구성된 "전도와 사회참여: 복음주의적 헌신"이라는 제목의 선언문

---

20 Lausanne Committee for World Evangelization, *Evangelical Committment to Simple Life-Style, Lausanne Occasional Paper, No. 20* (IL: Wheaton, Lausanne Committee for World Evangelization), 8장, 26–27.
21 박보경, "로잔운동에 나타난 전도와 사회적 책임의 관계,"「복음과 선교」제22집 (2013), 15–16.

을 발표하였다.[22] 김은수는 이 선언문에 대하여 평가하기를 "보고서는 세계의 약 8억 사람들 혹은 전 인류의 1/5이 절대 빈곤 인구이며, … 복음전도와 사회적 책임은 그 어느 것 하나도 기독교인이 포기할 수 없는 기본적인 의무임을 밝힘으로써 복음주의 신학의 통전적인 선교와 기독교 사회윤리의 정립에 기여하였다"[23]라고 하였다. 박보경도 이 선언문에 대하여 다음과 같이 정리하였다.

> 전도와 사회참여의 관계에 대한 획일화된 견해를 표명하기보다는 다양한 관점들을 선언문에 반영한 점은 로잔운동의 포용적인 면모를 엿볼 수 있었다. 또한 전도의 우선성이 '관념적인 표현일 뿐이며 실제 현장에서는 이 둘이 결코 분리될 수 없고, 서로가 경쟁적인 관계가 아니라 상향적 관심을 위해서 서로 지지하고 강화하는 관계'라는 사실을 명백히 했다.[24]

그리고 1983년에 발표된 "인간의 요구에 부응하는 교회 선언문"에서는 교회의 선교에서 개발(development) 대신 변혁(transformation)을 추구해야 함을 강조하였다. 여기에서의 변혁은 하나님의 목적에 반하는 인간 존재의 상태로부터 하나님과의 바른 관계 속에서의 생명의 풍성함을 누리는 상태로의 변화를 의미한다. 이러한 변혁은 주께 복종함으

---

[22] 위의 글, 18-19.
[23] 김은수, "복음주의 선교와 신학적 과제," 한국선교신학회 편, 『복음주의와 에큐메니즘의 대화』 (서울: 다산글방, 1999), 43-44.
[24] 박보경, "로잔운동에 나타난 전도와 사회적 책임의 관계," 22.

로써 시작되며 개인과 인종과 나라들 간의 평화를 가져오고, 더 많은 이들이 필요한 것을 공급받게 하기 위하여 빈곤과 사회정의 등에 관심을 갖고 행동하는 것이다. 한 걸음 더 나아가 전 창조세계에 대하여 관심을 갖고 책임지는 삶을 살아가는 것이다. 그리스도인들이 이와 같은 변혁에로의 부르심에 민감해야 하는 이유는 하나님이 온 세상의 주인이시고 이 세상을 사랑하시기 때문이라고 강조했다.[25] 그 후 1989년 마닐라에서 열린 로잔 2차 대회에서도 로잔 진영의 통전적 선교에로의 이동이 더욱 많이 드러났다. 박보경은 로잔 2차 대회의 통전성을 다음과 같이 정리하였다.

> 요약하면, 1989년 마닐라 선언문은 그 단어 선정에 있어서는 복음전도의 우선성을 명백하게 선언하고 있다. 그럼에도 불구하고 선언문은 사회적 책임 부분도 균형 있게 강조하고자 한 노력이 보인다.
> 첫째, 복음전도의 우선성을 보여주는 4장 전체에서 전도의 우선성이라는 표현과 함께 나머지 부분의 내용들이 교회의 사회적 책임과 관련된 사항을 다루고 있다는 점이다.
> 둘째, 로잔언약에서는 전도라는 단어의 지속적인 반복을 통하여 전도가 강조되는 반면, 하나님의 나라는 제5항에 단 한 번 등장할 뿐이다. 그에 비해 마닐라 대회는 '하나님의 나라'라는 용어가 총 6회(고백 제9항, 온전한 복음 서론에 한

---

25 "Transformation: The Church in Response to Human Need, Wheaton 83 Statement," in Vinay Samuel and Chris Sugden, eds, *The Church in Response to Human Need* (Grand Rapids: Eerdmans, 1987), 256-259.

번, 제4항에 세 번, 제8항에 한 번)나 등장시켜 하나님 나라가 좀 더 강조된 점이다.

셋째, 마닐라 선언문에는 로잔 대회의 문건보다 훨씬 더 '세상'의 상황에 대한 언급의 분량이 많아졌다는 점이다.

넷째, 로잔 선언문에는 비교적 강조되지 않았던 가난한 자들에 대한 많은 논의들이 있었다는 점은 교회의 사회적 책임을 과거보다는 좀 더 수용하려는 태도를 보였다고 판단된다. 뿐만 아니라 로잔 선언문 6항에서 처음 등장한 "온 교회(the Whole Church)가 온전한 복음(the Whole Gospel)을 온 세계(the Whole World)에 전파할 것을 요구 한다"라는 표현이 마닐라 선언문의 2부에서 그 순서가 바뀌었다는 점은 매우 중요한 변화를 시사한다. 마닐라 선언문에서는 온전한 복음이 가장 먼저 등장하고 있는데, 이것은 마닐라 대회가 온전한 복음을 앞서 다룸으로써 로잔 진영의 교회 중심적 선교 이해에 변화를 보여주는 것이었다.[26]

2. 2000년 이후의 적극적인 변화

2001년 9.11사태가 일어난 직후 영국 옥스퍼드에서는 복음주의 진영에서 사회정의를 위한 노력을 펼치는 단체들과 신학자들이 연합하여 "미가 네트워크"(Micah Network)를 결성하였는데, 이후 이 단체는 복

---

26   박보경, "로잔운동에 나타난 전도와 사회적 책임의 관계," 25-26.

음주의 진영 안에서 250개가 넘는 기독교 개발, 구제, 정의 단체들의 모임으로 성장했다. 미가 네트워크는 "총체적 선교"(Integral Mission)를 다음과 같이 선언하였다.

> 총체적 선교(Integral Mission) 혹은 통전적 변혁(Holistic Transformation)이란 전도와 사회참여가 나란히 함께 이루어진다는 의미가 아니다. 총체적 선교란 우리가 삶의 모든 영역에서 회개와 사랑을 사람들에게 요청할 때, 우리의 선포가 사회적 결과를 가지게 되며 우리가 예수 그리스도의 변혁하는 은혜를 증거할 때, 우리의 사회적 참여가 전도의 결과를 가져오게 된다. 만약 우리가 세계를 무시하면, 우리는 세상을 섬기라고 보내신 하나님의 말씀을 무시하는 것이 되는 것이며, 만약 우리가 하나님의 말씀을 무시하면 우리는 세상에 전해줄 아무것도 가지지 못하게 된다. 정의와 믿음을 통한 '의,' 예배와 정치적 행동, 영적이며 또한 물질적인 개인적 변화와 구조적 변화가 모두 함께 속해 있다. 예수의 삶과 존재와 행동과 말이 우리의 총체적 사명의 중심이 된다.[27]

---

[27] "Micah Declaration on Integral Mission," http://www.micahnetwork.org/sites/default/files/doc/page/mn_integral_mission_declaration_en.pdf. 미가 선언문에는 '총체적 선교'와 '통전적 변혁'을 거의 같은 개념으로 사용하고 있다. 한편 'Integral Mission'이라는 용어는 주로 복음주의권에서 많이 사용되면서 '총체적 선교'로 번역되는 경향을 보이는 반면, 'Holistic Mission'이라는 용어는 '통전적 선교'라고 번역되면서 에큐메니컬 진영에서 많이 쓰이는 경향을 보인다. 하지만 두 용어 모두 사도적 책임과 봉사적 책임을 분리할 수 없는 하나로 보며 우선순위를 인정하지 않는다는 점에서 유사한 개념으로 볼 수 있다.

박보경은 미가 선언문의 주요 내용을 "… 총체적 선교의 가장 중요한 주체는 지역교회이며, 총체적 선교의 중요한 사역 중에는 자신을 스스로 지킬 수 없는 억압받는 자들을 위한 옹호(Advocacy) 사역을 포함한다. 또한 총체적 선교란 구체적인 공적 제자도의 삶을 요청한다"[28] 라고 정리하였다. 이 후 2004년 파타야대회 때는 전도의 우선성을 전혀 다루지 않았고 2010년 케이프타운에서 열린 로잔 3차 대회[29]에 오면 서약문 전반에 걸쳐서 전도의 우선성(Primacy of Evangelism)이라는 표현이 나타나지 않았다는 점에서 로잔 진영이 통전적 선교로 선회한 것을 공식적으로 드러낸 회의였다고 할 수 있다. 박보경은 케이프타운 로잔 3차 대회에 나타난 통전적 선교의 특징을 다음과 같이 정리하였다.

> 케이프타운 서약문에는 로잔 선언문과 마닐라 선언문에서는 발견되지 않았던 선교의 포괄적 이해가 명백하다. 과거 전도의 우선성을 강조하였던 로잔의 입장이 분명하게 변화된 것이다. 이러한 선언문의 변화는 그동안 로잔 진영 안에서 지속적으로 긴장의 핵심이 되어왔던 전도와 사회적 책임으로서의 교회의 임무 중에서 전도에 우선성이 있다는 로잔의 입장이 공식적으로 거부되고, 이 둘이 상호 동일한 무게를 가진다는 급진적 제자도의 입장을 반영한 결과

---

28 박보경, "로잔운동에 나타난 전도와 사회적 책임의 관계," 28.
29 이 대회는 2차 마닐라 대회 이후에 21년 만에 열린 역사적인 모임이었고, 로잔운동의 태동으로 이해되는 에딘버러 대회 이후 100년 만에 열리는 대회라는 점에서 그 의의가 컸다.

였다고 할 수 있다.³⁰ ⋯ 요약하면, 케이프타운에서 열린 로잔 3차 대회는 로잔 진영이 '전도의 우선성'으로부터 총체적 선교로 전환하고 있음을 보여주고 있다고 평가된다. 이러한 변화는 2004년부터 나타나기 시작했는데, 로잔 진영 안에 있는 교회의 사회적 책임을 강조하는 그룹들이 시대가 지나면서 그 목소리가 점차 강화됨으로써 이러한 변화가 명백해졌다고 하겠다.³¹

결국 복음주의 진영은 에큐메니컬 진영이 1975년 나이로비 대회 때 통전적 선교신학을 표방한 이후 사도적 책임과 사회적 책임의 관계를 두고 많은 고민을 해오다가 2천 년대에 들어와 케이프타운 로잔 3차 대회에서 통전적 선교 개념을 공식적으로 표방한 것이라 할 수 있다. 복음주의 진영은 전통적 선교신학을 견지한 그룹으로서 전통적 선교신학에서 중요시한 복음화의 우선순위를 포기하는 것이 그리 쉽지 않았을 것이다. 하지만 에큐메니컬 진영의 영향을 받으면서 점진적으로 복음화 우선순위의 신학에서 인간화를 함께 추구하는 통전적 신학으로 서서히 옮겨진 것으로 보인다. 이에 대하여 이형기는 다음과 같이 언급한다.

> 1960년대 말 WCC를 통한 에큐메니컬 운동의 선교 개념에 대한 거부 반응으로 등장한 복음주의자들의 세계대회들은 1974년 로잔을 계기로, 그리고 1989년 마닐라

---

30   박보경, "로잔운동에 나타난 전도와 사회적 책임의 관계," 35.
31   위의 글, 37.

Manifesto에 오면 종전의 '교회 대 세상'이라고 하는 이분법을 지양하고 1952년 빌링겐의 Missio Dei 이래의 에큐메니컬 선교 개념을 대폭 수용한다. 그리하여 복음주의 선교 개념에 있어서도 삼위일체론적 복음 이해와 삼위일체론적 Missio Dei, 그리고 종말론적 시야를 가진 하나님 나라 사랑이 지배적이 된다. 복음주의자들 역시 하나의 선교 개념 속에 교회의 사회참여를 포함시키고 있다.[32]

즉 이론적으로 보면 통전적 선교 개념은 복음주의 진영이 에큐메니컬 진영의 선교 개념을 대폭 수용한 것이라 할 수 있다. 통전적 선교 개념이 기본적으로는 에큐메니컬 선교 개념으로부터 나왔다는 사실에 대해서는 임희모도 "통전적 선교 개념은 에반젤리칼주의자와 에큐메니컬주의자를 구분하지 않는다. 이들은 이미 통전성 속에서 용해되어 버린 것이다. 이들은 이론적으로 이미 에큐메니컬적 틀 속에 들어가 있는 것이다"[33]라고 언급하였다. 즉 통전적 선교 개념은 기본적으로 에큐메니컬 선교 개념의 변형이며, 복음주의 진영이 통전적 선교 개념을 수용했다는 것은 에큐메니컬 진영의 선교 개념을 대폭 수용했다는 것을 의미한다고 할 수 있다.

물론 여전히 양 진영이 이해하는 통전적 선교의 개념 이해에는 다소 차이가 존재한다. 복음주의 진영은 주로 선교의 방법 차원에서의 통전적 선교에 관심을 두면서 용어도 '통전적 선교'보다는 '총체적 선

---

32 이형기, 『복음주의와 에큐메니컬 운동의 세 흐름에 나타난 신학』, 369.
33 임희모, "에반젤리칼 선교신학의 에큐메니컬 대화," 72.

교'라는 용어를 선호하는 경향이 있다. 복음주의 선교는 기본적으로 구령을 선교의 핵심 목표로 삼았었기 때문에 선교의 방법에 있어서도 사회봉사보다는 전도에 더 우선순위를 두었었다. 하지만 전도라는 것이 말로만 하는 것이 아니라 삶의 모든 영역에서 이루어져야 한다는 점에서 사회봉사나 사회참여 역시 전도와 똑같이 중요한 선교라는 것을 강조한다.[34] 전통적인 선교 개념에서는 선교 현장에서 빵을 먼저 주어야 하는가 말씀을 먼저 주어야 하는가를 두고 논란이 있을 수 있었지만, 이제는 복음주의 진영도 빵이냐 말씀이냐의 문제는 상황에 따라 결정할 일이지 어디에 우선순위가 있는 것은 아니라는 견해를 펼친다는 점에서 통전적 선교를 지향하는 것이다.

하지만 전도든 사회봉사든 사회참여든 모두 다 기본적으로 선교를 이루어가는 방법에 해당되는 것들이다. 이러한 사항들이 선교의 목표와 긴밀하게 연결이 되지만 여전히 방법적인 문제들인 것이다. 즉 복음주의 진영에서는 통전적 선교를 말할 때 여전히 선교 방법 차원에서의 통전성에 주된 관심을 두는 경향이 있다. 에큐메니컬 진영이 방법 차원을 넘어서 목표 차원의 통전성에 관심을 두는 경향을 지닌다는 점에서 복음주의 진영의 통전성과는 차이점이 있는 것이다. 하지만 이제 양 진영이 선교에 있어서 '우선순위'를 인정하지 않는 상황이기에 기독교 선교는 이제 제3 선교신학인 '통전적 선교신학'을 공통적으로 수용하고 있는 것이다.

---

34 "Micah Declaration on Integral Mission," http://www.micahnetwork.org/sites/default/files/doc/page/mn_integral_mission_declaration_en.pdf.

통전적 선교신학의 기여점과 한계점

1. 균형감과 윤리적 책임에 대한 도전

교회는 복음을 전해야 하는 '사도적 책임'과 빛과 소금으로서 세상을 섬겨야 하는 '윤리적 책임'을 함께 지니고 있다. 전통적인 관점에서 보면 전자는 '선교'라는 과제로 후자는 '기독교 윤리'의 과제로 명명되어져왔다. 그런데 선교의 개념이 폭넓게 이해되면서 윤리적 과제가 선교의 과제로 포함되면서 전자의 책임은 '복음화'로 후자의 책임은 '인간화'로 표현되어져왔다. 교회는 양차 세계대전을 지나면서 교회가 사도적 책임 즉 복음화는 강조하면서도 사회적 책임 즉 인간화를 소홀히 한 나머지 하나님의 사랑의 대상인 이 세상을 아름답게 가꾸지 못했음을 뼈저리게 인식하였다.

그 결과 빌링겐 이후 방콕까지 에큐메니컬 신학은 사회적 책임에 우선순위를 두는 경향을 보였고 이로 인해 복음화를 강조하던 복음주의 진영과는 갈등을 빚어왔다. 그러던 중 에큐메니컬 진영은 1975년 나이로비 대회를 기점으로 복음화와 인간화를 동시에 강조하는 통전적 관점으로 선회하기 시작하였다. 복음화의 우선순위를 강조하면서 인간화를 무시하는 복음주의 진영도 잘못되었지만 인간화를 강조하면서 복음화를 무시하는 자신들의 논리도 문제가 있다는 것을 인지하게 된 것으로 보인다.

에큐메니컬 신학의 관점에서 본다면 교회의 두 가지 책임 중 어느 한쪽에 우선순위를 둔다는 것은 곧 다른 책임을 부차적인 것으로 취급하는 것이 될 수 있다. 이런 점에서 에큐메니컬 진영은 어느 한쪽만을 강조하는 불균형적인 책임 수행에 대하여 문제의식을 갖는 것이다.[35] 에큐메니컬 진영의 이러한 관점에 도전을 받은 복음주의 진영도 점진적으로 영향을 받아서 통전적 관점을 지니게 되었다. 한편 박영환은 에큐메니컬 진영과 복음주의 진영의 통전적 선교신학 태동 시점을 같은 해로 보면서 다음과 같이 주장한다.

> 결정적으로 두 진영의 갈등과 분열은 이론상으로 1989년에 끝을 맺었다고 볼 수 있다. 에큐메니컬 선교 입장을 대변하는 1989년 성 안토니오 CWME(세계선교와 복음화 위원회)에서는 복음주의 중요 관점인 '복음 선포의 중요성을 고백'했고, 복음주의 선교의 모체인 1989년 2차 로잔 마닐라 대회 LCWE(Lausanne Committee on World Evangelization)는 에큐메니컬 선교의 점유물격인 '정치와 경제 영역의 선교 사역을 인정' 하는 자리에까지 나아갔다. 결국 이러한 양

---

35   WCC, "제 4차 총회: 스웨덴 웁살라 (1968년)" *WCC, (The) Section Reports of the W.C.C – From the first to the seventh*, 이형기 편, 『역대 총회 종합보고서』 (서울: 한국장로교 출판사, 1993), 261.

진영의 접근은 이를 하나의 '통전적 선교'신학으로 바라보게 하는 통합적 결과를 도출하게 되었다.[36]

김명용은 통전적 신학이라고 할 수 있는 "복음적이고 에큐메니컬적인 신학 전통"을 언급하면서 이 신학의 강점을 다음과 같이 소개하고 있다.

> 복음적이고 에큐메니컬적인 신학 전통의 장점은 우선 신학적 폭이 넓기 때문에 다양한 신학 정신을 받아들일 수 있다는 점이다. 이 신학 전통은 복음주의의 장점을 알고 있고, 에큐메니컬 신학의 장점을 알고 있기 때문에, 오늘의 세계 신학과 교회를 양분하고 있는 양쪽 신학의 장점을 흡수해서 교회 내에서 신학적 실천을 할 수 있다는 점에 큰 장점이 있다…. 복음적이고 에큐메니컬적인 신학 전통은 급진적이지 않고 온건하고 편파적이지 않고 공동의 선을 추구하고 시류에 급하게 흔들리지 않고 전통과 오늘의 상황을 가능한 한 잘 화합하고 조화시키려는 경향을 나타내는데, 이는 논쟁의 여지가 있을 수 있지만 우선 긍정적인 특징이라고 평가할 수 있다.[37]

통전적 선교신학은 어느 한 쪽에 우선순위를 두지 않고 두 가지 책

---

[36] 박영환, "로잔운동의 선교신학과 WCC 선교신학의 비교," 한국로잔연구교수회 편, 『로잔운동과 선교』 (서울: 한국로잔위원회, 2014), 203.
[37] 김명용, 『이 시대의 바른 기독교 사상』 (서울: 장로회신학대학교 출판부, 2001), 167-168.

임을 통전적으로 추구하고 수행하고자 하면서 어느 한 쪽으로 치우치기 쉬운 선교에 적절한 긴장감과 균형감을 갖도록 도전하는데 기여하였다고 할 수 있다. 에큐메니컬 진영의 통전적 선교신학 선언이라 할 수 있는 산 안토니오 선언에 대하여 조동진도 "이 회의의 가장 중요한 두 가지 경향은 모임의 일반성(보편성)의 정신과 복음에의 충실성에 대한 관심, 즉 영적인 요구와 물질적인 필요, 기도와 행동, 복음전도와 사회적 책임, 대화와 증언, 능력과 연약함, 지역성과 세계성 사이의 창조적 긴장을 유지하는 것이었다"[38]고 말하였는데 균형감을 제공하는 통전적 선교신학의 기여점을 잘 설명한 것이라 할 수 있다.

통전적 선교신학의 또 하나의 기여점은 윤리적 책임에 대한 강력한 도전이라 할 수 있다. 에큐메니컬 진영은 본래부터 사회참여나 윤리적 책임 등의 문제들에 대하여 깊은 관심을 가졌지만 복음주의 진영의 경우에는 아무래도 복음전도에 우선순위를 두었기에 윤리적 책임 또는 사회참여 등의 문제들에 대해서는 다소 관심이 약했던 것이 사실이다. 이런 이유로 전통적인 선교는 개인의 회심과 개교회의 성장 등에 많은 강점을 두는 반면, 세상 속에서 빛을 발하는 윤리적 차원에 대해서는 다소 약한 면이 있었고, 그리스도의 모범을 교회 내로 제한하여 교회와 세상을 이원적으로 볼 수 있는 약점이 내재된 것이 사실이다.[39]

그러나 통전적 선교신학의 영향으로 복음주의 진영도 점차적으로 사회참여와 윤리적 책임 등에 대하여 눈을 뜨게 되면서 이 부분을 선교의 한 중요한 부분으로 인식하게 한 점은 통전적 신학의 한 기여점이라

---

38 CWME, "1989년 샌 안토니오 WCC/CWME 대회," 조동진, 『세계선교 트렌드 1900-2000(하)』(서울: 아시아선교연구소, 2007), 344.
39 안승오, 『현대선교신학』(서울: 예영커뮤니케이션, 2010), 70-71.

고 여겨진다.

물론 통전적 선교신학의 태동 배경이라 할 수 있는 에큐메니컬 신학이 우선순위를 배제하고 항상 두 책임 사이에 완벽한 균형을 지녔다고 말하는 것은 아니다. 보쉬도 에큐메니컬 신학에 대하여 평가하면서 세계교회협의회의 역사에서 복음화의 과제는 "… 가장 선의를 가지고 말한다 하여도 세계교회협의회 배경에서는 제2차 적인 것"[40]이 되고 있다고 평가한다. 하지만 에큐메니컬 신학은 선교에 있어서 통전적인 책임을 늘 강조하면서 그렇게 하려고 노력함으로써 통전적 신학이 생성되도록 기여하였고 이러한 신학이 복음주의 진영으로 하여금 교회의 사회적 책임을 진지하게 생각하도록 도전하였다는 점은 기여점이라 할 수 있을 것이다.[41]

2. 패러다임과 개념의 혼란 가능성

토마스 쿤(Thomas Kuhn)에 의하면 '패러다임' 이란 '특정 공동체들의 구성원들이 공유하고 있는 신념들, 가치들, 기술들 등의 총체성'[42] 이

---

40 David Bosch, *Witness to the World*, 전재옥 역,『선교신학』(서울: 두란노, 1992), 214. 이용원 역시 "그러나 아무리 양보하고 보더라도 에큐메니컬 선교신학은 복음적인 명령보다는 문화적인 명령을 더 강조해왔고 그 실천을 위해서 사회참여라는 면을 크게 부각시켜 왔다는 사실을 부인하지는 못한다. 단지 나이로비 총회 이후로 에큐메니컬 선교신학도 복음주의 선교신학의 주장들에 좀 더 귀를 기울여 오고 있음을 잊지는 말아야 할 것이다"라고 말하면서 에큐메니컬 신학의 기울어진 경향을 지적하고 있다. 이용원, "빌링겐에서 나이로비까지,"「선교와 신학」제4집 (1999), 98.
41 안승오,『현대선교의 프레임』(CLC, 2014), 219.
42 Thomas Kuhn, *The Structure of Scientific Revolutions* (Chicago: The University of Chicago, 1962), 175.

라 할 수 있다. 이형기에 의하면 기독교 선교신학에는 거대한 두 가지 패러다임 즉 '복음전도 패러다임'과 '하나님의 선교 패러다임'이 있다고 한다.

전자의 입장은 주로 이원론적인 입장을 견지하는 반면, 후자의 입장은 주로 이원론적인 것들을 극복하려는 경향을 보인다고 하면서, "즉 영원과 일시적인 것, 영혼과 육체, 개인과 공동체, 종교와 문화, 복음화, 사회참여, 수직적인 것과 수평적인 것, 구원과 해방, 선포와 현존, 종교적인 것과 세속적인 것, 교회와 세계 사이의 이원론을 없애자는 진지한 시도이다"[43]라고 말한다.

또한 복음전도 패러다임은 교회를 세상보다 우위에 두는 경향을 보이면서 "… 교회와 세상의 이분법을 전제하는, '하나님- 교회- 세상'이라고 하는 패러다임"[44]으로 설명한 반면, 하나님의 선교 패러다임은 세상을 교회보다 우위에 두는 경향을 보이면서 "… '하나님- 세상- 교회'의 패러다임을 추구하고 있는 것으로 보면서, 역대 에큐메니컬 운동의 공식 문서들 역시 그와 같은 패러다임"[45]이라고 설명하였다.

그러면서 전자의 패러다임으로부터 후자의 패러다임으로의 거대한 이동이 있었음을 아래와 같이 설명하였다.

> 지금까지 우리가 논한 본문에서 필자는 18-19세기적인 '복음전도'의 패러다임으로부터 '하나님의 선교'에로의 패

---

43   David J. Bosch, *Witness to the World*, 전재옥 역, 『세계를 향한 증거』 (서울: 두란노, 2000), 50.
44   이형기, 『하나님의 선교』, 374.
45   위의 책.

러다임 이동이 분명히 역사적으로 있었음에도 불구하고, 이 둘이 완전히 단절된 것이 아니라 공존하고 있었고 에큐메니컬 문서들에 있어서는 '하나님의 선교' 안에 복음전도가 포함되는 경우도 있었다고 주장하였다. '하나님-교회-세상'이라고 하는 패러다임으로부터 '하나님-세상-교회'로의 패러다임 이동 역시 신학사적으로 확실히 있었음에도 불구하고, 아직도 복음주의 교회들과 근본주의적 개신교들에 있어서는 전자가 지배적이며, 칼 바르트와 몰트만 신학을 선호하고 에큐메니컬 문서의 신학을 받아들이는 진영에서는 후자가 지배적인 것으로 보인다.[46]

이상의 이형기의 주장에 의하면 선교신학에서는 복음과 교회를 중시하는 복음주의 패러다임으로부터 사회적 책임과 세상을 중시하는 하나님의 선교 패러다임으로의 이동이 있었다. 하지만 여전히 복음주의 진영에는 전자의 패러다임이 지배적이며 에큐메니컬 진영에는 후자의 패러다임이 지배적이라는 것이다. 즉 양 진영이 통전적 선교신학을 말하지만 엄밀한 의미에서 두 패러다임이 균형 있게 공존하는 패러다임은 현실적으로 쉽지 않다는 것이다.[47]

즉 통전적 선교신학이란 신학자들의 책상 위에서 이론적으로는 가

---

46 위의 책, 388.
47 이와 연관하여 이형기는 양 진영에 상대의 패러다임이 맞지 않을 것에 대하여 다음과 같이 언급했다. "환언하면, 복음주의자들(1974년 로잔과 1989년 마닐라로 대표되는)과 더욱이는 근본주의자들로 구성된 개신교회들(공동체)의 신학자들에게는 이와 같은 '하나님의 선교'라고 하는 패러다임이 걸맞지 않을 것이라고 하는 말이다. '하나님- 교회- 세상'이라고 하는 패러다임과 '하나님- 세상- 교회'라고 하는 패러다임의 관계도 마찬가지일 것이다." 이형기, 『하나님의 선교』, 386.

능할 수 있어도 실제 현장에서는 쉽지 않은 일이라 할 수 있다. 즉 실제로 나타나는 패러다임은 둘 중의 어느 하나를 주로 택하고 다른 것을 보조적인 것으로 취하는 것이지, 이 양자를 동일하게 다루는 패러다임은 현실로 나타나기 쉽지 않은 것이다.

왜 그럴까?

그것은 아마도 두 패러다임이 서로 추구하는 바가 상반되는 측면이 있기 때문일 것이다. 예를 들어 복음주의 패러다임을 따르면 선교 현장에서 약간의 갈등과 충돌이 일시적으로 발생한다 하더라도 복음을 전하는 것이 중요하다고 생각하는 반면, 하나님의 선교 패러다임의 경우는 갈등과 충돌을 일으키는 복음전도보다는 평화로운 공존과 상생이 더 중요하다고 생각하는 경향이 있다. 두 패러다임이 이처럼 상충되는 면이 있기에 하나의 상황에서 두 패러다임을 동시에 수용할 수는 없다. 어느 하나의 패러다임을 선택할 수밖에 없다. 적어도 어느 하나의 패러다임을 우선적으로 수용하고 다른 패러다임을 부차적으로 수용할 수밖에 없는 것이다.

이와 같은 상황에서 통전적 선교신학은 상반되는 패러다임이 충돌할 수 있는 가능성이 있음에도 불구하고 '통전적'이라는 말로 적당히 봉합해놓은 개념이기 때문에 개념상의 혼란을 야기하는 경향이 있다. '통전적 선교'라는 용어를 사용하면서도 현실적으로 에큐메니컬 진영은 여전히 세상과 사회적 책임에 치우치는 선교에 관심을 기울이는 경향을 보인다. 반면에 복음주의 진영은 복음화에 기우는 경향을 보이면서 내적으로 혼란스러워 하는 모습이다.

박보경이 지적한대로 통전적 선교를 공식화한 로잔 3차 케이프타운 서약의 선교 개념으로 인해 "… 지금도 로잔 진영 안에서는 이에 대한 서로 다른 관점으로 인해 [전도의 우선순위를 거부한 로잔 3차 대회의 결정에 대하여] 부정적인 우려와 긍정적인 박수의 대답이 엇갈리고…"[48] 있으며, "… 로잔운동의 구성원들은 과연 교회가 사회정치적 참여를 어떻게 이해해야 할지, 그것이 세계복음화와 어떻게 관계가 있는지, 그리고 로잔운동이 이 문제에 대하여 얼마나 많이 그리고 더 깊게 다루어야 할지 등의 다양한 질문에 대한 대답을 기다리고 있다."[49]

즉 통전적 선교신학 개념으로 인해 복음주의 진영 안에서조차도 일치된 선교 개념을 마련하지 못하고 혼란스러운 시간을 지나고 있는 것으로 보인다.[50] 선교신학계의 대가라 할 수 있는 데이비드 보쉬는 "궁극적으로 선교는 정의할 수 없다"[51]라는 말을 하기도 했는데, 선교신학계의 거장마저도 선교 개념을 명확히 정의내릴 수 없는 상황이 바로 통전적 선교의 애매한 선교 개념에서 비롯된 것은 아닌지 생각해볼 필요가 있다.

명확한 개념의 정의도 못 내리는 선교라면 그 선교가 성공적인 열매를 거둘 것을 기대하기는 어렵지 않을까?

---

48 박보경, "로잔복음화 운동과 한국 교회 : 로잔운동에 나타난 전도와 사회적 책임의 관계," 「복음과 선교」 제22집 (2013), 38.
49 위의 글, 14.
50 이와 같은 혼란은 아마도 기본적으로 목표와 관심이 다른 두 개념 즉 복음을 알지 못하는 자들에게 관심을 가지고 이들에게 복음을 듣게 하는 일에 관심을 갖는 전통적 의미의 선교의 개념(복음화)과 인간다운 삶을 살지 못하는 자들에게 관심을 갖고 이들의 삶의 문제 개선을 목표로 삼는 윤리의 개념(인간화)이 하나의 개념으로 섞이면서 개념의 혼선이 발생한 것이 아닌가 생각된다.
51 David J. Bosch, 『변화하고 있는 선교』, 35.

3. 예수의 가르침과의 충돌 가능성[52]

통전적 선교는 세상의 모든 문제 해결을 선교의 목표로 삼는 개념이며, 이러한 개념은 세상의 모든 문제 해결을 하나님의 뜻으로 보고 그것을 선교의 목표로 삼아야 한다는 하나님의 선교(Missio Dei) 개념과 깊이 연관되어 있다고 할 수 있다. 그런데 하나님의 뜻이 가장 정확히 나타난 길은 다름 아닌 성자 예수이다. 성자 예수는 삼위 중의 한 분으로서 "... 나를 본 자는 아버지를 보았거늘 어찌하여 아버지를 보이라 하느냐"(요 14:9하)고 말씀하셨고, 이런 점에서 스탠리 그렌즈는 "... 궁극적으로 우리는 하나님의 성품과 본성에 관한 모든 신학적 진술들을 예수의 삶과 가르침을 통해서 판단하지 않으면 안 된다... 하나님께로 나아가는 일은 오직 나사렛 예수를 통해서만 가능하다."[53]고 말한다.

그렇다면 하나님의 뜻을 가장 정확히 보여주시고 말씀해주신 예수는 통전적 구원을 말씀하셨을까? 요한복음 6장에 나타난 군중과 예수의 대화 속에서 그 실마리를 찾을 수 있을 것이다. 요한복음 6장에 의하면 군중들은 오병이어의 기적을 체험한 이후 예수를 자신들의 왕으로 삼으려고 온갖 노력을 기울였다. 그들이 이런 노력을 기울인 이유는 명확하다. 오병이어의 기적을 행하는 예수를 보면서 그를 왕으로 삼으면 로마의 압제 문제와 빵의 문제 등을 다 해결할 수 있을 것으로 기대하였을 것이다. 그래서 그들은 예수를 줄곧 따라다녔다. 하지만 예수께서는 응답을 피하는 대신 그들이 자신을 찾는 까닭이 바로 "...

---

52 이 내용은 필자의 『현대 선교의 목표들』, 291-295에서 요약 발췌한 내용이다.
53 Stanley J. Grenz, The Theology for the Community of God, 신옥수 역, 『조직신학』 (서울: 크리스찬다이제스트, 2003), 396.

떡을 먹고 배부른 까닭"이라고 말씀하시면서 자신에게 정치적 혁명과 그것을 통한 번영에 대한 기대를 갖는 것을 은근히 책망하셨다.[54]

오히려 예수께서는 "썩을 양식을 위하여 일하지 말고 영생하도록 있는 양식을 위하여 하라..."(요 6: 27)는 말씀을 하심으로써 자신과 자신을 따르는 자들이 추구하여야 할 길이 바로 영적인 삶임을 표명하셨다.

또한 떡을 요구하는 군중들에게 예수께서는 "내 살을 먹고 내 피를 마시는 자는 영생을 가졌고 마지막 날에 내가 그를 다시 살리리니 내 살은 참된 양식이요 내 피는 참된 음료로다."(요 6: 54-55)라고 말씀하셨다. 여기에서 우리는 예수께서 진정 백성들에게 주시고자 했던 것이 무엇인지를 파악할 수 있다. 그것은 다름 아닌 영생이었으며, 이 영생을 위해 자신의 살과 피를 주시고자 했던 것이다. 물론 예수께서 먹을 수 있는 떡도 주셨고, 병의 치유도 주셨다. 친구가 되어주기도 하셨다. 하지만 그 모든 것들이 다 동등한 중요성을 지닌 것은 아니었다. 백성들이 원하는 것을 제대로 주려면 예수께서 왕이 되는 것이 가장 효율적인 방법이었을지 모른다. 하지만 예수는 그 제안을 거절하고 자신이 줄 것은 영생을 위한 떡이며 백성들 역시 그것을 추구해야 함을 역설하신 것이다. 이러한 가르침을 생각할 때 선교에서 모든 것을 다 포함한 구원 개념을 지닌 통전적 선교가 과연 주님의 가르침과 부합하는지 돌이켜 볼 필요가 있어 보인다. 박영환은 시대에 따라 선교의 방법은 변할 수 있지만 선교의 내용인 복음은 변할 수 없음을 말하면서, "그러나

---

54 William Hendrikson, 『헨드릭슨 성경주석 요한복음(상)』, 문창수 역(서울: 아가페출판사, 1983), 305-306.

미래에도 영원히 변하지 않는 영원한 중심점은 있다. 선교의 내용인 복음이다."라고 강조한다.[55]

이런 점과 연관하여 사이더(Ronald Sider)는 구원에 관한 킷텔의 정의에 근거하여 다음과 같이 신약의 구원 개념을 정리하였다.

> 신약에서 Soteria는 지상적 관계를 언급하지 않는다. 그 내용은 헬라어적 이해에 있어서 처럼 영과 육의 복지나 건강이 아니다. 그것은 유대주의에 있어서처럼 이교도의 멍에로부터의 하나님의 백성의 지상적 해방도 아니다. …. 그것은 전적으로 인간의 하나님과의 관계만을 언급한다. .. 신약에서는… 나사렛 예수의 역사적 성육, 고난, 그리고 부활의 사건만이 죄의 용서에 의한 하나님의 진노로부터 구원을 제공한다.[56]

즉 예수께서 말씀하신 구원 개념은 복지, 건강, 해방 등을 요소를 일정 부분 담고 있지만, 그러한 요소들은 구원의 핵심 요소가 아니며 구원의 핵심은 죄의 용서와 영생이라 할 수 있다. 통전적 선교 개념에서의 구원 개념은 구원의 비본질적인 요소를 본질과 같은 개념으로 인식하는 경향을 보인다. 이것은 예수 당시 예수를 왕으로 삼으려는 군중들이 기대한 구원 개념이며, 예수는 이러한 구원 개념을 거절하였다는 점에서 통전적 선교의 구원 개념은 예수의 가르침과 충돌될 가능성

---

55 박영환, "선교정책과 전략 형성 이전의 배경사,"「신학과 선교」제 32집(2006): 97.
56 Ronald Sider & Rene C. Padilla, *Evangelism, Salvatio and Social Justice*, 한화룡 역,『복음 전도 구원 사회정의』(서울: IVP, 1987), 31.

을 내포하고 있는 것이다.

3. 현실성의 문제

이론적으로만 보면 통전적 선교신학은 균형감이라는 차원에서 강점을 지니고 있고 비교적 바람직한 신학 입장인 것처럼 보인다. 그러나 다른 신학들이 그렇듯이 통전적 선교신학 역시 상당한 한계점들을 내포하고 있는데, 그 중의 하나가 '현실성'의 문제라고 할 수 있다. 통전적 선교신학의 현실적 어려움에 대하여 임희모는 다음과 같이 언급하였다.

> 에반젤리칼과 에큐메니컬들은 대화를 통하여 통전적 선교신학을 발전시켰다. 통전적 선교신학은 복음전도와 사회적 책임을 선교의 개념에 통전시켜 교회로 하여금 이들을 실천하게 한다. 그러나 한국 교회의 경우, 이 양자를 어느 특정 교회가 한꺼번에 실천한다는 것은 개념적으로나 가능할 일이다. 통전적 선교 모델을 가지고 있다 할지라도 교회 현장에서 그 모델이 바로 적용되기는 쉽지 않다. 실천적인 차원에서 어느 쪽이든 하나를 취하여 선교하는 교회들을 하나의 틀 속에 묶고 통전시킬 필요가 있을 것이다.[57]

57　임희모, "에반젤리칼 선교신학의 에큐메니컬 대화," 한국선교신학회 편, 『복음주의와 에큐메니즘의 대화』(서울: 다산글방, 1999), 71.

… 특히 한국 교회는 에큐메니컬과 에반젤리칼 간에 갈등이 첨예화된 경험을 가지고 있는데, 양자를 만족시키는 에큐메니컬적 틀을 만들기는 그만큼 어려운 일이다. 선교 관련 주제들을 논의하고 연구하고 실천하는 데 있어서 기존의 KNCC 같은 에큐메니컬 기구를 활용할 것인가? 아니면 전혀 다른 새로운 기구를 만들 것인가? 아니면 기존의 기구들을 통합하여 재탄생시킬 것인가?[58]

통전적 선교신학의 현실적 어려움에 대하여는 '복음적이고 에큐메니컬적인 신학 전통'을 말했던 김명용의 글에서도 잘 나타나는데, 이 신학의 장점을 말했던 그는 바로 뒤에 이 신학의 약점을 다음과 같이 언급하였다.

복음적이고 에큐메니컬적인 신학 전통은 복음적인 신학과 에큐메니컬적인 신학을 결합시켜 참으로 복음적이고 참으로 에큐메니컬적인 신학을 만들어 나가는 신학 전통이지만 아직 이것이 완벽하게 성공하고 있지 못하다는 점에 큰 약점이 있다. 복음적이고 에큐메니컬적인 신학 전통은 자신만의 독자적인 신학의 목소리가 결여된, 두 신학 전통의 짜깁기가 될 위험이 있다.[59]

---

58 위의 글, 72.
59 김명용, 『이 시대의 바른 기독교 사상』 (서울: 장로회신학대학교 출판부, 2001), 168.

즉 이론적으로는 매우 그럴듯한 신학인데, 현실적으로는 별로 성공적이지 못하다는 의미이다. 둘 사이에 완벽한 하나 됨이 있다기보다는 어울리지 않는 짜깁기 정도의 조합이 될 가능성이 있다는 것이다. 이것은 마치 공산주의와 자본주의가 모두 나름대로 장단점이 있으므로 둘을 합하여 둘의 장점만을 갖춘 새로운 어떤 체제를 만들고자 하는 것이 이론적으로는 가능하지만 현실적으로는 쉽지 않은 것과 비슷한 이치가 아닐까 싶다. 즉 자본주의와 공산주의가 나름대로 다 강점이 있으므로 두 체제를 혼합한 제 삼의 체제를 만드는 것이 가장 이상적인 것으로 생각되어지지만 현실적으로 나타나는 체제는 둘 중 어느 한 체제를 기본 체제로 택하고, 다른 쪽의 장점을 일부 수용하는 정도의 모습을 지닌다.[60]

선교는 실천의 문제이다. 실천의 과제는 이론적으로 얼마나 매력이 있는가 하는 문제도 중요하지만, 현실적으로 얼마나 실현 가능한가를 깊이 고려해야 한다. 공산주의가 이론적으로는 아주 매력적이고 설득력이 있는 철학이었지만 현실적인 실현 가능성이 부족했기 때문에 결

---

[60] 자본주의의 강점은 개인의 자유 특별히 재산축적의 자유를 인정하는 것이고 이 강점 때문에 빈부 간의 격차라는 약점이 발생한다. 반면에 공산주의는 평등 특별히 물질적인 평등을 강조하는 것이 강점이지만, 이 강점 때문에 생산능력이 저하되어 함께 가난해지는 약점을 안고 있다. 그렇다면 이 둘의 강점만을 합하면 되지 않을까 하는 생각을 할 수도 있을 것이다. 그러나 자유와 평등은 둘 다 선한 것이지만 함께 가기 어려운 상반된 속성이 있다. 재산 축적의 자유를 강조하면 평등의 침해가 일어날 수 있고, 평등을 강조하면 개인 재산 축적의 자유가 침해될 수 있다. 그래서 결국 자유나 평등 중 하나를 우선적으로 선택하고 다른 것은 보완적으로 선택할 수밖에 없게 되는 것이다. 복음주의가 추구하는 '복음화'와 에큐메니컬이 추구하는 '인간화'도 비슷한 경우라 할 수 있다. 복음화와 인간화가 둘 다 선한 것이지만, 복음화를 추구하면 인간화가 침해될 수 있고, 인간화를 추구하면 복음화가 약해질 수 있으므로, 실제로 나타나는 것은 둘 중 어느 하나를 우선적으로 택하고, 다른 하나를 보완하는 형태로 나타나는 것이 현실에 나타나는 현상이다.

국 공산주의 철학을 가지고 정치체제를 실천했던 나라들이 대부분 손을 들었다.

통전적 선교 개념은 아직 시간의 검증을 충분히 거치지 못했다고 할 수 있다. 통전적 선교 개념은 에큐메니컬 진영의 경우도 약 40여 년 정도 논의되어 왔고, 복음주의 진영의 경우는 20여 년 정도 밖에 안 되었다고 할 수 있다. 전통적인 선교 개념이 약 2천 년 동안 시간의 검증을 거쳐 오면서 세계선교에 기여해왔다는 것을 생각하면 통전적 선교 개념은 아직 풋내기에 지나지 않는 개념이라 할 수 있다.

공산주의 이론이 현실 정치에 도입된 지 70여 년 만에 현실성이 부족한 이론이라는 것이 판명되었는데, 통전적 선교 개념 역시 시간이 좀 흘러봐야 정말 기독교를 살릴 수 있는 개념인지 아니면 그럴듯한 하나의 이론에 불과한 것인지 판명될 것이다. 실제로 통전적 선교 개념은 깊이 있는 이론 체계가 거의 없다. 단순히 통전적 선교로 가야 한다는 당위성에 대한 주장은 무성하지만 실제로 통전적 선교가 말하는 선교의 방법이나 전략은 불분명하고 체계가 없다. 전통적인 복음주의 선교나 에큐메니컬 선교의 경우는 나름대로 이론적인 체계도 있고 전략도 있다.

하지만 통전적 선교의 경우는 이런 것들이 매우 미흡한 형편이다. 전 세계 모든 기독교의 선교를 이처럼 미흡한 선교 개념에 근거하여 실행한다면 선교의 미래는 매우 어두울 수밖에 없을 것이다. 통전적 선교신학을 추구할 때 우리는 이런 점을 고민해 보아야하지 않을까 싶다.

4. 효율성의 감소 가능성

통전적 선교신학은 소위 말하는 '복음화'와 '인간화,' '개인구원'과 '사회구원' 그리고 '인간구원'과 '모든 피조물의 구원' 등을 나누지 않고 모두 다 중요한 것으로 보면서 한꺼번에 추구하는 신학이다. 이러한 경향은 한쪽에 치우치지 않는 균형감과 어느 한쪽만 추구하지 않는 포괄성을 지닌다는 점에서 강점을 지닌다고 할 수 있다. 하지만 이와 같은 균형감과 포괄성은 양날의 검과 같은 면이 있는데, 균형감과 포괄성의 이면에는 모든 것을 다 목표에 포함시키면서 선명성과 효율성이 현저히 감소되는 문제를 낳게 된다. 무슨 일을 하든 제한된 힘과 재력을 가지고 너무 많은 것을 하려고 하면 효과적인 목표 달성은 쉽지 않다는 것이다.

이런 이유 때문에 지나치게 포괄적인 선교 개념을 우려하면서 스테판 닐(Stephen Neil)은 "모든 것이 선교면 아무 것도 선교가 아니다"(If everything is mission, nothing is mission)[61] 라는 명언을 남겼던 것이다. 국가와 같이 엄청난 힘과 재력을 지닌 기관도 '선택과 집중'을 강조하면서 선명한 목표를 세우고 여기에 힘을 결집하려고 하는데, 국가에 비하면 매우 제한된 힘과 재력을 지닌 교회가 선교를 효율적으로 수행하려고 하면 선명한 목표와 우선순위를 세우고 집중하는 것이 더욱 필요한 것이다.

모든 활동에는 목표가 있어야 하며 그 목표는 명확할수록 목표 달성 가능성을 높이게 된다. 선교 역시 분명하고 달성 가능한 목표 설정

61　Stephen Neil, *Creative Tension* (London: Edinburgh House, 1959), 81.

과 이를 위한 우선순위 설정 등이 중요하다. 목표 자체가 분명하지 않고 너무 포괄적이든지, 세워진 목표가 계속해서 변화된다든지,[62] 목표 자체가 너무 이상적으로 설정되어 있어 달성 가능성이 희박하다든지, 어떤 목표가 가장 핵심적인 목표인지 등에 대한 우선순위 등이 명확하지 않으면 그 선교는 실패 가능성이 높아질 수 있다.

선명한 목표의 중요성은 사회과학적으로도 증명이 되고 있는데, 정의와 평화 같은 윤리적 과제에 관심을 두고 거기에 힘을 쏟는 종교는 신앙의 약화와 그로 인한 쇠퇴가 일어나는 반면, 전통적인 신앙에 충실하면서 복음전도에 열심인 보수적 종파들은 오히려 그 교세가 성장하면서 사회봉사에도 더욱 열심을 내는 모습을 보이고 있다고 보고하였다.[63]

통전적 선교의 포괄적 목표 설정은 모든 것을 다 선교의 목표로 추구하면서 결국 힘의 분산으로 인해 효율성의 약화로 나타날 가능성이

---

[62] 보쉬는 벌코프의 말을 인용하여 에큐메니컬 선교 목표가 1950년을 기점으로 사도적 헌신에서 봉사적 헌신으로 바뀌었음을 말한다. 그런데 세상의 필요는 지속적으로 변동되므로 세상을 섬기는 봉사적 헌신으로의 선교 목표는 지속적으로 변동되는 것이다. David J. Bosch, *Witness to the World*, 전재옥 역, 『선교신학』 (서울: 두란노, 1992), 225.

[63] Peter L. Burger, 『세속화냐? 탈세속화냐?: 종교의 부흥과 정치』, 20-23. 에큐메니컬 운동의 이론가 중 하나인 이형기도 이와 비슷한 견해를 피력하면서, "복음과 교회의 정체성에 안주하는 한 교회의 사회참여를 소홀히 여기게 되고, 교회의 사회참여에 전념하다 보면 복음과 교회의 정체성을 상실하고 헤메지 않나 하는 문제가 오늘 우리 한국에서까지 심각한 문제로 등장하고 있다"고 하였다. 이형기, "WCC에 나타난 교회와 사회문제," WCC, 『역대총회종합보고서』, 이형기 역 (서울: 한국장로교출판사, 1993), 569. 복음화와 인간화는 반비례적 성격을 지니고 있음을 언급한 것인데, 복음화와 인간화의 반비례적 관계는 이분법적 사고가 아니라 제한적인 인간에게서 나타나는 한계가 아닌가 싶다. 통전적 선교의 목표가 광범위하여 모든 것을 다 포함하는 것은 포괄성에서 장점이 될 수 있지만 인간의 한계로 인하여 효율성의 측면에서는 하나의 약점이 될 수 있는 것이다.

높다는 점에서 우려를 자아낸다. 통전적 선교는 우선순위를 인정하지 않고 모든 목표가 다 중요하며 어느 하나에 치우치지 않아야 함을 강조한다. 이것은 합리적이고 설득력이 있어 보이지만, 실제적으로는 선교를 매우 비효율적이게 만들 수 있다.

한 개인의 삶에서도 우선순위를 세우지 않고 닥치는 대로 시간과 돈을 사용하면 결국 그 인생은 목표를 성취할 수 없게 된다. 하물며 수십억 명이 넘는 엄청난 세계 교회 성도들이 엄청난 인력과 재력을 투입하여 선교를 수행하면서 중요도에 따른 우선순위를 설정함이 없이 모두가 중요하니 다 해야 한다는 식의 사고를 갖는 것은 목표의 효율적 달성을 어렵게 할 수 있는 것이라 할 수 있다.

통전적 선교를 강조하면서 우선순위를 거부하는 에큐메니컬 진영마저도 자신들의 목표 완수를 위해서 '우선순위'[64] 또는 심지어 '최우선 순위'[65]라는 용어까지 사용하는 것을 생각해보면 모든 것을 다 동일한 중요도로 보면서 한꺼번에 추구하는 통전적 선교신학은 효율성 측면에서 심각한 한계점을 지닌 것으로 보인다.

---

[64] CWME, "Mission and Evangelism: An Ecumenical Affirmation," in WCC, *You Are the Light of the World*, 김동선 역, 『통전적 선교를 위한 신학과 실천』 (서울: 대한기독교서회, 2007), 55, 32-33항.

[65] 위의 책, 72, 별첨 8항.

5. 전도와 교회의 약화 가능성

통전적 선교신학에서 고려해야 할 또 하나의 문제는 이 신학의 포괄성이 가져오는 복음화 동력 약화의 문제라고 할 수 있다. 앞에서도 이미 살펴본 대로 통전적 선교신학의 포괄성은 사회적 책임을 깊이 고려한다는 점에서 강점을 지닌다. 교회로 하여금 사회의 그늘진 곳에 보다 더 많은 관심을 두도록 도전하고, 환경오염과 파괴를 겪고 있는 생태계의 문제를 해결하는 일에도 적극 동참하도록 도전한다.[66] 그러나 이와 같은 포괄적 관심과 함께 복음전도와 사회적 관심을 동등한 위치로 놓음으로 말미암아 기독교 선교에서 본래부터 주어졌던 복음전도의 우선성을[67] 약화시키는 방향으로 간다면 이것은 심각하게 고민해야 할 문제가 아닐 수 없다.

물론 통전적인 선교를 추구하는 에큐메니컬 진영의 선교는 어떤 한 사역의 우선성을 논하는 것 자체가 옳지 않다고 생각하는 경향이 있다. 그런데 우선성을 인정하지 않는 것은 전통적인 신앙과 복음전도 동력의 약화로 이어지며, 이런 모습에 대하여 WCC의 회원 교회인 동방교회도 심각한 우려를 표명하였다.[68] 에큐메니컬 신학의 대가로 알려진 이형기도 에큐메니컬 진영의 복음화 약화 현상을 지적한 바

---

66 김은수, "생태적 위기와 선교적 과제,"「한국기독교논총」Vol. 30 (2003), 544-547.
67 정흥호, "이구아수 선언문을 통해서 본 복음주의 선교신학의 방향,"「복음과 선교」Vol. 7 (2006), 202-203.
68 동방교회는 WCC의 신학 성향에 대하여 "우리는 WCC의 많은 문서들에서 예수 그리스도께서 세상의 구세주라는 고백이 빠져 있음을 안타깝게 생각한다"라고 표명하면서 WCC가 정통적인 신앙으로부터 멀어짐을 지적하였다. 이형기, "에큐메니즘의 역사적 고찰," WCC, *World Council of Churchs first 40 years*『세계교회협의회 40년사』(서울: 한국장로교출판사, 1993), 291.

있다. 이형기는 1948년 암스텔담 창립총회에 대한 평가에서 WCC가 교회의 역사와 사회참여를 실천한 공로가 있지만, 전통적 복음주의 열정으로부터는 멀어졌음을 지적하였고,[69] 1954년 에반스톤에 대해서도 WCC가 사회참여에는 많은 발전을 보였지만 복음전도의 열정은 상실하였음을 언급하였다.[70] 또한 1975년 나이로비에 대하여서도 "이런 의미에서 로져 바삼(Bassham)의 말대로 1975년의 나이로비 WCC는 '통전적 선교'(Holistic Mission)를 지향했다. 그러나 역시 19세기의 복음주의적 선교적 열의로부터는 멀어져만 갔다"[71]라는 평가를 내어놓았다. 에큐메니컬 신학의 대가마저도 에큐메니컬 신학의 포괄성이 결국 복음의 약화로 이어졌다는 점은 인정한 것이다.

통전적 선교를 강조하면서 우선순위를 폐기하는 선교는 왜 교회를 약화시킬 가능성을 높이는 것일까?

그것은 아마도 교회만이 할 수 있는 일과 세상도 할 수 있는 일에 우선순위를 두지 않고 모두 다 하려고 하는 자세에 있다고 본다. 이 문제에 대해서는 한국 조직신학계의 거장이었던 이종성도 다음과 같이 지적하고 있다.

> 복음 선교와 사회적 봉사를 같은 것으로 생각해서는 안 된다. 또는 복음화 운동과 사회 운동을 동일시해도 안 되며, 교회적 개혁 운동을 인권 운동과 민주화 운동과 동질의

---

69 위의 글, 231.
70 위의 글, 233. 이형기는 "에반스톤의 WCC 역시 교회의 사회참여에는 지대한 발전을 보였으나, 19세기적 복음주의적 선교 열정을 상당히 상실하였다"고 분석하였다.
71 위의 글, 235-236.

것으로 오해해도 안 된다. 복음 운동은 그리스도 침투 운동이요 민권 운동은 인권 평준화 운동이다. 그리스도 침투 운동은 교회만이 할 수 있으나 민권 운동은 누구든지 할 수 있는 운동이다. 교회는 하나님으로부터 성서를 통해서 주어진 일만을 수행하는 것이나 민권 운동은 교회가 아니라도 할 수 있는 운동이다. 교회가 필요에 따라 사회 운동에 동참할 수 있으나 그것은 어디까지나 비 본래적인 것이다. 그러므로 교회는 먼저 해야 할 일을 먼저하고 나중에 해도 좋은 일은 나중으로 돌리는 것이 옳다. 우리는 물론 사회개혁에 관심을 가지고 있다. 그리고 우리가 그러한 관심을 가지고 있으므로 그러한 개혁에 도움을 주기도 한다. 그러나 사회가 근본적으로 필요로 하는 것은 개혁이 아니라 구원이다. 교회는 이 구원을 제공한다. 교회만이 이 보화(mystery)를 가지고 있다.[72]

캔트 헌터(Kent Hunter)도 이종성과 유사한 주장을 하였는데 그는 "교회는 교회만이 할 수 있는 일을 사람들에게 제공할 때 성장한다. 이러한 교회는 성경이 말하는 우선순위에 대한 감각 부족으로 다양한 일들에 몰입되는 교회들과 대조를 이룬다"[73] 라고 말하였다.

---

[72] 이종성, 『교회론(1)』 (서울: 대한기독교출판사, 1989), 489-490. 딘 켈리도 이종성과 유사한 분석을 하였는데, 그에 의하면 진보적인 교회가 안 되는 이유는 사회를 섬기는 일을 해서가 아니라 교회만의 본질적인 일을 게을리 해서라고 주장한다. Dean M. Kelly, *Why Conservative Churches are Growing: A Study in Sociology of Religion with a new preface for the Rose edition* (Macon, Georgia: Mercer University Press, 1986), xx-xxi.

[73] Kent R. Hunter, "Membership Integrity: The Body of Christ with a Backbone," in C. Peter Wagner, ed., *Church Growth State of the Art* (Wheaton, IL: Tyndale House

즉 종교가 전문적인 지식과 능력이 부족한 가운데 세상의 정치기구, 인권 단체, 환경 단체, 노동 단체 등이 하는 일까지 모두 관여하면서 정작 종교만이 할 수 있는 일에 집중하지 못하면 교회는 결국 약화될 수밖에 없는 것이다. 이것은 종교사회학자들의 보고에 의해서도 입증되고 있는데, 실제로 세계의 종교 현황을 보면 대부분 사회참여를 강조하는 진보적 성향의 종교들은 쇠퇴하면서 사회를 섬길 수 있는 힘도 약화되는 반면, 교회의 본래적인 사명인 복음화를 강조하는 보수적 교단들은 성장하면서 사회봉사에도 적극적인 모습을 보이고 있다. 물론 교회의 주된 사명은 세상을 섬기는 것이라는 사고를 지닌 사람들에게는 성장을 논하는 것이 무의미하거나 유해한 것으로 보일 수 있다.

그러나 여전히 교회가 있을 때에야 세상을 섬기는 것도 가능한 것이 아닌가?

이슬람이 기독교를 능가하여 우리의 후손들이 온갖 핍박 가운데서 강제로 이슬람을 믿어야만 하는 상황이 되어도 상관없다고 생각지 않는다면 여전히 건강한 교회의 성장은 중요한 것이다.[74] 종교는 기본적으로 개인을 변화시켜서 사회를 변화시키는 순서를 택하고 있다. 종교가 개인이 아니라 구조의 변화에 관심을 가질 때 그것은 자칫 이데올로기의 성격을 띠게 될 수 있다. 구조의 변혁이 중요하지 않다는 것이 아니다. 그러나 종교는 그 구조를 직접 바꾸는 방식보다는 개인의 마음을 바꾸어서 그 구조를 바꾸는 방식을 택하는 경향이 있다. 스티븐 코

Publishers, Inc., 1986), 95.

[74] 김성건, 『한국사회와 개신교』 (서울: 서원대학교출판부, 2005), 151, Peter Burger, ed., *(The) Desecularization of the World: Resurgent Religion and World Politics*, 김덕영 송재룡 역, 『세속화냐? 탈세속화냐?』 (서울: 대한기독교서회, 2002), 20.

비 (Stephen R. Covey)는 그의 책에서 에즈라 테프트 밴슨의 다음 말을 인용한다.

> 하느님은 인간의 내면을 바꿔줌으로써 외부가 개선되게 하신다. 그러나 세상은 외부를 먼저 바꾸어 내면을 개선시키려고 한다. 사람들을 빈민굴에서 끌어내기만 하면 된다는 것이다. 예수는 사람들로 하여금 마음의 가난으로부터 벗어나게 함으로써 스스로 빈민굴에서 빠져나올 수 있도록 해준다. 말하자면 세상은 사람들의 환경을 변화시킴으로써 그들을 바꾸려 하지만, 예수는 사람들을 변화시킴으로써 그들 스스로 환경을 바꾸게 한다. 세상은 인간의 행동을 바꾸려고 하지만, 예수는 인간의 본성을 바꿀 수 있다.[75]

통전적 관점의 시각에서는 밴슨의 말에 동의하기 어려울지 모르지만 복음을 전하여 사람들을 변화시키는 것이 세상을 바꾸어나가는 가장 근본적이고 핵심적인 사역이라는 사실을 인식하는 것은 중요한 일이다. 이러한 순서를 따르지 않고 한꺼번에 다 하고자하는 선교는 효과적으로 목표를 달성할 수 없을 것이고 이것은 교회의 약화로 이어질 가능성을 높일 수 있다.

---

75 Stephen R. Covey, *The 7 Havits of Highly Effective People*, 박재호, 김경섭, 김원석 역, 『성공하는 사람들의 일곱 가지 습관』 (서울: 김영사, 1994), 432.

제4부_ 대안 신학으로서의 제4 선교신학

12장 제4 선교신학의 태동 배경과 필요성
13장 제4 선교신학의 주된 강조점
14장 제4 선교신학의 기본적인 틀거리

선교에 있어서 주요한 세 가지 패러다임은 복음화를 중시하는 전통적 복음주의 선교신학, 세상의 샬롬과 인간화를 중시하는 에큐메니컬 선교신학, 그리고 이상의 두 가지 관심을 모두 수용하면서 균형감을 가지고 선교를 바라보는 통전적 선교신학이라 할 수 있다. 이상의 세 가지 선교 패러다임 중에서 오늘날 가장 널리 수용되는 선교 패러다임은 통전적 선교 패러다임이다. 그런데 이 선교신학이 과연 위기에 처한 오늘의 기독교를 구하고 다시금 교회가 역동적으로 건강하게 선교를 수행할 수 있는 기초를 제공할 수 있는 신학일까?

아쉽게도 이 통전적 선교신학은 그 이론적 강점에도 불구하고 상당한 한계점을 지니고 있다. 이러한 상황에서 대안적 선교신학의 필요성이 대두되어 제4 선교신학의 필요성이 제기되고 있다. 제4 선교신학은 위기에 처한 기독교를 다시금 역동적으로 살릴 수 있는 선교신학으로서 총체적인 목표를 균형감 있게 고려하면서도 여전히 복음화를 우선순위에 두는 선명한 목표를 지닌 선교신학이다. 아울러 선교의 가장 핵심적인 기구로서의 교회를 중시하며, 윤리를 중시하면서도 윤리를 선교와 구분지어 생각하는 선교신학이다. 또한 선교의 최종적인 목표를 생각할 때 복음화나 인간화에서 머물지 않고 하나님께 영광 돌리는 것을 최종적인 목표로 삼는 선교신학이다. 이런 점에서 제4 선교신학은 "영광선교신학"이라고 명명할 수 있을 것이다.

제4부

대안 신학으로서의 제4 선교신학

　오늘까지의 주요한 세 가지 선교 패러다임 즉 전통적 복음주의 선교신학, 에큐메니컬 선교신학, 그리고 이상의 두 선교신학을 모두 수용하는 통전적 선교신학을 살펴보았다. 위의 세 가지 선교 패러다임 중에서 오늘날 가장 널리 수용되는 선교 패러다임은 통전적 선교 패러다임이다. 그런데 이 선교신학이 과연 위기에 처한 오늘의 기독교를 구하고 다시금 교회가 역동적으로 건강하게 선교를 수행할 수 있는 기초를 제공하는 신학일까?

　아쉽게도 이 통전적 선교신학은 그 이론적 강점에도 불구하고 상당한 한계점을 지니고 있다. 통전적 선교신학은 포괄적인 이론들을 제시하지만 정작 선교가 무엇이며, 무엇을 목표로 해야 하며, 어떤 방법으로, 무엇을 전달해야 하는지, 그리고 누가 누구에게 그 일을 행해야 하는지 등에 대한 설명이 너무 포괄적이어서 명쾌하지 못한 경향이 있다. 그래서 선교에 관한 많은 저서들을 읽으면서도 독자들은 선교에 대한 명쾌한 그림을 얻지 못하는 경향이 있다.

　이런 상황에서 대안적 선교신학의 필요성이 대두되며, 이 장에서 우리는 대안적 선교신학으로 제시되는 제4 선교신학을 자세히 살펴보게 될 것이다. 즉 제4 선교신학이 요구되는 이유가 무엇인지와 제4 선교신학의 주된 관심사항은 무엇인지 등을 살펴보고, 그 후에 위기에 처한 기독교를 다시금 회복시킬 수 있는 새로운 대안적 선교 패러다임으로 제시된 제4 선교의 프레임을 보게 될 것이다. 선교에 대한 바른 이해를 위하여 이 장에서 대안으로 제시되는 제4 선교신학의 내용을 자세히 살펴보자.

12장

제4 선교신학의 태동 배경과 필요성

1. 약화되는 기독교 현황

오늘날 기독교는 아프리카와 아시아 일부 지역을 중심으로 왕성한 성장을 보이고 있지만, 유럽 등 서구 지역을 중심으로 심각한 감소 현상을 보이고 있다. 가끔 영국 관련 동영상 등을 보면 영국의 교회들이 더 이상 교회 건물을 유지할 힘이 없어서 교회 건물을 회사, 술집, 디스코장 등에게 넘겨주는 예를 종종 보게 된다. 더더욱 가슴 아픈 것은 교회 건물이 이슬람의 모스크나 다른 종교의 성전으로 팔리는 모습을 보게 되는 것이다.[76]

멀리 갈 것도 없이 2/3세계 기독교 선교의 핵심주자 역할을 해오던 한국 교회마저 감소되는 모습을 보이고 있다는 점은 참으로 안타까운

---

76 오랫동안 선교지에서 사역한 후 자신의 고국인 영국에 돌아온 레슬리 뉴비긴(Lesslie Newbigin)은 후 선교지보다도 더 영적으로 황량해진 고국 교회의 모습을 보면서 선교적 본질을 회복하고 복음의 공적 영향력을 회복하는 것이야말로 가장 중요한 문제임을 강조하면서 '선교적 교회론'을 주장하였다. L. Newbigin, *The Household of God*, 홍병률 역,『교회란 무엇인가?』(서울: IVP, 2010), 13-25.

일이 아닐 수 없다. 역사적으로 볼 때 1900년에 전 세계 인구의 34.5%를 차지하던 기독교는 2000년에는 32.5%로 점유율에 있어서 오히려 감소하였다.[77] 특별히 기독교의 중심지 역할을 했던 서구 유럽이 급속히 세속화되면서 기독교는 심각하게 영향력을 상실하는 모습을 보이고 있다. 즉 기독교는 일부 지역을 제외하고 전반적으로 활력을 많이 상실하고 있는 형국이며, 한번 활력을 잃은 기독교 지역은 좀처럼 다시 활력을 찾지 못하고 심각하게 세속화되는 모습을 보이고 있다.

기독교가 이처럼 약세를 보이는 반면 이슬람이나 타종교들은 오히려 왕성하게 성장하는 모습을 보인다. 특별히 이슬람의 성장은 놀랍다. 이슬람은 1900년에 12.4%를 차지하던 비율에서 2000년에는 21.1%로 늘어나 점유율로만 해도 2배 정도의 성장을 하였으며, 숫자로만 보면 1900년에 2억이던 무슬림이 2000년에는 12억 3천만 정도로 성장하여 6배 이상의 성장을 이루어내었다. 성장률 1.38%의 증가율을 보이는 기독교에 비하여 이슬람은 1.8%의 높은 성장률을 보이면서 현재 최대 18억 명까지 성장한 것으로 추산되고 있다. 이러한 성장세는 계속되어 2025년에는 20억 명 가까이 성장할 것으로 예상된다. 특별히 유럽의 경우 백인 여성들의 출산율이 저조한 반면 무슬림 여성들의 경우 높은 출산율을 보이면서 자연 인구 증가율로만 보아도 유럽은 머지않아 이슬람 대륙의 될 것이라는 우울한 전망이 나오고 있다.[78]

위와 같은 전망은 다소 과하게 예측된 측면이 있어 보이지만 안

77　Patrick Johnstone and Jason Mandryk, *Operation World* (Waynesboro, GA: Paternoster, 2001), 2-3.
78　"2080년까지 전 세계를 이슬람으로 개종시키겠다." 「미션투데이」, http://cafe.daum.net/MyLoveChina.

타깝게도 현재의 추세대로라면 기독교와 이슬람의 교세가 역전되어 21세기는 기독교 세기에서 이슬람 세기로 변화될 가능성이 높아 보인다. 실제로 이슬람은 매일 7만 명 이상이 증가하는 것으로 보고되고 있으며, 2050년까지 전 세계 청년의 절반을 무슬림으로 만들고, 2080년까지 전 세계를 이슬람으로 개종시키겠다는 도전적인 목표를 세우고 치밀하게 추진해나가고 있다.[79]

이상과 같은 현상은 참으로 심각한 문제가 아닐 수 없다. 기독교가 교세가 축소된다는 것은 단순히 기독교의 감소가 아니다. 이것은 곧 기독교의 선교가 약화되는 것으로 직결될 수 있으며, 기독교의 사회적 영향력의 감소로 나타나게 된다. 이것은 결국 기독교가 이 세계를 하나님의 나라로 바꾸어갈 수 있는 역량을 상실하게 되는 것이다.

교회 자체가 없는데 누가 선교를 하며 누가 이 세계를 하나님이 통치하는 영역으로 바꾸어나가겠는가?

한편 기독교가 약화된 자리를 이슬람과 같은 종교들이 차지하면서 유럽과 같은 지역은 심각한 사회 불안이 증가하고 폭력이 난무하는 세계로 바뀌어져 가고 있다. 프랑스, 영국, 벨기에 등지에서는 하루가 멀다 하고 무슬림에 의한 테러와 폭력이 발생하고 있으며 비교적 테러가 적었던 독일에서도 기차나 쇼핑몰 등에서 테러가 발생하여 전 유럽이 테러의 공포에 떨고 있는 실정이다. 과거에는 총기나 폭탄 등을 사용한 테러가 주류였지만 최근에는 트럭, 도끼, 칼 등과 같은 누구나 쉽게 사용할 수 있는 일상적인 도구들을 이용한 테러가 발생함으로 말미

---

[79] "미 세계복음주의리서치센터 통계 발표" 「크리스천투데이」, http://www.apologia.co.kr.

암아 모든 상황에서 모든 수단을 가지고 불특정 다수의 사람들을 대상으로 테러가 발생하고 있다.[80]

앞으로 이슬람이 성장할수록 이러한 테러와 폭력은 갈수록 더 심각해질 것이며, 이런 점에서 기독교의 약화와 타종교의 성장은 심각한 문제가 아닐 수 없는 것이다.

2. 위기 앞에서 무기력한 오늘의 선교신학

오늘날은 복음주의 진영이든 에큐메니컬 진영이든 모두 다 통전적 선교신학을 표방하고 있는 상황이다. 즉 통전적 선교신학이 오늘의 선교신학인 셈이다.

그런데 과연 통전적 선교신학은 오늘날 위기에 처한 기독교 교회를 살릴 수 있는 신학이 될 수 있을까?

과연 통전적 신학이 말하는 대로 하면 기독교는 다시 회복되어 이 세계 속에서 영향력을 발휘하고 하나님 나라를 실현해나갈 수 있을 것인가?

안타깝게도 그 대답은 '아니다'라고 할 수 밖에 없다. 앞장에서 살펴보았듯이 오늘날 가장 널리 수용되고 있는 통전적 선교신학은 에큐메니컬 신학과 에반젤리칼 신학을 모두 포괄하면서 외형상으로는 균형감을 지닌 가장 바람직한 신학으로 보이지만, 실제로 나타나는 모습은 기독교를 건강하게 세워나가는 데 심각한 한계점을 지닌 것으로 보

---

80 "獨바이에른州 총리, 독일에 이슬람테러 도래…정치 답해야" 「연합뉴스」, 2016. 7. 26. http://www.yonhapnews.co.kr/bulletin/2016/07/26/0200000000AKR20160726191800082.HTML

인다. 통전적 선교신학은 선교학자들의 책상 위에서는 그럴듯하게 주장되고 있지만 실제 이 신학이 과연 어느 정도 위기에 처한 기독교를 살릴 수 있을 것인가 하는 것은 좀 더 냉철한 논의와 오랜 시간의 검증을 받을 필요가 있어 보인다.

통전적 선교신학이 본격적으로 수용된 시점을 살펴보면 에큐메니컬 진영의 경우는 1975년 제5차 WCC 총회인 나이로비 대회 때 부터라고 할 수 있고, 복음주의 진영에서 보면 2010년 제3차 로잔 대회인 남아공 케이프타운 대회 때부터라고 할 수 있다. 이러한 시점들을 생각해보면 통전적 선교신학의 역사는 길게 잡아도 40여 년의 시간밖에 되지 않았고 짧게 보면 10년도 되지 않은 개념이다. 즉 통전적 선교 이론이 내용면에 있어서 나름대로 논리성을 지니고 있다고는 하지만 이것이 과연 오늘 위기에 처한 기독교가 추구해야 할 선교 이론인지에 대해서는 아직 충분한 검증을 거치지 않았다고 할 수 있다.

마치 막시즘이 논리적으로 매우 설득력이 있는 이론이었지만, 70여년의 실험을 해 본 결과 현실성이 매우 부족한 이론이라는 것이 판명된 것처럼 통전적 선교신학도 이론적으로는 나름대로 설득력을 지니지만, 과연 이것이 현실적으로 가장 적절한 선교 이론이 될 수 있는지는 좀 더 시간을 두고 검증해볼 필요가 있는 것으로 보인다.[81]

통전적 선교신학은 에큐메니컬 선교신학과 복음주의 선교신학을 다 수용한 선교 개념을 지니는데, 얼른 보기에는 양쪽의 신학을 동시에 수용한 것처럼 보이지만, 실제로는 전도의 우선성을 포기하는 경향

---

81 안승오, "통전적 선교신학의 태동 배경과 전망," 「복음과 선교」 제15집 (2011), 165-192.

을 지니므로 에큐메니컬 선교신학으로 기울어진 신학이라 할 수 있다. 즉 복음주의 선교신학은 1974년 로잔 대회부터 전도와 사회봉사의 관계 등을 두고 오랜 시간 동안 고민해오다가 점차적으로 에큐메니컬 신학 쪽으로 기울면서 전도의 우선성을 양보하다가 종국적으로 2010년 3차 남아공 로잔 대회에서 복음전도의 우선성을 공식적으로 포기하면서 통전적 선교를 수용하게 되었다.

『기독교의 미래』라는 책을 저술한 앨리스터 맥그라스는 기독교 진영 중 로마 가톨릭, 동방정교회, 오순절/복음주의 등은 살아남겠지만, 성공회, 감리교, 장로교 등과 같은 주류 개신교는 금세기 말 경 서구에서 사라질 것으로 예측하였다.[82]

단순화시키기에는 다소 무리가 있겠지만 오순절/복음주의는 다소 보수적인 성향을 지니면서 복음의 우선성을 강조하는 경향을 보이는 반면, 성공회, 감리교, 장로교 등과 같은 주류 개신교는 다소 진보적인 성향을 보이면서 복음의 우선성을 소홀히 여기는 에큐메니컬 신학이나 에큐메니컬 신학 쪽으로 기울어진 통전적 선교 개념의 경향을 보인다. 그리고 이러한 교단들은 심각한 감소를 보이다가 결국 사라질 것이라는 것이다.

이러한 설명은 종교사회학자들의 연구에서도 나타나고 있는데, 시대의 흐름에 따라 변화를 시도한 종교들 즉 진보적인 성향을 지닌 종교들은 점차로 사그라지는 반면, 세속화된 사회의 요구에도 불구하고 본래의 핵심적인 신앙요소를 붙들고, 초자연적인 신앙 분위기와 의례를

---

82 Alister McGrath, *The Future of Christianity*, 박규태 역, 『기독교의 미래』(서울: 좋은씨앗, 2005), 141.

수반한 종교들은 오히려 성장한다는 것이다.[83] 실제로 세계의 종교 현황을 보면, 대부분 상승 국면에 있는 종교 운동은 보수적이거나 전통주의적인 성격을 나타낸다는 것이다. 즉 성장하는 종교들은 본래의 핵심적인 교리들을 붙잡는 반면, 본래의 핵심을 소홀히 여기고 모더니티에 순응하려고 애쓰는 종교들은 거의 어디에서나 쇠퇴 국면에 있다는 것이다.[84]

통전적 선교신학의 선교 개념은 상반된 관심을 지닌 두 개념을 적당히 조합한 경향을 지닌다. 즉 전도와 교회를 강조한 전통적 복음주의 선교 개념과 전도보다는 공존과 대화 그리고 교회보다는 세상을 강조한 에큐메니컬 선교 개념을 적당히 얼버무려 놓은 개념이 통전적 선교신학의 선교 개념이라 할 수 있다. 이처럼 상반된 선교 개념을 혼합시켜 놓았기 때문에 통전적 선교 개념은 개념 자체에서 혼란을 줄 수 있는 가능성이 높다. 이런 이유 때문에 전도의 우선순위를 거부한 로잔 3차 결정에 대하여 로잔 진영 내부에서조차 의견의 일치를 보지 못하고 있는 상황이다.

로잔 구성원들은 통전적 선교 이해를 가지고 사회참여 문제와 세계복음화의 관계를 어떻게 정립해야 하는지 등에 대한 고민을 하고 있는 상황이다.[85] 선교의 개념이 이처럼 복잡해졌기에 선교신학계의 대가라 할 수 있는 데이비드 보쉬(David Bosch)마저도 선교에 대한 정의를 내리

---

83   Peter L. Berger, *(The) Desecularization of the World: Resurgent Religion and World Politics*, 김덕영 송재룡 역, 『세속화냐? 탈세속화냐?』 (서울: 대한기독교서회, 2002), 17.
84   위의 책, 20.
85   박보경, "로잔복음화 운동과 한국 교회 ; 로잔운동에 나타난 전도와 사회적 책임의 관계," 『복음과 선교』 제22집 (2013), 14-38.

는 것이 간단치 않음을 토로한 바 있다.[86] 보쉬와 같은 대가마저도 선교의 개념 정의조차 내리는 것이 쉽지 않을 정도로 복잡한 선교라면 그 선교가 과연 실제로 얼마나 많은 열매를 산출하는 기초가 될 수 있을지 의문이다.

통전적 선교의 선교 개념이 이처럼 복잡한 것에 더하여 통전적 선교는 현실성이 부족하고, 효율성도 부족하고, 한 걸음 더 나아가 복음 전도와 교회를 약화시킬 가능성도 크다. 즉 통전적 선교신학은 이론적으로는 나름대로 매력이 있어 보이지만, 실제적으로는 많은 한계점을 지니고 있고, 가장 결정적으로 전도가 약하고 그로 인하여 교회도 약화시킬 수 있는 선교신학임을 앞 장에서 살펴보았다. 그렇다면 이와 같은 선교신학을 가지고 기독교의 미래를 밝게 이끌어가는 데는 분명 한계가 있는 것이다. 오늘의 선교신학을 심각하게 반성하면서 대안적 신학을 모색해 보아야 할 이유가 여기에 있는 것이다.

---

86 David J. Bosch, 『변화하고 있는 선교』, 35.

제4 선교신학의 주된 강조점

1. 교회의 위치를 중시하는 선교신학

　통전적 선교신학의 대안으로 제시될 수 있는 제4 선교의 프레임을 살펴보기 전에 먼저 제4 선교신학의 주된 강조점을 살펴보자. 가장 먼저 제4 선교는 교회의 위치를 중시한다. 선교를 함에 있어서 교회는 매우 중요한 요소이다. 세상의 다양한 사람들과 기구들을 통하여 하나님이 선교를 수행하실 수 있지만 역시 가장 주된 기구는 교회이다. 교회가 있어야 선교를 수행할 수 있다. 또 선교의 가장 확실한 열매는 역시 교회다. 즉 교회는 선교의 출발이고 또한 결실이다. 그런 점에서 바른 선교신학은 교회를 건강하게 세우는 데 기여하는 신학이어야 한다. 교회를 소홀히 여기고 교회를 약화시킬 수 있는 선교신학은 결코 바람직한 선교신학이 아니다.

　영국이나 유럽처럼 교회가 다 죽고 난 후에 교회가 세상을 어떻게 섬기겠는가?

　그런 교회가 세상을 어떻게 변화시키겠는가?

이슬람이 득세를 하고 교회는 갈수록 명목화 되어 가는 곳에서 어떻게 기독교적 가치와 윤리를 실현할 수 있겠는가?

　교회가 사라지고 나면 그 어떤 선교도 불가능해지고 만다. 그런 점에서 교회는 선교에 있어서 가장 중요한 요소 중의 하나이다.

　이런 점에서 한국일도 "전 세계적으로 교회가 약화되는 현상에 경각심을 가져야 한다. 다시 말하면 교회 지상주의와 개교회주의를 극복하되 지역교회를 건강하고 바르게 세우는 선교관 및 정책을 세워야 한다"[87]고 강조하였다. 김영동도 요더(John Howard Yoder)와 스톤(Bryan Stone) 등의 주장을 따라서 "… 교회의 현존 바로 그것이 교회의 제1차적 과제이며, '복음이 다른 구조들을 변화시키도록 역사하는 제1차적 사회구조는 기독교 공동체의 구조'라고 본다. 가장 복음적인 일은 성령에 의해 조성되는 교회가 되는 것이다"[88]라고 언급하였다.

　물론 교회가 선교의 주인인 줄 알고 교회 자체만을 위하여 선교를 행하는 자세는 분명히 교정되어야 한다. 교회성장 자체가 선교의 지상 최대 목표가 된 것 역시 잘못된 것이다. 이런 점에서 하나님의 선교(Missio Dei) 개념이 하나님을 선교의 주인으로 삼게 하고 교회가 오만함과 죄성을 벗고 철저하게 하나님을 선교의 주인으로 삼고 하나님의 선교에 동참하도록 한 점은 분명한 기여점을 지닌다. 그런데 이 하나님의 선교 개념이 지나치게 강조되어 "… 하나님의 선교는 교회의 선교보다 더 크다는 견해를 극단화하여, 심지어 그것이 교회의 참여를

87　한국일, "한국적 상황에서 본 선교적 교회: 지역교회를 중심으로," 「선교와 신학」 제30집 (2012), 98.
88　김영동, "복음전도에 대한 신학적 재고," 「교회와 신학」 제77집 (2012), 206.

배제하는 것을 시사하는 지점까지 나가는 경향이 있었다"[89]고 보쉬는 지적한다. 하나님의 선교 개념이 교회의 필요성 자체를 약화시키는 문제를 낳았다는 것이다.

하나님의 선교신학을 가장 중요한 근간으로 삼고 있는 에큐메니컬 신학은 교회가 "세상을 향한 하나님의 관심의 견지에서 볼 때 교회는 세상의 한 조각, 즉 그리스도의 현존과 하나님의 궁극적 구속 사업을 지향하고 축하하기 위하여 세상에 부가된 하나의 첨가물(postscript)이다"[90]라는 점을 강조한다.

즉 교회가 선교의 핵심 기구가 아니라 세상에서 일어나고 있는 다양한 선교 사역에 동참하는 많은 기구들 중의 하나에 불과한 것이다. 한 걸음 더 나아가 이제 선교의 주된 역군은 더 이상 교회가 아니라 오히려 세상이라는 점을 시사한다. 그런데 세상이 더 중요하고 세상의 다양한 기구들도 선교에 참여한다는 것에 대한 강조는 자칫 교회의 선교의 동력 약화로 이어질 수 있는 위험성이 있다. 교회가 아니어도 하나님이 책임지고 선교하시며 세상의 다양한 기구들도 선교에 동참한다고 하면 교회가 굳이 모든 것을 희생해가면서 복음을 전할 필요가 없다는 결론에 이를 수 있는 것이다.[91]

89　David J. Bosch, 『변화하고 있는 선교』, 580.
90　WCC, *The Church for Others and the Church for the World*, 박근원 역, 『세계를 위한 교회』 (서울: 대한기독교출판사, 1979), 121-122.
91　우리는 이와 유사한 예를 윌리암 캐리의 생애에서도 찾아볼 수 있다. 윌리암 캐리가 인도를 향한 선교 비전을 지닌 후 선교의 필요성을 강조하면서 선교에 대한 계획을 나누자 한 원로급 목회자가 캐리를 향하여 "젊은이, 앉게나, 만약 하나님께서 이방인들을 개종시키려고 하신다면 자네가 우리의 도움 없이도 얼마든지 하실 수 있을걸세"라고 말하면서 캐리의 선교적 열정을 잠재우려 하였다. Ruth A. Tucker, *From Jerusalem to Irian Jaya*, 박해근 역, 『선교사 열전』 (서울: 크리스챤 다이제스트, 2003), 143.

하나님의 선교 개념은 국가의 강력한 지원을 배경으로 교회와 국가가 거의 일치된 크리스텐덤(Christendom, 기독교 왕국) 상황의 유럽에서 탄생되었다. 크리스텐덤 상황에서는 교회의 존립 여부가 그리 큰 관심거리가 아니다. 교회는 당연히 존재하는 것이고 본래부터 강력한 힘을 지닌 기구로 인식된다. 이런 상황에서는 세상을 향한 교회의 책임은 강조하되 교회가 존재하기 위해 필요한 동력에 대해서는 다소 무관심한 경향이 강하다. 자연히 이런 교회관과 선교관은 교회의 약화로 이어질 가능성이 높아지게 된다. 이런 점에서 서정운은 '하나님의 선교' 개념이 가져온 공헌점을 일정 부분 인정하면서도 "어쩌면 오늘의 서구교회가 활력을 잃고 신자의 수가 현저히 준 것은 그가 그토록 부르짖은 반교회중심신학(反敎會中心神學)이 가져온 하나의 결과로 볼 수도 있다"[92]라는 문제점을 지적하였다.

물론 교회에 문제가 없다는 것은 아니다. 교회는 결코 온전한 기구가 아니다. 교회가 하나님 나라도 아니다. 지상의 교회는 대부분 용서 받은 죄인들로 구성되어 있고 많은 오류와 연약함을 지니고 있고, 교회에는 갖가지 상처와 죄악이 존재한다. 하지만 그럼에도 불구하고 교회는 그리스도의 피로 값 주고 사신 몸이며 지상에서 복음을 책임 있게 전하며 선교 활동을 신실하게 수행할 수 있는 가장 핵심적인 기관이다. 이런 점에서 보쉬는 "우리는 분명하게 때때로 교회의 세속성으로 인해 부끄러울 수 있다. 그러나 우리는 또한 교회 안에서의 신적인 것의 인식으로 기뻐할 수 있다"고 말하면서 교회가 "전체 인류의 통일,

---

[92] 서정운, "후켄다이크의 선교관,"「교회와 신학」제20집 (1988년), 222.

소망과 구원의 가장 확실한 씨앗"이라고 설명한다.[93]

따라서 교회를 선교의 핵심 기구로 세우는 것이 선교에 있어서 매우 중요하다.[94] 세상을 섬기는 것이 중요하고 세상의 샬롬이 중요하지만 교회가 약화되거나 사라져버린다면 세상을 섬기는 것 자체가 불가능해지며, 선교 자체를 논의하고 추진할 기구가 없어지는 것이다. 이런 점에서 제 4 선교신학은 교회의 중요성을 강조하고 교회를 강건하게 세워나가는 데 주된 관심을 기울이는 신학이다.

2. 윤리를 중시하면서도 윤리와 선교를 구분하는 선교신학

선교에 있어서 윤리의 문제는 아무리 강조해도 지나치지 않을 만큼 중요한 문제이다. 윤리적 차원에서 문제가 발생되면 기독교에 대한 부정적 이미지가 확산되면서 자연히 복음전도가 어렵게 된다. 복음을 전하는 자들이 윤리적으로 모범된 삶을 보이지 못하면 설사 선교가 조금 이루어진다 해도 선교는 뿌리부터 썩어져서 근본이 무너질 수 있다. 이런 점에서 윤리의 문제는 참으로 중요한 문제이고, 그런 이유에서 에큐메니컬 선교와 통전적 선교는 윤리적 과제를 아예 선교 과제에 포함하게 되었다고 할 수 있다. 즉 '복음화'라는 과제만 중요한 것이 아

---

93 David J. Bosch, 『변화하고 있는 선교』, 576.
94 남정우, "선교 역사의 관점에서 하나님 나라에 초점을 맞춘 교회적 선교신학을 모색하며," 「선교와 신학」 제7집 (2001), 79-80. 교회가 문제를 많이 지니고 있다는 것이 교회 자체를 없애거나 약화시키라는 것을 의미한다고 볼 수 없다. 예를 들어 학교에 문제가 많고 그로 인해 탈선 학생이나 자살 학생 등이 많이 나온다고 해서 학교 자체를 없애야 한다는 결론으로 가서는 안 될 것이다. 여전히 학교는 필요한 것이므로 학교를 잘 갱신해가면서 문제를 최소화 할 방안을 찾아야 할 것이다.

니라, 이 세상에 참된 '인간화'와 '샬롬'을 실현시키는 윤리적 과제 역시 중요한 선교의 과제라고 본 것이다.[95] 확실히 선교와 윤리는 성도와 교회의 중요한 두 가지 책임임에 틀림없다.

하지만 여전히 윤리는 선교가 아니고 마찬가지로 선교 역시 윤리가 아니다. 선교는 선교이고 윤리는 윤리다. 윤리를 선교에 포함하여 그것을 선교라고 개념을 정의하면 그것은 많은 문제를 야기할 수 있다.

첫 번째로 생각할 수 있는 것은 선교의 가장 주된 자원인 평신도들에게 이 선교개념을 이해시키는 데 어려움이 생길 수 있다. '선교'라는 용어는 모든 종교에 다 존재하는 활동으로 사회 통념상 '종교의 확장을 위한 활동'으로 이해된다.[96]

평신도들 역시 이러한 개념과 연관하여 기본적으로 복음전도를 중심으로 하는 기독교 확장의 선교 개념을 지니고 있다. 이들에게 윤리적 과제인 세계의 정의와 평화 그리고 생명 살림 등을 선교적 과제라고 가르치면 상당한 개념의 혼란을 겪게 될 수 있다. 이것은 아이를 태어나게 하는 출산과(전도를 통해 영혼구원하는 일) 태어난 후에 사람다운 사람이 되는 일을 두고(기독인으로서 윤리적 책임을 수행하는 일), 출생 후 사람다운 사람이 되는 것이 중요하다고 해서 두 가지를 합하여 출산이라

---

[95] 복음주의 진영 역시 에큐메니컬 진영의 영향을 받아 윤리의 문제를 선교에 포함시키면서 3차 로잔 대회 선언문 1부 10조 C항은 "하나님께서는 그리스도를 위하여 그러한 세상을 사랑하고 섬기라고 우리를 보내신다. 그러므로 우리의 모든 선교는 복음전도와 세상에의 참여가 통합된 형태를 반영한다"고 말함으로써 통전적 선교를 추구하고 있다. The Lausanne Movement, "케이프타운 서약(The Capetown Committment): 믿음과 행동에의 요청에 대한 선언" 1부 10조 C항, 「복음과 상황」 242호 (2010), 150.

[96] '선교'라는 용어가 국어사전에는 "종교를 널리 미치게 선전함"이라고 정의되어 있다. 한글학회, 『우리말사전』 (서울: 어문각, 2008), 1276. 즉 선교의 가장 기본적인 목적은 '종교의 확장'이라는 것이 사회적으로 널리 수용되는 의미이다.

고 부르는 것과 같은 혼선을 불러오는 것으로 비유할 수 있을 것이다. 이처럼 두 가지 다른 개념을 합하여 한 개념으로 만듦으로 말미암아 선교 개념이 혼란스러워지면 자연히 선교 동력과 효율성이 떨어질 수 있고 당연히 선교에의 헌신은 더욱 어려워지게 될 수 있다. 윤리적 차원이 중요하다해도 선교와 윤리를 구분하여 이해하는 것이 효율적인 선교를 위해서 필요한 작업이 될 것이다.

두 번째로 생각할 수 있는 것은 선교적 과제와 윤리적 과제가 충돌될 수 있는 가능성의 문제이다. 복음의 불모지에 복음이 전해지면 초기에는 상당한 윤리적 문제가 발생될 수 있다. 과거 조선의 경우도 복음을 받아들인 사람들이 제사를 드리지 않는다는 이유 즉 비윤리적이라는 이유에서 수도 없이 많은 신자들이 죽임을 당했다.[97]

이런 상황에서 복음을 전하는 자들은 선교를 계속 해야 할지 아니면 비윤리적이므로 선교를 그만 두어야 할지를 선택해야 했는데, 조선에 온 선교사들과 신자들은 죽음을 당하면서도 전자를 선택했다. 만약 후자를 택했다면 오늘날 한국의 기독교는 아마도 지리멸렬한 모습을 갖게 되었을 것이다.

예수께서는 이미 이러한 충돌을 예상하시고 제자들을 선교 현장으로 파송하시면서 다음과 같이 말씀하셨다.

> 내가 세상에 화평을 주러 온 줄로 생각하지 말라 화평이 아

---

[97] 한 예로 병인박해의 경우 1866년부터 1873년까지 지속적으로 박해를 받았으며 12인의 외국신부들 중 9인과 다른 많은 조선인 교도들이 목 베임을 당하였다. 이 외에도 여러 가지 박해로 수많은 성도들이 죽임을 당하였다. 김인수, 『한국기독교회사』 (서울: 한국장로교출판사, 1991), 60.

> 니요 검을 주러 왔노라. 내가 온 것은 사람이 그 아버지와,
> 딸이 어머니와, 며느리가 시어머니와 불화하게 하려 함이
> 니(마 10: 34-35).

이 말씀을 하신 이유는 복음이 들어가면 당분간 상당한 불화와 분쟁이 있을 수 있음을 암시하신 것이라 할 수 있다.

호크마 주석은 "그런 까닭에 세상은 메시야와 그의 통치를 완강히 거부하게 될 것이고 그 나라가 완성되기까지 사생결단의 치열한 혈전이 끊임없이 일어날 것이다(요 14:27; 16:33)"[98]라고 설명하고 있다. 즉 복음이 전해지면 언젠가 참된 평화가 임하게 되지만 잠정적으로는 평화가 깨어지는 윤리적 문제가 발생되면서 인간적으로 볼 때 불행해질 수 있음을 말씀하신 것이다.

통전적 선교 개념은 선교적 과제와 윤리적 과제를 동등한 중요도로 보는 견해라 할 수 있는데, 인간은 기본적으로 어려움보다는 안락함과 행복을 추구하는 기본적인 본능을 지니고 있기 때문에 자연스럽게 시간이 흐를수록 선교적 과제보다는 윤리적 과제 쪽으로 기울어질 가능성이 높아지고 이렇게 될 경우 선교적 역량의 약화로 인해 기독교는 자연히 약화될 가능성이 높아진다. 실제로 오늘날 기독교는 진보 진영을 중심으로 사회에 대한 윤리적 책임을 강조하는 반면 선교적 과제는 소홀히 하면서 기독교의 교세가 약화되는 모습을 보이고 있다.[99]

---

[98] 강병도 편, 『호크마 종합주석: 마태복음』(서울: 기독지혜사, 1990), 397.
[99] Peter L. Burger, *Desecularization of the World: Resurgent Religion and World Politics*, 김덕영 송재룡 역, 『세속화냐? 탈세속화냐?: 종교의 부흥과 정치』(서울: 대한기독교서회, 2002), 17.

이런 이유에서 통전적 선교의 대안으로 제시하고자 하는 제4 선교의 선교 개념은 윤리적 과제를 중시하면서도 윤리와 선교를 명확히 구분하는 선교 개념을 의미한다. 즉 전통적인 선교에서와 같이 윤리적 차원을 소홀히 하여 '제국주의 선교,' '일방적인 선교,' 또는 '자기 이익 극대화를 위한 선교' 등의 문제점을 철저하게 반성하고 방지해야 한다. 복음을 전하는 자들의 말과 행위를 통하여 하나님이 바르게 드러나도록 해야 한다.

하지만 그렇다고 해서 선교와 윤리를 섞어서 선교로 개념화하지 않는다. 선교적 과제는 복음이 미약한 지역에서 복음을 전하여 하나님과의 관계를 갖게 하고 하나님의 자녀가 되게 하여 그들 가운데 하나님의 통치하심이 임하게 하는 일을 목표로 하며, 윤리는 그 과정에서 그리스도인들의 올바른 행실로 하나님을 드러내어 선교를 돕는 과제인 것이다.

예수께서 다음과 같이 말씀하셨다.

> 이같이 너희 빛이 사람 앞에 비치게 하여 그들로 너희 착한 행실을 보고 하늘에 계신 너의 아버지께 영광을 돌리게 하라(마 5:16).

여기에서 착한 행실을 보여주는 행위 즉 윤리적 과제는 선교의 중요한 방법으로 나타나며, 윤리의 목표는 다른 데 있는 것이 아니라 이방인들로 하여금 하나님을 알고 그 하나님께 영광을 돌리도록 만드는 데 있는 것이다. 즉 윤리의 목표는 선교라고 할 수 있다. 이런 점에서 『호크마 주석』은 "이같이 천국의 규범(마 5:3-12)은 천국의 상속자들의

삶 속에서 작용하여 천국에 대한 증거를 만들어 낸다(마 5:13-16)"라고 설명한다.[100]

3. 우선순위를 놓치지 않는 선교신학

통전적 선교신학의 출현과 함께 선교신학에 있어서 '우선순위'의 문제는 더 이상 수용될 수 없는 것이 되고 말았다. 세계교회협의회의 선교 문서라 할 수 있는 "선교와 전도: 하나의 에큐메니컬 확언"(Mission and Evangelism: An Ecumenuical Affirmation)은 복음화와 인간화 중 어느 하나에 우선순위를 두는 것뿐 아니라 이러한 구분 자체를 이분법으로 보면서, "교회는 복음전도와 사회 행동 사이의 해묵은 이분법을 극복하기 위하여 세상의 가난한 사람으로부터 전혀 새롭게 선교하는 방법을 배우고 있다. 예수 안에서 '영적인 복음'과 '물질적인 복음'은 나누어질 수 없는 하나의 복음이다"[101]라고 강조한다. 복음 자체가 나누어질 수 없는 통전성을 지니기 때문에 어느 한쪽의 우선성을 논하는 것 자체가 복음에 반하는 것으로 인식한다.

복음주의 로잔 진영 역시 우선성 대신 총체성을 수용하였다. 로잔 진영은 1974년 1차 로잔 대회 때만 해도 복음전도의 우선순위를 명확히 했지만, 2천년대에 들어서면서부터는 점차 통전적 방향으로 나아

---

100 강병도 편, 『호크마 종합주석: 마태복음』 (서울: 기독 지혜사, 1990), 231.
101 CWME, "Mission and Evangelism: An Ecumenical Affirmation," in WCC, *You Are the Light of the World*, 김동선 역, 『통전적 선교를 위한 신학과 실천』 (서울: 대한기독교서회, 2007), 56.

갔는데, 특별히 2004년 파타야 대회로부터 로잔의 총체적 선교에 대한 변화가 강하게 나타났다.

박보경의 분석에 의하면, "그런데도 2004년 파타야 대회가 전도의 우선성을 그룹에서 전혀 다루지 않았다는 점은 명백하게 로잔의 변화를 보여준다고 하겠다. 드디어 로잔 진영 안에서 전도의 우선성이 통전적 (총체적) 선교로 대치되기 시작했다는 것이다"[102]라고 말하면서 "… 2004년부터의 로잔운동의 흐름이 전도의 우선성보다 총체적 선교의 개념이 중심을 이루게 되었다고 판단한다"[103]라고 분석하였다. 이어 2010년 로잔 3차 대회인 케이프타운 서약에서도 복음전도의 우선성에 대한 언급은 없고, " … 우리의 모든 선교에서 복음전도와 세상에서의 헌신적인 참여가 통합되어야 하며, 이 둘은 모두 하나님의 복음에 관한 성경 전체의 계시가 명령하고 주도하는 일이다"[104]라는 표현을 하면서 통전적 선교의 경향을 보이고 있다.

이처럼 선교의 양대 진영이 모두 통전적 선교를 지향하면서 우선순위는 더 이상 선교에 있어서 관심의 대상이 되지 않고 있는데 이것은 오늘날 선교 발전의 관점에서 볼 때 매우 안타까운 일이 아닐 수 없다. 우선순위를 무시할 경우 선교에는 다음과 같은 문제점이 발생하게 된다.

---

102   박보경, "로잔운동에 나타난 전도와 사회적 책임의 관계," 21.
103   위의 글, 25. 박보경은 "마닐라 대회에서 두각을 드러낸 '주후 2000년과 그 이후' 운동은 10/40 창의 미전도종족 선교를 최우선 과제로 삼고 있기 때문에 1990년 이후에도 전도의 우선성은 여전히 로잔운동의 중심에 위치하고 있었다"라고 말하면서 로잔운동이 2천년대 전에는 전도의 우선성을 유지하고 있었음을 말하고 있다. 박보경, "로잔운동에 나타나는 화해로서의 선교: 2004년 파타야 포럼과 케이프타운 서약문을 중심으로,"「선교신학」제38집 (2015), 146.
104   Lausanne Movement, *The Cape Town Commitment: Study Edition*, 최형근 역,『케이프타운 서약』(서울: IVP, 2014), 60-61.

첫째, 우선순위가 없으면 선교의 효율성이 현저하게 떨어지게 된다. 모든 일을 함에 있어서 항상 핵심적인 목표가 있고 부차적인 목표가 있기 마련이다. 또 우선적인 목표가 있고 그 우선적인 목표가 이루어진 이후에 이룰 수 있는 차기의 목표가 있기 마련이다. 모든 것이 동일한 중요도를 지닌 목표가 아니며, 또 인력과 재력 그리고 시간의 제약이 있기 때문에 모든 것을 다 한꺼번에 이룩할 수는 없는 것이다. 목표를 달성함에 있어서 중요도에 따른 순서가 있는 것이다.

예를 들어 하나의 국가도 국정을 운영함에 있어서 '선택과 집중'을 하는 것이다. 국가뿐 아니라 개인도 삶에 있어서 우선순위를 세우고 그 우선순위에 따라 돈과 시간 그리고 에너지를 집중적으로 사용할 때 목표를 효과적으로 달성할 수 있는 것이다. 우선순위도 없이 다 중요하다고 모든 것에 힘을 쏟을 때 목표 달성은 어려워지는 것이다. 20억이 넘은 전 세계의 기독교인들이 선교를 수행할 때 우선순위도 없이 모든 것을 다 한꺼번에 하겠다고 덤벼들면 인적 자원과 물적 자원 그리고 시간을 낭비하면서 선교의 실패 가능성을 높이게 된다. 따라서 선교에 있어서 '우선순위'라는 것은 가장 중요한 요소 중의 하나이다.

흥미로운 사실은 통전적 선교를 강조하면서 우선순위를 거부하는 경향을 보이는 에큐메니컬 신학에도 '우선순위'라는 용어가 종종 등장한다는 사실이다. 예를 들어 에큐메니컬 선교 문서인 "선교와 전도: 하나의 에큐메니컬 확언"에 보면 "가난한 사람들 사이에 복음이 선포되었다는 사실은 메시아의 왕국이 도래했다는 표시이며, 오늘날 선교의 우선순위를 판단하는 주요한 선택 기준이 된다(32항). 이러한 새로운 자각은 지역교회와 세계선교를 향한 열망에 우선순위와 삶의 양식의 재고를 촉구하는 초대이다(33항)"[105]라고 되어 있다. 에큐메니컬 진영 역시 자신들이 생각하는 선교의 목표를 효과적으로 수행하기 위해서는 우선순위를 세워야 함을 인식하는 것이다.

둘째, 우선순위를 생각지 않고 모든 것이 똑같이 중요하다고 보는 관점은 선교에 있어서 씨와 열매를 구분하지 못하고 혼동하는 오류를 범할 수 있다. 선교는 기본적으로 구원의 씨를 심는 일이며, 이 일이 충실하게 이루어질 때 기독교인의 삶이라는 열매가 맺혀지는 것이다. 씨를 심는 작업이 가장 먼저 해야 할 일이고 가장 우선적인 일이다. 이것이 없이는 결코 열매가 맺힐 수 없다.

여기에서 씨를 심는 작업은 전도에 비유될 수 있고, 열매를 맺는 작업은 기독교 윤리에 비유될 수 있다. 세상 윤리와 달리 기독교 윤리에서는 구원이 먼저 오고 그 뒤에 변화된 삶인 윤리가 뒤따라 오는 것이다. 이것이 뒤바뀐다면 그것은 마차를 말 앞에 세우는 것과 마찬가지의 오류가 될 수 있다. 개인뿐 아니라 세계의 변화도 마찬가지다. 교회가 세상을 바꾸는 방법은 구원의 도리를 전하고 그 도리대로 사는 사람들을 키워내는 방식으로 실현되어진다. 기독교 선교 역사는 이러한 순서를 보여주는 예들로 가득한데, 남정우는 멕퀼린(Mcquilin)이 든 남미의 예를 다음과 같이 정리하고 있다.

> 멕퀼린은 라틴 아메리카의 한 실제적인 예로서 가장 보수적이고 복음주의적인 교파인 하나님의 성회가 가장 성공

---

[105] CWME, "Mission and Evangelism: An Ecumenical Affirmation," in WCC, *You Are the Light of the World*, 김동선 역, 『통전적 선교를 위한 신학과 실천』 (서울: 대한기독교서회, 2007), 55.

적인 복음전도 사역을 하는 동시에 가장 사회변혁적인 단체로서 부각되고 있는 사실을 지적하고 있다. 이 보수적이고 복음주의적인 교파 선교사들은 다른 선교 단체들과는 달리 처음부터 복음전도와 교회개척을 주된 선교 과제로 선언하고, 학교와 병원 건물을 짓는 것보다 교회당을 먼저 건축하였다. 그러나 시간이 지난 지금 사람들은 변화되었으며, 하나님을 진정한 왕으로 고백하여, 교회 구성원들이 학교를 건축하고 하나님 나라의 가치관들을 학교에서 가르치며, 사회 공동체 안에서 구현되도록 애쓰고 있다. 이제 교회 구성원들 중에서 마을과 도시의 대표자로 선출되어 공동체를 위하여 봉사하기도 한다.[106]

오늘날도 전 세계적으로 볼 때 위와 같은 선교 방식을 설정하고 추진하는 교회들은 여전히 성장하면서 세상에서의 봉사도 잘 감당하고 있는 반면, 선교의 목표에 포커스가 없이 모든 것을 다 선교의 목표로 잡거나 세상 섬김을 주된 목표로 잡는 교회들은 하나같이 쇠퇴의 길을 걷고 있다.[107]

이런 점에서 제4 선교신학은 선교에 있어서의 우선순위를 강조한다. 위기에 처한 오늘의 기독교가 추구해야 할 선교는 모든 것을 다 한꺼번에 하려다 아무 것도 제대로 하지 못하고 우왕좌왕하는 선교가 아니라 구원의 도를 전하는 복음전도에 우선순위를 두는 선교이다. 우

---

106 남정우, "선교역사의 관점에서 하나님 나라에 초점을 맞춘 교회적 선교신학을 모색하며," 「선교와 신학」 제7집 (2001), 69-70.
107 Peter L. Burger, 『세속화냐? 탈세속화냐?: 종교의 부흥과 정치』, 17.

선순위도 없이 모든 것을 다 한꺼번에 하려는 선교의 위험성에 대하여 스티븐 니일(Stephen Neil)은 이미 오래 전에 선교가 모든 것을 다 하려고 하면 하나도 제대로 할 수 없다는 것을 지적하였는다.[108] 통전적 선교 접근 방식을 고수하는 사람들이 잘 귀담아 들어야 할 교훈이다. 하나님을 알지 못하는 사람들에게 구원의 메시지를 선포하고 그리스도의 몸인 교회의 지체가 되도록 초대하여 성령의 능력 가운데 살도록 초청하는 일을 우선순위에 둘 때 세계를 변혁시키는 일도 가능해지는 것이다.[109] 바람직한 선교는 모든 것을 고려하지만 여전히 우선순위를 잘 세우고 그것을 실천하는 것이다.

4. 목표의 선명성과 실현 가능성을 중시하는 선교신학[110]

목표는 선명하고 단순할수록 좋다. 목표가 너무 복잡하여 무엇이 목표인지조차 헷갈리면 그 목표의 달성 가능성은 낮아지는 것이다. 여러 가지 목표를 설정한다 해도 그 목표들이 하나의 목적을 향하여 서로 긴밀한 연관성을 지니면서 목표들의 단계가 명확할수록 좋다. 최종적인 목적이 있고, 다른 목표들의 달성 순서 같은 것이 정해져서 어떤 순서로 목표들을 달성하고 그것이 이어져서 최종적인 목적에 달할지에 대한 청사진이 있어야 달성 가능성이 높아진다. 그리고 목표는 실현

---

108 Stephen Neil, *Creative Tension* (London: Edinburgh House, 1959), 81. 니일의 문구는 "모든 것이 선교면 아무 것도 선교가 아니다"(If everything is mission, nothing is mission)이다.
109 김영동, "복음전도에 대한 신학적 재고,"「교회와 신학」제 77집 (2012), 205-206.
110 이 부분은 필자의『현대선교의 목표들』, 274-275에서 발췌한 것이다.

가능하게 설정되어야 하고, 가능한 한 정확히 수치화되어서 달성도에 대한 평가와 그에 따른 궤도 수정 등이 지속적으로 이루어져야 한다. 하늘의 별을 따는 것 같은 목표는 어린 시절에 상상의 나래를 펴는 일인데, 전 세계 교회가 함께 하는 세계 선교가 달성 가능성 자체가 희박한 것에 매달리는 것은 심각한 문제가 아닐 수 없다.

위와 같은 관점에서 오늘날 가장 널리 받아들여지고 있는 통전적 선교신학에 대해서는 깊이 있게 고민을 해야 할 것이다. 통전적 선교신학은 언뜻 생각하면 균형감도 있어서 매우 좋은 것으로 보이지만, 실제로는 사도적 명령과 봉사적 명령을 모두 선교의 목표로 삼으면서 목표가 너무 방만하고 그래서 목표가 선명하지 않는 문제가 있다. 두 마리 토끼를 한꺼번에 잡으려하는 사람은 한 마리도 제대로 잡을 수 없게 된다. 선교에 대한 사전적인 의미를 살펴보면, "진리의 전파를 통한 종교의 확장 활동"으로 규정되어 있다. 진리의 전파 즉 복음 전도를 통해서 기독교를 확장하는 것이 기독교의 선교이고, 이것이 선교의 본질이다.

이 본질 외의 다른 것은 이 본질을 위한 부수적인 목표들로 보아야 한다. 그런데 통전적인 선교는 본질적인 사역과 부수적인 사역을 섞어서 다 본질이라고 주장하면서 선교 개념과 목표의 혼란을 초래하고 그 결과 목표의 효율적 달성 가능성을 낮춘다. 물론 선교에서 봉사적 명령을 수행하는 것은 당연하지만 그렇다고 그것을 목표로 삼는 것은 바람직하지 않다. 목표와 그것을 성취하는 수단 사이를 분간하지 못하고 목표의 선명성을 상실하면 선교의 성취도는 낮아질 수밖에 없을 것이다. 아울러 세계 모든 정부와 연합기구가 매달리면서도 해결하지 못하는 과제들을 해결하겠다는 목표를 설정하고 그것을 향해 나가는 것은 교회의 힘을 방향도 없이 쓰면서 힘을 낭비하고 결국 목표 달성도 못하는 함정에 빠질 수 있는 것이다.

5. 그리스도의 말씀과 모범을 따르는 선교신학[111]

하나님의 선교 개념은 선교의 주인이 하나님이심과 그로 인하여 모든 선교는 하나님의 선교에 동참하는 것이어야 함을 일깨워주었다. 그런데 문제는 교회가 어떤 선교를 해야 하나님의 선교에 동참하는 선교이며, 하나님의 뜻에 부합하는 선교를 하는 것인지에 대한 답을 어떻게 정확히 찾아낼 수 있느냐 하는 점이다. 도대체 어디서 어떻게 정확한 하나님의 뜻을 찾아낼 수 있느냐가 선교의 방향을 결정짓는 중요한 단서가 되는 것이다.

하나님의 뜻을 찾는 길과 연관하여 김균진은 바르트를 인용하여 말하기를, "하나님과 인간 사이에는 … 예수 그리스도 라고 하는 인격이 서 있다. 그분 안에서 하나님은 인간에게 자기를 계시하신다. 그분 안에서 인간은 하나님을 인식한다. 그분 안에서 하나님은 인간 앞에 서 있고 인간은 하나님 앞에 서 있다."[112]고 한다. 계속해서 그는 그리스도를 통하여 우리는 하나님을 제대로 알고 볼 수 있다는 사실을 다음과 같이 기술한다.

---

111 이 부분은 필자의 『예수께서 말씀하신 선교 주제 10가지』, 95-99 에서 발췌한 것이다.
112 김균진, 『기독교조직신학 II』 (서울: 연세대학교 출판부, 1986), 137.

인간과 세계를 위한 하나님의 계획이 그분 안에 나타나 있으며, 인간에 대한 하나님의 심판이 그 분 안에서 집행되었으며, 인간의 구원이 그분 안에서 이루어졌으며, 인간에 대한 하나님의 요구와 약속이 그분 안에 나타나 있다. '삶과 행위 가운데에 있는 하나님의 존재'가 예수 그리스도 안에 있다. 그는 우리 가운데 있는 삼위일체 되신 하나님이다. 그러므로 신학의 가장 중심적 문제인 '하나님의 문제'(Gottesfrage)는 바로 '그리스도의 문제'(Christusfrage)이다. 우리는 기독교 신앙의 모든 내용을 예수 그리스도 안에서, 예수 그리스도와의 관계에서 인식하고 서술해야 한다. 예수 그리스도가 기독교 "신앙의 대상과 내용이며 신앙이 말해야 하는 바의 총괄개념(Inbegriff)이다.[113]

스탠리 그랜즈 역시 하나님을 알기 위해서는 반드시 예수 그리스도를 보아야 함에 대하여 "… '예수는 하나님의 계시자' 라는 말은 예수 안에서 우리는 우리 앞에 구현된 하나님의 본성을 발견한다는 것을 의미한다. 예수 안에서 우리는 하나님을 본다. 그 묘사가 부분적이라 할지라도, 그것은 하나님의 본성에 대한 정확한 묘사이다."[114]라고 말한다. 계속해서 그는 다음과 같이 말한다.

하나님의 계시자로서 예수는 자신의 지상적 삶과 사역 전

---

113 김균진, 『기독교조직신학II』, 137–138.
114 Stanley J. Grenz, *The Theology for the Community of God*, 신옥수 역, 『조직신학』(서울: 크리스찬다이제스트, 2003), 394.

체를 통해서 하나님에 대한 객관적인 묘사를 전달한다. 예수의 행동의 모든 차원은 계시적이다. 예수의 가르침은 우리에게 하나님에 관하여 알려 준다; 예수의 성품은 하나님의 속성들을 보여 준다; 예수의 죽음은 하나님의 고난을 계시한다; 그리고 예수의 부활은 하나님의 창조 권능을 생생하게 선포한다.

예수는 피조물과 구약성서가 가리키고 있는 하나님의 계시이다. 그리고 예수의 빛 아래에서 피조물의 증언과 모든 역사는 그 의미를 획득한다. 왜냐하면 예수는 구약성서 및 피조물에서 발견되는 증언의 참된 의미를 공적으로 드러내시길 때문이다. 그러므로 예수 안에서의 하나님의 자기 계시는 유일무이한 계시이다.[115]

그는 또한 하나님의 뜻에 관한 모든 신학은 반드시 예수 그리스도를 통해야 함에 대하여 "... 궁극적으로 우리는 하나님의 성품과 본성에 관한 모든 신학적 진술들을 예수의 삶과 가르침을 통해서 판단하지 않으면 안 된다... 하나님께로 나아가는 일은 오직 나사렛 예수를 통해서만 가능하다."[116]고 말한다. 즉 하나님의 뜻을 보여주는 가장 정확한 길인 그리스도를 통하지 않고 바로 하나님의 뜻을 찾는 것은 진정한 하나님의 뜻이기보다는 오히려 인간의 원함을 하나님의 뜻으로 투영하는 오류를 범할 수 있다. 그 결과 선교의 목표도 예수께서 명하신

115　Stanley J. Grenz, 『조직신학』, 394-395.
116　Stanley J. Grenz, 『조직신학』, 396.

목표가 아니라 세상이 필요로 하는 목표로 변경될 수 있는 위험성이 있는 것이다.[117] 이런 점에서 기독교의 선교는 Missio Dei (하나님의 선교)보다는 오히려 Missio Christi 즉 그리스도의 선교가 되어야 바른 선교가 될 것으로 보인다.[118]

하나님의 선교 (Missio Dei)는 삼위일체의 선교를 말하면서도 삼위일체를 이해하는데 핵심사항인 성자 즉 '하나님의 계시자'인 성자의 명령을 약화하고 성부를 직접 보면서 세상의 정의, 평화, 생명 살림 등을 강조하는 성부 중심의 삼위일체를 펼치는 경향이 강하다. 성자는 십자가 위에서 인류를 구원하는 일을 하였고 성부도 바로 이 구원 사역을 계획하고 펼쳐나가는 것에 깊은 관심을 갖는 것으로 이해하는 전통적인 삼위일체 하나님 이해와 달리 하나님의 선교(Missio Dei) 개념의 하나님은 성자가 이룬 구원 사역보다는 세상에서의 샬롬을 이루는데 더 깊은 관심을 갖는 성부 중심적 삼위일체 하나님 이해의 경향을 보인다.[119] 이런 이유로 하나님의 뜻을 가장 정확히 보여주고 명령한 그리스도를 강조하기 위하여 하나님의 선교(Missio Dei)라는 용어 대신 그리스도의 선교(Missio Christi)라는 용어를 사용하는 것이 보다 더 삼위일체 하나님의 뜻에 가까운 선교 개념이 될 것이다. 기독교의 선교는

---

117 하나님의 선교가 추구하는 선교 목표는 영혼 구원 대신 세상을 잘 살게 만드는 일, 그리고 세상의 구원 대신 세상의 샬롬 임을 살펴보았는데, 이러한 목표가 과연 그리스도께서 추구하신 목표인지 아니면 하나님의 뜻이라고 덧씌워진 사람들의 원함인지를 냉정하게 분석할 필요가 있어 보인다.

118 스토트도 "... 세상에서의 그리스도의 선교는 교회 선교의 모델이 되어야 한다..." 고 강조하였다. John R. W. Stott, *The Lausanne Covenant- An Exposition and Commentary*. Lausanne Occasional Papers no.3 (North Carlonina: Lausanne Committee for World Evangelization, 1975), 18.

119 Stanley J. Grenz, 『조직신학』, 394-395.

한자어로 '기독'(基督) 즉 그리스도의 명령 위에 그 근거를 갖는 것이기 때문이다.[120]

6. 하나님의 영광을 추구하는 선교신학

선교의 목표에 관하여 에큐메니컬 진영과 복음주의 진영 간에 인간화냐 복음화냐를 두고 많은 논란이 있어왔고, 근자에 들어서는 통전적 선교신학의 출현으로 인간화와 복음화 사이에 우선순위를 두지 않는 쪽으로 매듭지어지는 분위기가 나타나고 있다. 물론 여전히 우선순위를 두지 않는 통전적 선교신학을 말하면서도 양 진영은 은연 중 한쪽에 무게 중심을 두는 경향을 보이는 것도 사실이지만 어찌되었든 이제 우선순위 논란은 수면 아래에 들어간 양상을 보인다.[121] 즉 이제 통전적 선교신학과 함께 선교의 목표는 복음화와 인간화를 동시에 추구하는 것이 일반적인 견해가 되었다.

그런데 선교의 궁극적 목표는 좀 더 높은 곳에 있다. 즉 선교의 최종적 목표는 복음화 또는 인간화를 넘어서 하나님께 영광을 돌리는 것

---

120 김성욱은 로잔 LOP 문서 31을 정리하면서 종교다원주의 사회에서의 전도 방향은 예수 그리스도가 유일한 길, 이름, 기초, 중보자 임을 강조하는 것이라고 말한다. 김성욱, "로잔운동에서 본 포스트모더니즘의 종교다원주의," 『ACTS 신학저널』 제38집 (2018): 315.

121 복음화의 우선순위를 놓치지 않았던 복음주의 진영도 2010년 10월 남아공 케이프타운에서 열린 제3차 로잔 대회 선언문은 앞의 두 대회에서 사용하던 '우선순위'라는 용어를 사용하지 않고, 대신 '총체적 선교' 혹은 '통전적 선교'의 의미를 지닌 'Integral Mission'이란 용어를 사용함으로써 소위 말하는 '통전적 선교'의 방향으로 선회한 모습을 보여주고 있다. "케이프타운 서약(The Capetown Committment): 믿음과 행동에의 요청에 대한 선언," 1부 10조 C항, 『복음과 상황』 242호(2010). 150.

이 되어야 한다. 존 파이퍼는 "선교의 목표는 열방이 하나님의 위대하심을 보고 기뻐하게 하는 것이다"[122]라고 강조하면서 이와 연관된 말씀들로 "여호와께서 통치하시나니 땅은 즐거워하며 허다한 섬은 기뻐할지어다"(시 97: 1)의 말씀과 "하나님이여 민족들로 주를 찬송케 하시며 모든 민족으로 주를 찬송케 하소서 열방은 기쁘고 즐겁게 노래할지니"(시 67:3-4) 말씀을 인용하고 있다. 이어 그는 선교의 목표를 다음과 같이 말한다.

> "선교는 교회의 궁극적인 목표가 아니다. 예배가 그 목표다"라는 말을 통해 내가 말하고 싶었던 것이 바로 이런 것이다. 우리의 목표는 이러한 경험이 세상의 모든 종족 가운데 일어나는 것이다. 복음의 능력으로 죽은 자가 일어나며, 사람들이 어둠에서 빛으로, 사단의 권세 아래서 하나님께로 나아오리라. 그리하여 그들이 하나님을 깨닫고 하나님을 온 마음을 다해 맛보게 되리라. 그리고 그들이 하나님 안에서 완전한 만족감을 누려, 세상의 모든 두려움과 세력들로부터 자유하게 되어 사랑으로 갈보리 언덕을 오르신 예수님을 따르게 되리라. 그러면 다른 사람들은 그들의 착한 행실을 보면 하늘에 계신 아버지께 영광을 돌릴 것이다. 그리하여 주의 말씀은 오직 영광, 영광을 얻으리라!

전통적인 선교에서 목표로 추구되었던 복음화는 확실히 중요한 선

---

122 John Piper, *Let the Nations be Glad*, 김대영,『열방을 향해 가라』(서울: 좋은씨앗, 2003), 19.

교의 목표다.

그런데 복음화가 일어난다는 것은 무엇을 말하는가?

그것은 곧 복음을 받아들이고 하나님을 모르던 자들이 하나님의 자녀가 되어 하나님과의 관계가 회복되고 아버지를 아버지로 인정하고 존중하고 아버지에게 합당한 예우를 해드리는 것이다. 아버지에게 합당한 예우를 해드리는 것이 바로 영광을 돌리는 것이다. 인간은 하나님과 바른 관계를 맺을 때에 가장 행복하도록 지음을 받았기에 하나님 아버지와 바른 관계를 회복하고 하나님을 아버지로 모실 때에 거기서 참된 복의 길이 열리는 것이다. 하나님의 무한하신 영광을 맛볼 때 사람들은 제한적이지만 하나님을 본받아 영화로워지는 삶으로 나아가게 된다. 아울러 다른 사람들도 이 영광의 체험으로 이끌도록 도울 수 있게 된다.[123]

이와 같은 회복된 관계를 확인하고 또 관계에 합당한 삶을 살겠노라고 다짐하며 또 그렇게 살 수 있는 힘을 부여받는 시간이 바로 예배의 시간이다. 예배 시간에 성도들은 하나님의 자녀 된 자신의 신분과 그 축복됨을 확인하고 기뻐하며, 그 은혜를 주신 하나님을 감사하고 찬양하는 것이다. 이 시간이야말로 성도에게 있어서 가장 복되고 기쁜 시간이 되는 것이다. 이 시간에 참여하도록 사람들을 이끄는 것이 바로 선교이고, 그런 점에서 선교의 최종적 목표는 하나님께 영광을 돌려드리는 예배가 될 수 있는 것이다. 파이퍼는 참된 예배를 다음과 같이 설명한다.

---

123 Douglas McConnell, eds, *Changing Face of World Missions*, 박영환 외 역, 『변화하는 내일의 세계선교』(서울: 바울, 2008), 237.

> 예배에서 가장 우선시되는 것은 외적인 행위가 아니다. 예배는 무엇보다 그리스도 안에 오신 하나님의 성품과 섭리를 소중히 여기는 내적이며, 영적인 경험이다. 예배는 그리스도를 마음에 품는 것이며, 그리스도 안에서 우리를 위해 오신 하나님으로 인해 온전히 만족하는 것이다. 이러한 경험이 없다면, 그것은 결코 예배가 아니다. 그 형식이나 표현 방식이 어떠하든지 말이다.[124]

선교의 궁극적 목표를 하나님의 영광이라고 할 때 복음화는 그 궁극적 목표에 이르는 중간 단계의 목표가 될 것이다. 이것은 인간화의 목표도 마찬가지다. 선교의 궁극적 목표는 모든 인간이 인간답게 잘 사는 것을 넘어선다. 모든 인간이 잘 산다고 해서 그것을 선교의 목표가 이루어진 것이라고 볼 수는 없다. 물질적 풍요가 어느 정도 이루어지고 나름대로 인권도 어느 정도 형성된 일본과 같은 나라를 보면서 선교가 이루어졌다고 할 수는 없는 것이다. 인간화의 과제는 선교의 과제가 이루어진 이후에 하나님의 자녀 된 자들이 세상 속에서 하나님의 뜻을 실천하는 윤리적 과제를 실천하면서 이루어야 할 윤리적 목표가 될 것이다. 물론 윤리적 과제를 잘 수행할 때 하나님께 영광을 돌려드리는 일이 더 잘 발생할 수 있다는 점에서는 인간화는 선교의 궁극적 목표로 가는 중간 단계의 목표도 될 수 있다.

---

124   John Piper, 『열방을 향해 가라』, 359-360.

선교의 궁극적 목표를 복음화나 인간화를 넘어선 하나님의 영광으로 삼을 때 우리는 양 진영의 선교에서 발생할 수 있는 문제들을 극복하는 데 도움을 얻을 수 있다. 예를 들어 복음화를 목표로 삼았던 전통적인 선교에서 자행되었던 교세의 확장, 교파주의, 온갖 인간의 욕심을 극복할 수 있을 것이다. 선교가 특정 개인이나 교회를 위한 것이 아니라, 철저히 하나님을 높여드리는 것을 최종적인 목적으로 삼을 때 전통적 선교의 한계를 극복할 수 있을 것이다.[125]

아울러 선교의 궁극적 목표를 하나님의 영광으로 삼을 때 선교의 목표를 인간화로 삼던 에큐메니컬 진영의 한계점도 극복할 수 있을 것이다. 인간화에서 말하는 사역 즉 삶의 환경을 개선하고 인간을 잘 살게 하는 일 등은 매우 귀한 일이지만 이러한 사역들은 세상의 많은 단체들도 할 수 있는 사역이며 이러한 사역이 이루어진다고 해서 하나님께 영광 돌리는 사역이 자동으로 일어나는 것은 아니다. 인간화의 사역이 중요하고 그것이 복음화를 위한 중요한 사역이지만 여전히 입을 열어 복음을 전하는 일이 있지 않으면 그것은 하나님의 영광으로 이어지지 못하는 것이다.

이런 점에서 인간화의 과제는 복음화의 과정에서 일어나는 낮은 단계의 목표이거나, 선교의 궁극적 목표인 하나님의 영광이 이루어진 후의 열매로 볼 수 있을 것이다. 어찌되었든 선교의 궁극적 목표는 인간

---

125   바빙크는 선교의 마지막 목적에 대하여 복음서와 계시록이 장엄하게 그리고 있는 성대한 식사 즉 완전한 예배에로 온 인류를 초대하는 것으로 그린다(마 22:2, 눅 14:15, 계 19:17 이하). 즉 교회의 모든 증인되는 행위는 종국적으로 하나님 나라의 완성과 거기에서 영광 받으실 하나님을 지향하고 있는 것이다. 이러한 목표가 온전히 추구될 때 인간의 명예욕과 이기심을 극복할 수 있을 것이다. John Herman Bavinck, *An Introduction to the Science of Missions*, David Hugh Freeman, trans (Philadelphia, PA: The Presbyterian and Reformed Publishing Company, 1960), 156.

화나 복음화를 넘어서서 아버지 되신 하나님께 합당한 영광을 돌려드리는 것으로 나아가도록 돕는 것이라 하겠다.

14장

제4 선교신학의 기본적인 틀거리

1. 선교의 개념

모든 학문과 그 학문의 실천에 있어서 가장 중요한 것 중의 하나는 그 학문의 정확한 개념 정의일 것이다.[126] 개념이 명확할 때 효과적인 실천과 그 실천에 대한 평가 그리고 보다 나은 진보가 가능해질 것이다. 개념이 모호하면 그 모호한 개념에 근거한 실천은 방향성을 상실하게 되고 자연히 그 실천의 효율성은 크게 떨어지게 되는 것이다. 특별히 선교는 세상을 향한 교회의 실천이다. 실천에 있어서 개념 자체가 모호하다면 그 실천은 당연히 향방을 잃고 그 효율성이 크게 감소될 것이다.

전통적인 선교에는 명확한 선교 개념이 있었다. 즉 선교는 "타문화권에서 복음전도를 위한 교회의 모든 활동"이라는 점에 거의 이의가

---

126 개념은 "개개의 사물로부터 비본질적인 것을 버리고 본질적인 것만을 추출해내는 사유의 한 형식"이라고 정의되어 있다. 즉 개념을 정한다는 것은 대상의 본질을 찾아내는 작업이며, 이런 점에서 개념을 명확히 하는 것은 오늘의 선교를 위해 매우 중요한 과제라 할 수 있다. 김민수 외 편, 『국어대사전』(서울: 금성출판사, 1991), 91.

없었다. 사실 기독교뿐 아니라 모든 종교는 선교 활동을 하며, 그것은 각 종교가 구원의 진리라고 생각하는 것의 전파를 통하여 종교를 확장하는 활동이다. 따라서 '선교'라는 용어는 일반적으로 종교의 확장 활동이라는 의미로 받아들여지고 있다. 모든 종교는 선교 활동을 통하여 그 종교를 확장해가면서 세계에 영향력을 미치는 것이며, 세계에 기여하는 것이다.

그런데 기독교의 경우는 대략 제2차 세계대전 이후부터 '선교'라는 용어에 큰 혼란이 일어나게 되었다. 복음주의 진영은 여전히 복음전도가 선교의 핵심이라는 견해를 지닌 반면, 에큐메니컬 진영은 세상을 평화롭게 하고 인간들을 인간답게 살도록 만드는 인간화가 선교의 핵심이라는 견해를 표방하였다. 이와 같은 견해 차이로 인하여 양 진영 간에는 상당한 갈등과 논쟁이 있어왔다. 하지만 2천년대에 들어서면서 복음주의 진영이 통전적 선교 개념을 공식적으로 수용하면서 구령이나 타문화권 교회개척과 같은 의미를 넘어서서 세상에 샬롬을 가져오는 모든 활동 또는 교회가 하는 모든 일이 다 선교로 이해되어지기 시작했다.

이렇듯 선교의 개념이 폭넓게 이해되어지면서, 과거에는 선교의 개념은 분명하고 다만 선교의 방법만을 고민하였지만, 이제는 선교 개념 자체가 논쟁의 대상이 되었고,[127] 이런 이유로 데이비드 보쉬와 같은 선교학의 대가도 선교를 정의하기 어렵다는 말을 하였다.[128] 즉 현대의 선교는 그 개념조차도 명확히 정의하기 어려울 정도로 다양한 견해가 나오게 되었다는 것이다.

---

127 전호진, 『선교학』 (서울: 개혁주의신행협회, 1987), 17-23.
128 David J. Bosch, 『변화하고 있는 선교』, 35.

그렇다면 바람직한 방향의 선교 개념은 무엇인가?

첫째, 현재 정의조차 내리기 어려울 정도로 광범위하고 흐릿한 선교 개념을 단순 명료한 선교 개념으로 바꾸어야 한다. 오늘날 가장 널리 수용되고 있는 통전적 선교 개념은 에큐메니컬 진영의 선교 개념과 복음주의 진영의 선교 개념을 다 수용한 것이라 할 수 있다. 에큐메니컬 진영의 선교 개념은 선교의 의미를 구령과 교회개척의 사역으로 보기보다는 온 세상에 평화와 샬롬이 넘쳐서 모든 사람들이 다 잘 살도록 만드는 사역으로 보는 경향이 강하다. 그러니까 에큐메니컬 선교신학에서는 세상을 다 잘 살게 만드는 모든 일이 다 선교인 것이다. 통전적 선교 개념은 이 에큐메니컬 선교 개념을 수용하여 세상을 다 잘 살게 만드는 일과 복음전도를 다 합하여 선교의 개념으로 보는 것이다.

이러한 이해는 상당히 설득력이 있어 보이는 개념이지만 사실 너무 그 범위가 넓은 것이다.

세상을 잘 살게 하는 것이 얼마나 엄청난 일인가?

에큐메니컬 진영이 내세우는 정의로운 사회를 만들어야 하고, 평화로운 사회를 만들어야 하고, 생태계를 회복하고 보존해야 하고, 가난의 문제를 해결해야 하는 등의 문제는 일개 국가도 쉽게 해결하기 어려운 과제이다. 심지어 세계 국가들의 연합체인 유엔과 같은 기구도 전쟁이나 난민 그리고 가난 문제 등에 역부족인 것을 보게 된다. 하물며 교회는 인력과 재력이 매우 제한된 기구이다.

물론 하나님은 이 우주의 주인이시며 모든 것을 통치하시는 분이시지만, 지상의 교회는 여전히 많은 한계를 지니고 있는 것이 사실이다. 이 제한된 힘을 가지고 여러 가지를 동시에 포괄적으로 수행하려고 하면 힘이 분산되어 추진력이 약화되는 것이 자연스러운 이치이다.[129] 즉 지나치게 포괄적인 선교 개념을 가지고 선교에 임하면 그 선교는 선명성과 추진력의 약화로 이어지면서 선교의 효율성이 심각하게 약화되는 것이다.

특별히 전통적으로 강조점이 주어졌던 복음 선교 분야의 동력이 현저하게 약화되게 된다. 이러한 약화 현상에 대하여는 WCC의 회원 교회인 동방교회도 심각한 우려를 표명하였었고,[130] 에큐메니컬 신학의 대가로 알려진 이형기도 에큐메니컬 진영이 사회참여는 열심히 추구하지만 복음화의 열정은 싸늘하게 식어진 모습을 지적한 바 있다.[131] 복음전도의 열의가 약해진다는 것은 곧 기독교의 약화로 이어지는 것을 의미하므로, 통전적 선교의 포괄적 선교 개념이 우려되는 것이다.

둘째, 바람직한 선교 개념은 윤리와 구분되는 개념을 지니는 것이다. 물론 윤리의 개념은 매우 중요하다. 전통적인 선교처럼 윤리적 차원을 소홀히 하여 소위 말하는 '제국주의 선교,' '이기적 선교' 등의 문제점을 만들지 않도록 철저하게 반성하고 방지해야 한다. 복음을 전하는 자들의 말과 행위를 통하여 하나님이 바르게 드러나도록 해야 한다. 하나님께 영광이 돌려지도록 해야 한다. 그 때 제대로 된 선교가

---

129 이러한 원리와 연관하여 딘 켈리(Dean Kelly)는 진보적인 교회들이 퇴보하는 이유를 분석하면서, "사회를 섬기는 일을 해서가 아니라 교회만의 본질적인 일을 게을리해서"라고 진단하였는데, 동감이 가는 분석이다. Dean M. Kelly, *Why Conservative Chruches are Growing: A Study in Sociology of Religion with a new preface for the Rose edition* (Macon, Georgia: Mercer University Press, 1986), xx-xxi.

130 동방교회는 WCC의 신학 성향에 대하여 "우리는 WCC의 많은 문서들에서 예수 그리스도께서 세상의 구세주라는 고백이 빠져 있음을 안타깝게 생각한다"라고 표명하면서 WCC가 정통적인 신앙으로부터 멀어짐을 지적하였다. 이형기, "에큐메니즘의 역사적 고찰," WCC, 『세계교회협의회 40년사』, 291.

131 위의 책, 235-236.

이루어지는 것이다.[132] 하지만 그렇다고 해서 선교와 윤리를 섞어서 혼란스럽게 하는 것도 옳지 않다. 선교적 과제는 복음이 미약한 지역에서 복음을 전하여 하나님과의 관계를 갖게 하고 하나님의 자녀가 되게 하는 것이 주된 과제이다. 반면에 윤리적인 과제는 하나님의 자녀가 된 사람들이 착한 행실을 함으로써 사람들로 하여금 하나님께 영광을 돌려드리게 하는 일이다.

즉 선교적 과제가 윤리적 과제보다 우선적인 과제가 되는 것이다. 윤리적 과제는 마음을 돌이켜서 하나님의 자녀가 된 자들에게 요구되어지는 삶이기 때문이다. 세상의 윤리는 회심과 상관없이 요구되는 것이지만, 기독교의 윤리는 먼저 회심이 있고 그 후에 실천되어지는 것이다. 아이가 먼저 태어나야 그 후에 사람다운 삶을 요구할 수 있는 것처럼 기독교 윤리도 먼저 하나님의 자녀로 태어나는 것이 이루어져야 가능한 것이다. 이러한 순서 문제에 대해서는 하르텐슈타인 다음으로 '하나님의 선교' 개념을 발전시킨 비체돔(Georg F. Vicedom)도 다음과 같이 역설했다.

> 만약 죄가 하나님으로부터 인간을 분리시키는 것으로서 죽음이라고 한다면, 용서를 통한 죄의 정복이 생명의 전제이다. 하나님의 나라는 용서가 있는 곳에서만 시작될 수 있다. … 예수가 그 나라를 선물로서 주는 것은 그가 인간적인 것을 보충하고 높이는 것이 아니라, 회개와 의인을 통하여 선물로 주어진 새로운 생명으로서 인간에게 그의 환

---

132   강병도 편, 『호크마 종합주석: 마태복음』 (서울: 기독지혜사, 1990), 231.

경과의 새로운 관계 및 인생의 새로운 목표를 전달해주는 것이다. 그런 다음에 여기서부터 하나님의 사람들을 통하여 하나님께서 이 세상에 보여주시고자 하는 봉사가 성장하며, 이 봉사는 모든 생활의 영역에 그리스도를 통하여 침투하여 새롭게 변화시킨다.[133]

비체돔의 말대로 하나님의 나라는 용서가 있는 곳에서부터 시작될 수 있는 것이다. 회개를 통하여 생명이 주어진 사람들을 통하여 세상에 대한 봉사가 이루어지는 것이다. 따라서 통전적 선교 개념을 갖는다 해도 여전히 회개를 통하여 생명을 얻게 하는 복음화가 이루어질 때에 올바른 윤리적 과제의 수행이 가능케 되는 것이라 할 수 있다. 이런 이유 때문에 비체돔은 "그러므로 예수의 나라에 참여하는 일은 항상 회개(metanoia)와 뗄 수 없는 관계에 있다. 이 점에 주의를 기울이지 않는 사람은 교회와 선교에 있어서 항상 그릇된 목표를 세울 것이며, 아무리 경건한 일을 수행한다고 해도 그는 세상 나라 속으로 빠져 들어가게 될 것이다"[134]고 설파하였던 것이다.

셋째, 바람직한 선교 개념은 공존보다는 변화에 더 강조점을 두는 선교 개념이다. 전통적인 선교 개념은 교회의 확장과 이로 인한 세계의 변화에 강조점을 두었다. 반면에 에큐메니컬 선교 개념은 이 세계를 '인류가 함께 사는 집'으로 보면서 확장이나 변화보다는 만물의 공존에 깊은 관심을 가지며 에큐메니컬 선교 개념을 수용한 통전적 선교

---

133   Georg F. Vicedom, *Missio Dei*, 박근원 역, 『하나님의 선교』 (서울: 대한기독교출판사, 1980), 52.
134   위의 책, 41.

개념 역시 공존을 중시하는 경향을 보인다. 에큐메니컬 진영은 오늘의 세계가 많은 인종, 종교, 계급, 관심 등으로 나뉘어져 심각한 갈등과 분쟁이 만연한 세계로 보면서 화해와 공존 등을 매우 강조한다. 이러한 시각 속에서 세계교회협의회는 '살아있는 신앙을 갖고 있는 사람들과의 대화'[135]라는 부서를 설치하고 타종교들과의 대화를 시도하는 데 많은 힘을 기울여 왔다.

이런 시도들을 통하여 타종교에 대한 이해를 넓히고, 갈등과 분쟁을 방지하고, 세계 평화와 샬롬을 이룩하는 데 범종교적인 협력을 추구하여왔고, 이러한 노력들은 일정 정도 결실을 얻고 있는 것으로 평가되어진다.[136] 그러나 공존에 대한 강조는 동시에 기독교 본질의 약화로 이어질 가능성이 있다는 점도 함께 인식할 필요가 있다. 공존을 위해서는 타인의 주장에 기꺼이 귀를 열어야 하며, 그 속에 담긴 진리를 인정할 수 있는 자세를 지녀야 한다. 상대를 참으로 인정하려면 서로를 동등하게 여기는 자세가 필요하다. 나의 것만이 진리라고 말하는 자세로는 공존을 추구할 수 없다. 그런데 기독교는 기본적으로 예수만이 구원의 유일한 길이며, 이것은 모든 인류에게 예외 없이 적용되어지는 진리라는 신앙을 핵심으로 지니고 있다.

---

135   WCC는 기획 제1부인 '신앙과 직제' 산하에 "살아있는 신앙을 갖고 있는 사람들과의 대화" 라는 부서를 설치해놓고 종교간 대화를 적극 추진하고 있다. WCC, *And So Set Up Signs: The World Council of Chruches first 40 years*, 이형기 역, 『세계교회협의회 40년사』 (서울: 한국장로교출판사, 1993), 174.
136   벤쿠버는 대화를 "궁극적 실재에 대해 다른 주장을 가지고 있는 사람들이 서로 만나 상호 존중하는 마음으로 그 주장들을 탐구할 수 있는 만남"으로 진술하고 있다. 그리고 이러한 대화를 통해서 이 세상 안에서 일하시는 하나님의 활동에 대하여 보다 많은 것을 얻을 수 있고 또한 타종교인들의 궁극적 실재에 대한 통찰과 경험을 많이 이해하게 될 것이라고 기술한다. WCC, 『역대총회종합보고서』, 430.

따라서 공존과 기독교 진리에 대한 확신은 서로 반비례적 성격을 지니며, 공존을 강조하면 그만큼 예수만이 진리라는 확신은 약화되면서, 기독교의 정체성은 그만큼 약화될 수 있다.[137]

이슬람의 경우는 어떠한 타협이나 공존도 인정하지 않고 자신들의 신앙을 철저하게 지키며 확장을 거듭하고 있는데, 기독교가 자신의 정체성을 분명히 하고 진리를 전파하여 세계를 하나님이 통치하시는 곳으로 바꾸려는 노력보다는 타종교와의 공존 등에만 집중할 경우 기독교는 심각한 위기를 맞이할 것이다. 이미 유럽은 강력해진 이슬람 앞에서 기독교가 철저하게 무능한 모습을 보이거나 한걸음 더 나아가 이슬람의 핍박을 받는 모습을 보이고 있는 점을 깊이 인식할 필요가 있다. 타종교를 깊이 배려하면서도 진리의 전파와 그로 인한 세계 변혁에 더 강조점을 두는 선교 개념으로의 변화가 절실히 요구되는 것이다.

2. 선교의 목표

선교를 수행함에 있어서 명확하고 실현 가능한 목표를 세우는 것은 참으로 중요한 일이다. 무슨 일을 하든지 목표가 정확하게 잘 설정될 때 일의 성공 가능성이 높아지기 때문이다. 목표가 분명하지 않고 너무 포괄적이라든지, 세워진 목표가 계속해서 변화된다든지,[138] 목표 자

---

137 이런 점에서 보쉬는 "그러나 모든 것이 동등하게 타당성을 가지는 경우에 참으로 어떤 것도 더 이상 중요하지 않다"라고 강조하였다. David J. Bosch, 『변화하고 있는 선교』, 716.

138 보쉬는 벌코프의 말을 인용하여 에큐메니컬 선교 목표가 1950년을 기점으로 사도적 헌신에서 봉사적 헌신으로 바뀌었음을 말한다. 그런데 세상의 필요는 지속적으

체가 너무 이상적으로 설정되어 있다든지, 어떤 목표가 가장 핵심적인 목표인지에 대한 우선순위 등이 명확하지 않으면 그 선교는 실패 가능성이 높아질 수 있다. 따라서 명확하고 효율적인 목표 설정이 중요한데, 목표가 분명하게 설정되면 그 목표를 달성하기 위해서 해야 할 일과 하지 말아야 할 일 또는 우선적인 일과 차선적인 일 등을 구분할 수 있다. 아울러 목표가 분명해야 그 일을 시행한 후 평가를 제대로 할 수 있다. 목표 자체가 분명하지 않으면 기준이 없기에 평가도 불가능해지는 것이다.[139]

오늘날 널리 수용되고 있는 통전적 선교신학의 경우 목표가 매우 포괄적이어서 선교의 목표가 명확하게 무엇인지 분명치 않은 경향이 있다. 또한 그 많은 목표를 설정해놓고 어느 목표가 순차적으로 우선적인지에 대한 논의가 없다. 이처럼 목표가 포괄적이면서 불분명하고 그러면서 어느 목표부터 이루어갈 것인지에 대한 명확한 입장이 없으니 이러한 목표를 추구하는 선교가 과연 성공적인 결실을 거둘 수 있을지 회의적이다. 목표도 명확하게 설정하지 않고 길을 떠난 나그네가 성공적으로 일을 마치고 돌아올 수 없는 것과 마찬가지로 오늘의 기독교 선교는 명확하고 효율적인 목표 설정을 하지 못하여 그 열매를 기대하기 어려운 상황이라고 하겠다.

그렇다면 과연 바람직한 방향의 목표 설정은 무엇인가?

첫째, 가장 먼저 생각할 수 있는 점은 교회만이 할 수 있는 목표와

로 변동되므로 세상을 섬기는 봉사적 헌신으로의 선교 목표는 지속적으로 변동되는 것이다. David J. Bosch, *Witnesss to the World*, 전재옥 역, 『선교신학』 (서울: 두란노, 1992), 225.

139 남정우, 『선교란 무엇인가』 (서울: 쉐키나, 2010), 25.

교회도 할 수 있는 목표를 구분하고 전자에 우선순위를 두는 것이다. 교회만이 할 수 있는 목표는 전도, 교회개척 등의 과제이다. 반면에 교회도 할 수 있는 과제는 소위 말하는 인간화의 과제로서 이 과제는 세상의 다양한 기구들도 할 수 있는 과제이다. 전자는 흔히 전통적인 의미의 선교적 과제이며 사도적 헌신이라고도 할 수 있다. 후자는 윤리적 과제라 할 수 있으며 세계에 대한 봉사적 헌신이라고 할 수 있다. 사도적 헌신은 오직 교회만이 할 수 있는 목표이기 때문에 교회가 이 일을 게을리하면 대신 이 일을 감당할 수 있는 기관이 없다. 자연스럽게 이 일은 약화되고 이것은 전도의 약화와 교회의 약화로 이어지는 것이다.

보쉬는 벌코프(Berkhof)의 말을 인용하면서 "… 1950년대의 세계에 대한 사도적 헌신은 그 후의 세계에 접어들어서는 세계에 대한 봉사적 헌신으로 바뀌어졌다고 했는데, 그는 바른 말을 해준 것이다"[140]라고 언급했다. 벌코프의 이 말은 에큐메니컬 선교 목표의 경향을 분석한 말이지만, 통전적 선교 목표 역시 교회만이 할 수 있는 사역인 사도적 헌신을 교회도 할 수 있는 세계를 위한 헌신과 동일한 중요도로 인식하면서 사도적 헌신의 강도를 낮춘 모습을 보이고 있다.

이처럼 사도적 헌신이 낮아지면 교회는 갈수록 약화되는 길로 나아가는 것이다. 이슬람과 같은 종교들은 알라의 뜻을 따라 세계를 이슬람화하는 선교에 모든 것을 거는 반면, 기독교는 교회만이 할 수 있는 사도적 헌신을 소홀히 하면서 갈수록 약화되는 것은 참으로 심각한 일이 아닐 수 없다. 바람직한 선교의 목표는 사도적 헌신에 우선순위를

140　David J. Bosch, 『선교신학』, 225.

두는 것이어야 한다.

둘째, 교회가 할 수 있는 일에 우선순위를 두는 선교 목표를 설정할 필요가 있다. 통전적 선교에서 목표를 삼고 있는 일은 참으로 광범위하다. 어떻게 보면 세상의 모든 일이 다 선교의 목표에 포함될 정도로 광범위하다. 즉 통전적 선교의 목표는 세상의 모든 문제를 자신의 문제로 끌어안고 그 모든 문제를 해결하고자 하는 경향을 보인다. 이것은 세계 참여적이고 세계에 대하여 책임을 지는 모습이므로 일면 긍정적인 모습일 수 있다.

하지만 아무리 좋은 목표라 할지라도 인력과 재원 그리고 시간이 제한된 교회가 이 모든 것을 다 수행할 수는 없는 것이다. 그것은 마치 고등학생이 대학입시도 하고, 세계 평화 운동도 하고, 인권 운동도 하고, 환경 보존 운동에도 참여하고, 가난한 사람들을 위한 투쟁운동에도 참여하는 포괄적인 목표를 정하는 것과 비슷하다고 하겠다.

고등학생이 이 모든 일을 다 한다고 해서 나쁠 것은 전혀 없다. 다 좋은 일이다. 하지만 그 모든 일을 다 하려고 한다는 것은 곧 그 학생이 가장 잘 할 수 있고, 가장 열심히 해야 하는 일을 소홀히 하게 되는 결과를 낳고 마는 것이다. 이런 이유 때문에 모든 것을 다 선교 목표로 설정하는 선교에 대하여 선교역사학자인 스티븐 닐(Stephen Neil)은 모든 것을 다 하려는 포괄적 선교는 결국 선교를 제대로 할 수 없음을 지적한 바 있다.[141]

---

141 에큐메니컬 진영의 포괄적인 선교 목표를 보면서 스티븐 닐이 "모든 것이 선교라면 아무 것도 선교가 아니다"라고 한 이 말은 선교가 모든 것을 다 하려고 하면 선교의 가장 본질적인 사역도 제대로 할 수 없게 된다는 것을 강조했다고 할 수 있다. David J. Bosch, 『선교신학』, 23.

바람직한 방향의 선교 목표는 교회가 할 수 있는 일에 우선순위를 두고 힘을 쏟아야 한다. 어차피 교회가 쓸 수 있는 에너지와 자원은 무한하지 않기 때문이다. 모든 것을 다 할 수 있다면야 좋겠지만 현실적으로 이 세상에 어떤 기관도 모든 것을 다 할 수는 없다. 물론 하나님은 모든 것의 주인이시고 모든 것이 가능하신 분이시다. 그러나 하나님의 위임을 받아 선교하는 교회는 제한되어 있다. 따라서 핵심적인 사역을 목표로 삼아야 한다. 선교에 있어서 핵심적인 사역은 복음을 전하는 것이다.

이와 연관하여 크리스토퍼 라이트(Christopher J. H. Wright)도 "… 궁극적으로 하나님의 말씀과 그리스도의 이름을 선포하고, 회개와 믿음과 순종을 요청하는 것을 포함하지 않는 선교는 그 과제를 다 하지 못하는 것이다. 그것은 총체적인 선교가 아니라, 결함이 있는 선교다"[142]라고 강조하였다. 복음전도와 그로 인한 구령의 열매가 없는 선교는 선교라고 할 수 없는 것이며, 이런 점에서 선교의 핵심과 우선순위는 여전히 복음전도에 있는 것이다.

종교가 이러한 핵심을 지니지 않고 무조건 포괄적 목표를 추구하는 경우 그것이 종교의 약화로 이어진다는 점은 종교사회학적으로도 실증되어지고 있다. 정의와 평화 같은 문제 즉 기본적으로 교회의 역량을 넘어서는 문제들에 지나친 관심을 두고 거기에 힘을 쏟는 종교는 전통신앙의 약화와 그로 인한 종교의 쇠퇴가 일어나는 반면, 전통적인 신앙에 충실하면서 종교의 진리 전파에 우선순위를 두는 보수적 종

---

142   Christopher J. H. Wright, *The Mission of God*, 정옥배 한화룡 역, 『하나님 백성의 선교』(서울: IVP, 2010), 398-402.

파들은 종교가 성장하면서 결과적으로는 사회봉사나 사회참여 등에도 더욱 열심을 내는 모습을 보인다.[143] 선교도 제한된 시간과 인력 그리고 재물을 가지고 행해지는 교회의 활동인데 이 제한된 힘을 가지고 능력을 넘어서는 일까지 모두 다 붙들고 하려고 하다가는 하나도 제대로 할 수 없는 문제에 직면할 가능성이 있음을 인식하는 것이 중요하다.

셋째, 목표의 순차성을 고려할 필요가 있다. 통전적 선교는 모든 목표를 다 동일한 중요도로 생각하는 경향이 있다. 이러한 선교 목표에서 심각하게 결여되는 요소가 있는데 그것은 바로 목표의 순차성에 대한 이해이다. 순차성에 대한 고려 없이 모든 목표가 다 동일하게 중요한 것으로 생각하고 그 결과 모든 목표를 다 이루어야 진정으로 바른 목표를 이룬 것처럼 생각하는 것은 심각한 문제에 봉착할 수 있다. 모든 목표를 이루어감에 있어서는 과정이 있다. 중간 단계의 목표들을 이루어가면서 최종적인 목표를 이루어가는 것이다.

고등학생으로 말하자면 고등학생의 최종 목표를 한 사회의 책임 있는 구성원으로 성장하는 것이라 할 수 있다. 그런데 책임 있는 구성원으로 성장하는 최종적인 목표를 달성하기 위하여 핵심적인 소목표들이 있을 것이다. 예를 들면 고등학교 시절에 학교 공부를 성실하게 잘 하는 것, 대학을 가려고 한다면 대학시험을 잘 치르는 것, 대학에서 내일의 꿈을 위해 열심히 자신을 준비하는 것, 그리고 사회에 나가서 사회의 일원으로 성실하게 살아가는 것 등이 될 것이다. 이러한 소목표들이 순차적으로 잘 달성될 때 최종적인 목표가 잘 완성될 수 있을 것

143　Peter L. Burger, *Desecularization of the World: Resurgent Religion and World Politics*, 김덕영 송재룡 역,『세속화냐? 탈세속화냐?: 종교의 부흥과 정치』(서울: 대한기독교서회, 2002), 20-23.

이다. 이런 점에서 목표들의 순차성이 중요하다.

　선교에 있어서도 이러한 순차성이 매우 중요하다. 선교의 최종적인 목표를 하나님의 영광, 하나님의 통치를 이 땅 위에 임하도록 하는 것 등으로 둔다고 할 때도 이 최종적인 목표를 향해 나아갈 때 중간단계에 해당되는 중요한 목표들이 있는 것이다. 하나님의 영광과 하나님의 통치를 생각할 때 가장 중요한 점은 먼저 하나님께 관심이 없고 하나님을 멀리 떠나 맘대로 살고자 하는 사람들에게 하나님을 알게 하고 하나님을 만나 인격적 관계를 회복하도록 하는 것 즉 복음전도가 가장 중요한 첫 목표가 될 수 있다. 이 목표를 이룸에 있어서 이 목표가 원활히 수행될 수 있도록 사회봉사도 필요하고 먼저 믿는 사람들의 높은 윤리적 수준의 삶도 필요한 것이다.

　그리고 하나님을 모르고 방황하던 사람들이 회심하여 하나님의 자녀로서 모일 때에 저들의 신앙 지도를 위한 교회가 필요한 것이다. 즉 교회개척의 필요성이 대두되며, 교회개척이 선교의 중요한 중간 단계 목표가 될 것이다. 교회가 세워지고 그 곳에서 하나님을 영화롭게 하는 예배가 드려질 때 선교의 궁극적인 목표는 이루어지는 것이다. 또한 이 예배를 드린 사람들이 세상으로 나아가서 세상에서 하나님의 말씀을 삶 속에서 실천해갈 때 이 사회 가운데 하나님의 통치가 실현되어지는 것이다. 여기에서 하나님의 통치 실현은 하나님께 영광 돌려드리는 삶을 살 때 실현되는 것이고, 동시에 이것은 또한 다시 선교의 밑거름이 되는 것이다.

　이런 점에서 선교와 윤리는 거의 분리하기 어려울 정도로 긴밀한 관계를 갖는 것은 사실이다. 하지만 여기에서 중요한 점은 윤리적 과제는 선교적 목표의 중간 단계의 목표이지 윤리적 과제가 최종적 목표는 아니라는 점이다. 윤리적 목표가 최종적인 목표로 설정되면 그 결과는 복지사회 건설은 될지 모르지만 하나님의 이름이 높임을 받으면서 하나님의 통치가 세워지는 하나님의 나라 건설이 자동으로 이루어지는 것은 아니다.[144] 이런 점에서 선교의 최종적인 목표는 언제나 하나님의 영광에 초점을 맞출 때 바람직한 선교의 열매가 맺혀지게 되는 것이다. 바람직한 방향의 선교는 이러한 다양한 선교 목표들의 순서를 인식하고 중간 목표를 최종 목표로 바꾸는 우를 범하지 않는 것이라 할 수 있다.

3. 선교의 방법

선교 방법에 관한 전통적인 복음주의 선교와 에큐메니컬 선교의 시각은 다음 몇 가지 점에서 상당한 차이를 보여준다.

첫째, 전통적인 선교는 주로 사람들을 데려오기 위한 '언어의 전달'에 관심을 갖는 반면, 에큐메니컬 선교는 사람들을 데려오는 것보다는 그들의 삶 속에서 함께 하는 '현존의 삶'에 관심을 갖는다. 즉 언어를 통한 복음의 전달보다는 사랑과 섬김 등을 통하여 사람들과 하나 되는 삶을 사는 것이 곧 그리스도의 선교 방법이라는 생각을 갖는다.[145]

---

144 이종성은 인간화를 외치는 휴머니스트들의 주된 특징 중의 하나를 인간 행복을 위해 신을 없애려는 경향으로 보는데, 에큐메니컬 진영이 외치는 인간화 즉 윤리적 과제를 최종적 목적으로 삼는 선교 경향 역시 신의 뜻을 소홀히 여기고 인간의 행복을 우선시하는 방향으로 갈 수 있음을 인식할 필요가 있다. 이종성, 『신앙과 신학』 (서울: 대한기독교서회, 1977), 225-226.

145 "선교와 전도: 에큐메니컬 확언"은 "인간의 소망과 고통을 공유하면서, 또 모든 인간을 위하여 십자가 위에서 자신의 생명을 내어주면서 사람들 가운데서 종의 모습으

둘째, 전통적인 선교가 주로 복음의 전달과 선포에 관심을 두었다면 에큐메니컬 진영은 대화와 협력 등을 강조한다. 에큐메니컬 선교는 그리스도인은 타종교인을 향하여 선교를 행할 때 상대방을 내가 가진 것으로만 이끌려고 조종하는 자 즉 '조작자'(manipulators)의 자세를 버리고 상대방을 진정한 동료 순례자로 보면서 함께 열린 대화를 나누어야 함을 강조한다.[146] 한 걸음 더 나아가 종교들이 지니고 있는 차이점을 강조하기보다는 공통점의 기반 위에서 세계의 샬롬을 위한 협력 방안을 모색하기에 종교 간 대화는 매우 중요한 에큐메니컬 진영의 선교 방법이 되는 것이다. 즉 전통적인 선교가 주로 교회로부터 세상으로 나아가는 단방향의 선교 방식을 추구한 경향이 강했다면, 에큐메니컬 선교는 교회와 세상 그리고 기독교와 타종교 사이의 양방향적 소통의 선교 방식을 추구하는 경향이 강하다고 할 수 있다.

셋째, 전통적인 선교가 주로 개인을 회개로 부르는 차원의 선교 방법에 많은 관심을 둔 반면, 에큐메니컬 선교는 개인 회심을 포함하여 사회구조악에 도전하는 선교에 관심을 두고 있다고 할 수 있다. 전통적인 선교는 개인의 회심이 결국 사회구조 갱신으로 이어진다는 사고를 지니는 반면, 에큐메니컬 선교는 사회구조 갱신 자체가 바로 "… 전 인류의 회심에 대한 본질적인 요소이다"[147]라고 보는 것이다. 즉 오늘날 추구되어져야 하는 바람직한 선교의 방법은 복음전도뿐 아니라 사

로 살았던 자기비하의 모습은 복음을 선포하는 그리스도의 방법을 보여준다"라고 강조한다. WCC, "선교와 전도: 에큐메니컬적 확언," in WCC, *You Are the Light of the World*, 김동선 역, 『통전적 선교를 위한 신학과 실천』 (서울: 대한기독교서회, 2005), 44.
146 WCC, "일치를 통한 오늘날의 선교와 전도," in WCC, *You Are the Light of the World*, 김동선 역, 『통전적 선교를 위한 신학과 실천』 (서울: 대한기독교서회, 2005), 135.
147 WCC, "선교와 전도: 에큐메니컬적 확언," 44.

회구조악을 타파할 수 있는 다양하고 복합적인 선교 방법을 추구해야 한다는 것이다.[148]

통전적인 선교신학은 이상과 같은 대조를 모두 수용하면서 균형감을 갖는 선교 방법을 주문한다.

하지만 과연 이 두 가지 대조되는 방안들을 그냥 얼버무려서 수용하는 것이 바람직한 방향일까?

대안으로 제시되는 제 4 선교신학의 선교 방법은 다음과 같은 특징을 지닌다.

첫째, 바람직한 선교 방법은 모든 것에 열린 방법을 추구하되 주어진 목표를 위해 가장 효율적인 방법을 추구하는 것이라 할 수 있다. 오늘의 상황에서 추구해야 할 바람직한 선교 방법은 유연성과 융통성을 지니고 모든 것에 열린 선교 방법이어야 한다. 시대가 바뀌고 문화가 바뀌는 상황에서 고전적인 방법만을 고수할 수는 없다. 상황에 따라서 복음전도보다 구제나 봉사가 먼저 필요한 상황이 있다. 당장에 굶어 죽어가고 있는 사람들에게는 빵을 먼저 주어야 할 것이다.

또 일방적인 선포보다는 현존과 대화 등이 훨씬 더 선교를 용이하게 할 수도 있다. 복음을 들을 사람들의 삶 속에 들어가 깊이 있는 사귐을 가지면서 저들과 좋은 인간관계를 형성하지 못한 상황에서 복음을 전한다는 것은 전도의 효율성을 떨어뜨릴 것이다. 또한 개인적이고 점진적인 변화보다 구조악의 해결이 더 절실하게 요구되는 상황도 있을 수 있다. 구조악이 상존하는 상황에서 개인들의 변화만을 추구하는 것은 분명 한계가 있기 때문이다.

---

148   위의 글, 55-57.

하지만 그렇다고 이 모든 방법이 모두 동일한 중요도를 지니는 것으로 보아서는 안 된다. 바람직한 선교 방법은 언제나 세워진 선교 목표에 얼마나 효율적인 방법인가를 점검해야 할 것이다. 아무리 그럴듯한 방법이라 해도 그 방법이 목표와 연관성이 약하고 목표를 이루는 데 효율성이 약하거나 목표와는 동떨어진 방법이라면 바람직한 방법은 아닌 것이다. 즉 좋은 선교 방법은 포괄적으로 넓게 열려 있되 목표와의 긴밀한 연관성 속에서 목표 달성을 위해 최선의 효율성을 지닌 방법이라 하겠다.

둘째, 선교에 있어서의 윤리성 문제다. 전통적인 선교에서 가장 심각한 약점 중의 하나는 윤리성의 부재였다고 할 수 있다. 많은 선교 활동이 하나님의 영광을 위한 활동이기보다는 자신들의 이익과 세력 확대를 위한 활동으로 변질되어 버린 면이 없지 않다. 또한 그리스도의 희생과 모범을 따르기보다는 식민지 확장, 교세 확장, 개종 강요 등으로 변질되어 버린 면이 없지 않다.[149]

특별히 선교사들의 문화우월주의가 심각한 문제로 대두되었는데, 이러한 문화우월주의는 현지인과 그들의 문화를 무시하는 일방적 자세, 복음이 아닌 서구의 문화를 절대적인 것으로 여기는 자세, 온정적 간섭주의 등을 배태하게 되었다. 이러한 자세는 현지인들의 반발을 사기 쉬웠고, 중국과 같은 지역에서는 "기독교인이 한 사람 늘어나면 중국인이 한 사람 줄어든다"[150]는 속담이 생겨날 정도로 문화우월주의의 폐해로 인하여 교회에 대한 반발이 심각했다.

149　Arthur F. Glasser, *Announcing the Kingdom*, 임윤택 역, 『성경에 나타난 하나님의 선교』 (서울: 생명의 말씀사, 2006), 13.
150　Preman Niles, "오늘날의 세계선교," 208.

이러한 점에서 "선교와 전도: 에큐메니컬적 확언"은 "그리스도에게 관심을 가진 세상의 많은 사람들이… 기독교를 회피한다. 예수 그리스도를 고백하지 않는 세상의 수많은 사람들이 단지 그리스도인들의 삶에서 보았던 비복음적인 요소 때문에 얼마나 예수를 받아들이기를 주저하는가!"[151]라고 말한다. 즉 교회와 성도들의 복음적이지 못한 삶이 복음이 받아들여지는 데 장애물이 되므로 삶을 고치는 것이 복음의 선포에 앞서야 함을 강조한다. "일치를 통한 오늘날의 선교와 전도" 문서도 산 안토니오를 인용하여 윤리적 요소의 중요성을 다음과 같이 강조한다.

> 다른 종교의 사람들에게 복음을 전하는 우리의 사명은 그들과 함께 살아가는 현존(presence), 그들이 가진 신앙적 헌신과 경험의 가장 깊은 부분에 대한 예민함(sensitivity), 그리스도를 위해 그들을 섬기겠다는 의지(willingness), 하나님이 그들에게 무엇을 하였고 또 무엇을 하고 있는가에 대한 확언(affirmation) 그리고 그들을 향한 사랑을 전제로 한다.[152]

우리의 선교가 바른 열매를 맺기 위하여 윤리의 중요성은 아무리 강조해도 지나치지 않는 것이다. 아무리 많은 노력과 헌신이 주어졌다 해도 그 선교가 비윤리적으로 진행된다면 선교는 오히려 큰 장애물을

151　WCC, "선교와 전도: 에큐메니컬적 확언," in WCC, *You Are the Light of the World*, 김동선 역, 『통전적 선교를 위한 신학과 실천』, 43.
152　WCC, "일치를 통한 오늘날의 선교와 전도," 137.

만나게 되기 때문이다.[153]

셋째, 바람직한 선교 방법은 점진적 선교 방법에 우선순위를 두는 것이다. 구조 자체를 바꾸려는 급진적인 선교 방법이 때로 필요할 수는 있다. 하지만 이것은 대부분 예외적인 경우에 해당되는 것이다. 기독교가 세계를 바꾸는 가장 기본적인 방법은 개인의 마음을 바꾸어서 세상을 바꾸는 점진적인 방식이다. 즉 기독교의 세계 변혁 방식은 기본적으로 인간의 변화와 그로 인한 세계의 변혁에 있다.

급진적인 방식은 뿌리와 열매 가운데 뿌리도 없이 열매를 거두거나 말과 마차의 순서를 뒤바꾸어 놓는 오류가 될 수 있다. 이런 이유 때문에 브라텐은 "선교의 유일한 주제는 문화적, 정치적 및 사회적 영역에 있어서 사물의 조건이 아니라 개체적 인격이다"[154]라고 갈파하였다. 이종성도 "복음 설교는 정치적 계획이나 사회의 혁명 강령을 말하는 것이 아니다. 그러한 것을 만들 수 있는 사람을 하나님의 말씀으로 회개케 하여 그러한 일을 할 수 있는 준비를 가능케 하는 데 더 관심을 가진다(고후 5:17)"[155]고 주장한다. 흥미로운 사실은 개인의 변화에 초점을 맞춘 복음주의 운동이 결과적으로는 사회의 구조악도 타파하는 데 많은 기여를 하였다. 보쉬는 이것을 다음과 같이 설명한다.

> 그들은[복음주의 각성을 주장한 설교가들] 삶의 근원, 샘터를 깨끗이 하려고 하였다. 그들은 하나님 앞에서 그리고

---

153 장순호, "방글라데시 선교의 문제와 전망을 말한다." 「월간 목회」, 1993년 8월호, 138-139.
154 Carl E. Braaten, 『현대선교신학』, 38.
155 이종성, 『교회론(1)』, 490.

그리스도의 십자가를 묵상하면서 참회와 갈망으로 자기 자신들을 반성하면서 예배하려고 집중하였다. 이 깨끗해진 근원, 샘터에서 사회개선의 형태로 사랑의 새로운 활동들이 미국과 영국에서 넘쳐 흐르게 되었다. … 그것은 복음주의 부흥이 사람들에게 아편 같은 역할을 해서가 아니라 정확하게 보면 이 부흥 운동이 더욱 더 사회의식과 사회참여를 이루어주었기 때문이다. 윌리암 윌버휘스, 셉투스 바리, 존 뉴우톤 그리고 노예제도 폐지 운동, 가난한 자들의 생활 개선, 악에 대항하여 투쟁했던 이와 같은 사람들은 다 복음주의 각성 운동에 활발히 참여했던 자들이다.[156]

사회의 구조적 변혁을 위하여 구조 자체를 변혁시키려는 접근은 흔히 정치 이데올로기에서 추구하는 방법이다. 반면에 종교는 개인들의 심성을 변화시켜 사회를 변화시키는 접근을 추구하는 것이 일반적이다.

4. 선교의 내용

전통적인 선교에서는 효과적인 선교의 방법에 많은 관심을 둔 반면, 선교의 내용에 대해서는 거의 논란의 여지가 없었다. 선교의 내용에 대해서는 거의 일치된 견해가 있었기 때문이었다. 즉 선교에서 전

---

156 David J. Bosch, 『세계를 향한 증거』, 176.

달해야 할 선교의 내용이란 좀 단순화시켜 표현하자면 "예수 그리스도를 통한 구원"이었다. 에큐메니컬 운동의 효시라 할 수 있는 1910년 에딘버러 대회 역시 "이 세대 안의 세계의 복음화"를 선교의 목표로 삼으면서 선교의 내용은 '복음'이었다. 하지만 대략 제2차 세계대전 이후부터 에큐메니컬 선교는 선교의 내용에 대해서도 점차 다른 관점을 갖기 시작했다. 그리하여 1968년에 모인 웁살라 총회는 선교의 목표를 '복음화'에서 '인간화'로 바꾸면서 선교에서 전해져야 하는 내용은 '그리스도를 통한 구원의 복음'이기보다는 '그리스도가 보여준 인간다운 삶'을 말하게 되었다.

또한 1973년의 방콕 CWME 대회는 '오늘의 구원'을 외침으로 말미암아 단순히 영혼이 거듭나는 구원이기보다는 삶의 전 영역이 해방되는 통전적 의미의 구원을 말하게 되었다. 즉 선교의 내용이 영혼구원의 협소한 개념이 아니라 영과 육, 개인과 사회, 인간과 모든 피조물을 포함하는 아주 폭넓은 의미의 구원을 말하게 되었다. 즉 전통적인 의미의 구원 개념인 영혼구원이 아니라 영과 육의 통전적인 구원, 개인의 구원이 아니라 개인과 사회 전체의 통전적인 구원, 그리고 인간만의 구원이 아니라 모든 피조물의 통전적인 구원을 말하게 되었다.

하지만 이러한 통전적인 구원이 과연 올바른 구원 개념일까?

그리고 이러한 통전적인 구원 개념이 과연 교회의 건강한 성장을 이루는 데 도움이 될 수 있는 구원 개념일까?

물론 통전적인 구원 개념은 상당히 논리적이며 그래서 상당한 설득력을 지니며 오늘날 가장 널리 수용되는 구원 개념이 되었다. 하지만 이것은 상당한 문제점도 지니고 있다.

본 장에서는 통전적인 구원 개념의 강점과 문제점 등을 살펴보면서 바람직한 선교 내용은 어떤 것인지를 찾아보고자 한다.

첫째, 바람직한 선교 내용은 영혼구원에 우선순위를 두어야 한다.

성경이 말하는 '구원'이란 어떤 개념인가?

사이더(Ronald Sider)는 구원에 관한 킷텔의 정의에 근거하여 다음과 같이 강조하였다.

> 신약에서 Soteria는 지상적 관계를 언급하지 않는다. 그 내용은 헬라어적 이해에 있어서처럼 영과 육의 복지나 건강이 아니다. 그것은 유대주의에 있어서처럼 이교도의 멍에로부터의 하나님의 백성의 지상적 해방도 아니다. … 그것은 전적으로 인간의 하나님과의 관계만을 언급한다. … 신약에서는… 나사렛 예수의 역사적 성육, 고난, 그리고 부활의 사건만이 죄의 용서에 의한 하나님의 진노로부터 구원을 제공한다.[157]

그러므로 구속은 무엇인가?

그것은 예수의 십자가가 자신들의 죄에 대한 화목 제물이라고 믿는 사람들에게 제공되는 죄의 용서이다. 그리고 그것은 또한 우리 주님께서 그의 재림 시 완성하게 될 죄로 말미암은 모든 악한 결과에 대한 역전이다. 그러므로 구속은 현재의 세속적인 경제적 정치적 구조에 일어나는 그 무엇이 아니다. 그것은 그리스도 안에 있는 사람들에게 일어

---

157 Ronald Sider & Rene C. Padilla, *Evangelism, Salvation and Social Justice*, 한화룡 역, 『복음전도 구원 사회정의』 (서울: IVF, 1987), 31.

나는 그 무엇이다.[158]

위와 같은 사이더의 설명에 의하면 구원은 기본적으로 죄의 용서함을 받아 하나님과의 관계를 바로 정립하는 것이다. 육체적인 차원의 구원을 말하기 시작하면 구원의 개념은 매우 혼란스러워질 수 있다.

예를 들어 얼마나 육체적으로 건강한 사람이 구원을 받은 사람이라고 할 수 있을까?

또 얼마나 물질적으로 돈이 있는 사람이 구원을 받은 사람이라 할 수 있을까?

또 얼마나 자유로운 사람이 구원을 받은 사람으로 여겨질 수 있을까?

이런 기준으로 본다면 기독교인이 소수인으로 핍박을 받는 지역에 있는 성도들은 구원을 받은 사람들인가 구원을 받지 못한 사람들인가?

북한의 성도들은 육신적으로 철저하게 가난하고 헐벗고 자유를 철저하게 제한당하고 있는데 그들은 구원을 받은 사람들인가?

구원을 받는다고 당장에 육신적인 건강이 찾아오고 경제적인 회복이 일어나고 정치적인 평등이 일어나는 것이 아니다. 구원을 받은 후에도 이러한 것들이 찾아오지 않거나 또는 점진적으로 이루어질 수 있다. 그래서 바울은 구원을 받은 후에도 여전히 종의 신분을 지니고 있던 성도들을 향하여 "… 육체의 상전에게 순종하기를 그리스도께 하듯 하라"[159]고 권면하였다. 저들은 종의 신분이었지만 구원을 받은 이들

---

158   위의 책, 32-33.
159   엡 6:6.

이었다. 통전적 구원 개념으로는 종들의 구원을 설명하기 어렵다. 또한 구원의 개념을 통전적으로 이해하면 선교 사역은 복음을 전하는 것에 중점을 두던 선교에서 사람들의 육체적 문제를 해결해주고 가난과 질병과 자유를 찾아주는 선교도 동일하게 중요한 선교로 바뀌면서 선교에 쓰는 에너지가 분산될 수 있는 한계를 지니는 것이다.

둘째, 바람직한 선교 내용은 구원의 첫 단계인 회심의 단계를 중시한다. 성경이 말씀하는 구원은 가장 우선적으로 죄로부터의 돌이킴과 하나님을 아버지로 모시는 회심의 단계를 거치는 것이다. 선교는 이 회심을 요청하는 복음을 전하는 것이다. 에큐메니컬 선교는 이 회심의 단계를 소홀히 하는 경향이 있는데, 이에 대하여 데이비드 보쉬 (David Bosch)는 "에큐메니컬 선교신학은 빈번히 각 사람 속에 있는 죄의 실제에 대한 강한 성서적 주장이 결여되어 있다. 이에 대한 한 결과로 이것은 또한 역동적 기독교가 항상 강조했던 인간 삶의 내적 깊은 곳에서 일어나는 그 과감한 혁명인, 회개와 회심에로의 단호한 소명을 결여하고 있다"[160]라고 분석한 바 있다.

이종성도 「크리스챤니티 투데이」를 인용하면서 에큐메니컬 신학의 달라진 복음 이해와 문제점을 각각 다음과 같이 언급한다.

> 구속은 성서를 통해서, 또는 십자가 위에서 일어난 옛날 사건에 있는 것이 아니라 사회적 불의와 인종적 차별에 대한 투쟁을 통해서 주어진다. 화해는 예수 그리스도의 십자가 사건이 아니라 사회에 있는 각종 인종적 차별과 사회의

160　David J. Bosch, 『세계를 향한 증거』, 258.

계급적 벽을 무너뜨리는 데 있다. 의인과 성화는 하나님의 은총에 의해서 이루어지는 것이 아니라 인간의 인간화와 복권에 있다. 그러나 이러한 운동이 범하고 있는 큰 과오는 인간의 구원과 사회 불의를 해결하는 방법이 예수 그리스도와 인격적 관계를 통한 믿음으로써가 아니라 인간적이고 세속적인 방법을 통해서라야 한다고 믿는 데 있다고 한다. 그들에게는 죄의식이나 회개에 대한 의식은 없다.[161] 그러나 에큐메니컬 선교 방법에 두 가지 묵과할 수 없는 문제가 있음을 발견한다. 그것은 선교의 내용이 예수 그리스도의 복음이 아니라 인애주의(仁愛主義)라는 것과 기성교회와 관계없이 교회 밖에서 선교 운동을 한다는 점이다. 전자는 '다른 복음'(갈 1:7-8)으로 변질될 위험성이 있으며, 후자는 복음 운동이 아니라 인본주의적 동기에 의한 사회 운동이 될 위험성이 매우 강하게 나타나고 있다.[162]

한 걸음 더 나아가 이종성은 "그 뿐만 아니라 오늘의 개신교계의 신학은 정치적 관심의 강도가 절정에 달하여 예수 그리스도의 삶과 행동을 정치적으로 이해하려는 정치신학과 그를 순전히 혁명가, 해방가, 민중의 대변자로 보는 신학이 유행하게 되었다"[163]고 말하면서, " … 이렇게 하여 현대교회의 강단은 종교개혁자들이 말하고 바르트가 말한 그러한 신언을 선포하고 있는 것이 아니라 신언을 인언화(人言化)하여

---

161 이종성, 『교회론(1)』 (서울: 대한기독교출판사, 1989), 482-483.
162 위의 책, 484.
163 위의 책, 465.

사람의 이름으로 인언을 선포하고 있다"[164]라고 진단하였다. 바람직한 선교는 회심을 요구하는 복음을 전해야 한다. 회심이 일어난 후에 성화의 과정도 있고 윤리적 성숙도 일어나는 것이다. 죄의 실재와 회심의 우선순위가 무시되는 구원은 성경이 말하는 구원이기보다는 인애주의가 될 수 있는 것이다.

셋째, 바른 구원은 예수 그리스도를 전하는 것이다. 그리스도가 구원이라는 것을 전하는 것이다. 다른 말로 하면 그리스도밖에는 구원이 존재하지 않는다는 것을 전하는 것이다. 하지만 통전적인 선교는 인간의 구원과 구원 얻은 인간이 영원히 거할 새 하늘과 새 땅에 대한 강조와 함께 모든 인간과 사회 그리고 모든 생태계가 포함되며 최종적으로 창조의 완성이 이루어질 것을 기대하는 경향을 지닌다.[165] 창조의 완성과 함께 모든 피조물의 화해와 구원을 말하는 선교 개념 속에서는 그리스도의 위치가 별로 중요한 위치를 차지하지 않는 경향이 있다. 그리스도를 통하지 않아도 모든 피조물이 다 구원의 반열에 들어갈 것이라는 것을 은연중에 강조하면서 그리스도가 이루신 십자가의 도를 전하는 것도 그리 긴박하고 중차대한 일이 아닌 것으로 여겨질 수 있다.

이러한 경향은 협의회의 다음 글에 드러나고 있는데, "또한 하나님께서는 성령을 통하여 십자가에 달리셨던 분을 부활시키시사, 새 생명, 썩어지지 않을 생명이 되게 하셨으니, 이 생명은 종말적 미래에 우

---

164 위의 책.
165 이러한 구원 이해와 연관하여 허호익은 구원의 내용을 포괄적으로 이해하는 통전적인 구원 이해가 요구된다고 주장하면서, "인간과 하나님과 바른 관계로서 개인구원, 인간과 인간 사이의 바른 관계로서 사회구원, 인간과 자연 사이의 바른 관계로서 생태구원을 아우르는 천지인의 신학이 요청되는 것이다"라고 강조하였다. 허호익, 『현대조직신학의 이해』 (서울: 대한기독교서회, 2003), 346.

리의 생명들과 전 창조세계의 최종적 변화와 영화를 가져올 것이다"[166] 라는 말을 함으로써 만유 구원의 사상을 은연중에 드러내고 있다. 이러한 경향은 만유의 구원을 은근히 전제하기에 자연히 그리스도를 전하는 복음전도의 필요성이 약화되어지고 자연히 전도 열정의 약화와 교회의 약화로 이어질 수 있다는 점에서 우려를 자아낸다. 존 스토트(John R. W. Stott)는 "복음은 타협할 수 없는 하나님으로부터의 계시이다. … 우리는 복음을 심판하는 자리에 앉을 자유가 없으며, 복음의 본질을 변경시킬 자유가 없다"[167]라고 강조하였는데 귀담아 들어야 할 교훈이다.

5. 선교의 주체

선교가 효율적으로 진행되려면 '누가 선교를 담당하는 주체인지'에 대한 명확한 이해를 갖는 것이 중요하다. 누가 주체인지에 대한 명확한 이해가 없으면 서로 '누군가가 하겠지'라고 생각하면서 아무도 제대로 일을 하지 않는 상황이 발생될 수 있기 때문이다.

우리 옛말에도 "주인 많은 집 나그네가 밥 굶는다"라는 속담이 있지 않는가?

이런 점을 잘 간파한 뉴비긴(Lesslie Newbigin)은 "우리는 '무엇을

---

166 WCC, *Confessing the One Faith*, 이형기 역,『세계교회가 고백해야 할 하나의 신앙고백』(서울: 한국장로교출판사, 1996), 40.
167 John R. W. Stott, *Christian Mission in the Modern World*, 서정운 역,『현대의 기독교선교』(서울: 대한기독교서회, 1982), 85.

할 것인가?' 뿐만 아니라 '누가 그것을 해야 하는가?'에 대해 물어야 한다"[168] 라고 강조한다.

그렇다면 누가 선교를 수행하는 주체인가?

전통적으로 기독교는 선교를 수행하는 가장 주된 역군을 '하나님의 선택을 받은 자들' 또는 '교회'로 인식해왔다. 교회는 자신들이 곧 선교의 유일한 역군이라는 이해 위에서 선교를 위해 열심히 헌신해왔다. 그러나 이러한 사고는 세계 제2차 세계대전 이후부터 점차적으로 변화를 맞이하게 되었다. 즉 선교의 주된 역군은 '교회'가 아니라 선교의 주역되시는 '삼위일체 하나님 자신'이며 또한 '하나님이 들어 쓰시는 교회를 포함한 세상의 모든 기구들'이라는 것이라는 견해가 나타나게 되었다. 교회는 단지 선교의 주체되시는 하나님의 동역자에 불과하며, 교회 외에도 세상의 다양한 기구들 역시 하나님의 선교의 동역자라는 점이 강조되었다.

이상과 같은 인식의 변화는 교회가 하나님과의 관계성 속에서 자신의 위치를 깨닫고 자신의 오만함과 죄성을 극복하는 데 일정 부분 기여하는 점이 있다. 하지만 교회는 본래 지니고 있던 선교에 있어서의 특선적 위치를 망각하게 되면서 선교에 대한 책임감을 소홀히 하게 될 가능성도 있다는 점, 세상의 다양한 기구들을 선교의 주체로 봄으로 말미암아 선교의 대상인 세상을 선교의 주체로 인식하면서 교회와 세계 사이의 구분선이 약화되고 혼합주의가 발생될 수 있는 위험성, 하나님을 알지도 못하고 하나님께 관심도 없는 세계를 선교의 동역자로 보는

---

168 Lesslie Newbigin, *The Open Secret* (Grand Rapids, MI: Eerdmans, 1978), 121.

이상론 등이 한계점으로 지적될 수 있을 것이다.[169]

그렇다면 과연 바람직한 선교 주체 이해는 어떤 것일까?

첫째, 선교의 주된 일꾼으로 부름 받은 교회의 중요성에 대한 인식이다. 하나님의 선교 개념에서 강조한대로 선교의 주역은 하나님 자신이다. 하나님께서 친히 선교를 주도해 가신다. 하지만 하나님은 항상 역사 속에서 특별한 사람들과 민족들을 선택하고 그들과 계약을 맺으시고 그들을 통하여 당신의 선교를 이루어가셨다. 특별한 경우에 이방 왕이나 동물 등을 통하여도 당신의 뜻을 전하시는 경우가 예외적으로 있었지만[170] 일반적으로 하나님은 선택된 소수의 무리들을 통하여 선교 역사를 이루어가셨다. 그런 점에서 교회는 여전히 선교에 있어서 가장 핵심적인 역군임에 틀림없다. 교회가 없다면 또는 교회가 이 사명을 소홀히 생각한다면 그 사명을 대신 감당할 기구가 없기 때문에 선교는 자연히 약화될 수밖에 없는 것이다. 이런 점에서 선교에 있어서 교회의 역할은 아무리 강조해도 지나치지 않을 것이다.

물론 교회는 이기적이 되기 쉬운 심각한 죄성을 지니고 있고 그런 점에서 많은 연약성을 지니고 있는 것은 틀림없다. 이와 같은 죄성을 지닌 교회가 선교의 주역이 되어서는 안 되고 하나님 자신이 선교의 주인이시고 교회는 하나님의 선교에 동참하는 기구로서의 정체성을 지녀야 함을 강조한 하나님의 선교는 나름대로 중요한 기여를 하였다. 하지만 여전히 그 하나님의 선교를 이루어감에 있어서 교회는 가장 핵심적이고 독보적인 역할을 감당하는 것이다. 교회를 생각하지 않는 선

---

169 안승오, 『현대선교의 프레임』(서울: CLC, 2014), 156-165.
170 이러한 예로 하나님을 대신하여 발람을 꾸짖은 나귀(민 22: 30) 그리고 하나님의 감동을 받아 예루살렘 성전 건축을 허락한 바사왕 고레스(스 1: 1-4) 등을 들 수 있다.

교는 실제적으로 가능하지 않다.

교회가 없는 선교가 어떻게 가능하겠는가?

적어도 복음을 전하는 것이 선교의 핵심이라면 복지기관, 동사무소, 환경 단체, 인권 단체 등이 복음을 전하지는 않기에 세상의 어떤 다른 기구도 선교의 핵심적 기구가 될 수는 없는 것이다. 선교에 있어서 교회가 이처럼 중요하기에 보쉬는 "만약 실험적으로 갱신운동을 펴나갈 때, 우리가 교회를 등지거나 또는 교회로 하여금 세계 안에 흡수되어 버리게 한다면, 교회뿐만 아니라 그리스도까지도 잃어버리는 위험을 초래하게 되는 것이다"[171]라는 경고를 하였다. 하나님의 선교에 있어서도 교회의 위치는 절대 간과할 수 없는 핵심 요소이다.

둘째, 세상과 구별되는 교회의 거룩성을 강조하는 방향으로 가야 한다. 하나님의 선교 개념은 기본적으로 세상을 지나치게 긍정적으로 보는 경향이 강하다. 하나님이 세상에서 직접 샬롬을 이루어가시고 세상의 다양한 기구들을 통해서도 이러한 일들을 이루어 가신다는 점과 교회도 이러한 여러 기구들 중의 하나라는 점을 강조하면서 세상과 교회 사이에 있는 기본적인 구분선이 매우 흐릿해지는 경향이 강하다. 이것은 자칫 세상의 강력한 영향력에 교회가 휩쓸릴 수 있는 위험을 초래할 수 있으며, 선교의 대상인 세상을 선교의 주체로 혼동하여 선교의 방향 자체를 혼란에 빠뜨리게 할 수 있는 위험성이 있다. 보쉬(David Bosch)는 이러한 점을 다음과 같이 설명한다.

    에큐메니컬 주의에서는 교회와 세계의 차이는 상대적으로

---

171   David J. Bosch, 『세계를 향한 증거』, 261.

이해된다. 교회는 세속화되어 교회의 신분을 버린다. 그러나 세속화된 교회는 이 세계에 제공할 것이 없다. 하나님 나라가 세계에 주는 의미는 교회 안에서 뚜렷하게 보여져야 하는데, 교회와 세계가 더 이상 구별될 수가 없다고 하면 하나님 나라는 그 형상과 모습을 잃은 것이다. 공동체로서의 교회는 세계를 균질화하려는 세력에게 도전하고 저항하기 위해서 충분히 구별될 수 있어야만 한다. 오늘날 세속화된 사회에서 교회는 오로지 예언적 소수로서만 세계 안에서 나그네로 존재하는 그 역할에 충실하게 임할 수 있다.[172]

교회는 하나님에 의해 선택된 존재이므로 세상과는 분명히 구별되고 이런 점에서 교회의 '특선주의'는 배제하기 어렵다. 보쉬의 말대로 "그리스도는 참으로 교회와 세계 둘 다의 주인이시며 머리이시다. 그러나 세계는 그리스도의 몸은 아니다. 오로지 교회만이 그리스도의 몸인 것이다."[173] 한 걸음 더 나아가서 "교회는 세계를 위한 교회의 봉사를 위해서도, 바로 그 봉사 때문에 세계로부터 구별되어야 한다. 교회는 이 세계 안에서의 교회의 존재인 동시에 이 세계 안에서 구별되는 존재일 때만이 의미 있게 사도적일 수 있다"[174]는 조언을 잘 들을 필요가 있다.

셋째, 바람직한 선교 주체 이해는 교회의 선교를 가능케 하는 동력

---

172 위의 책, 267.
173 위의 책, 264-265.
174 위의 책, 260.

의 필요성을 강조해야 한다. 모든 움직이는 것에는 그것을 움직이는 에너지 즉 동력이 있다. 모든 활동을 함에 있어서 반드시 동력이 필요하다. 동력이 떨어지면 어떤 조직이든 어떤 활동이든 결국 멈추고 마는 것이 자연스러운 원리이다. 교회가 움직이고 교회의 선교가 수행됨에 있어서도 동력이 필요하다. 동력이 떨어지면 교회는 쇠퇴하고 선교는 멈추고 만다. 안타깝게도 오늘날 기독교는 동력이 점점 약화되는 모습을 보여주고 있다. 이미 서구는 기독교에 대하여 식상해졌고 교회를 나가야 할 필요조차 느끼지 못하는 상황에서 선교를 논하는 것 자체가 어려운 상황이 되고 있다.

비서구 세계선교의 선두 주자로 인정받는 한국 교회 마저 요즘 들어 교회가 약화되고 선교에의 헌신이 날로 약화되고 있는 모습이다. 이슬람과 같은 타종교들은 날로 번성하고 있는데 기독교는 갈수록 동력이 떨어지는 모습을 보인다. 이런 상황에서 많은 선교적 논의들은 선교가 교회의 존재 목적이며 그러기에 교회 자체가 선교적인 교회가 되어야 한다는 것을 강조한다. 이러한 주장은 특별히 선교적 교회론에서 많이 논의되는데, 최동규는 선교적 교회론을 주장하는 학자 중 하나인 크레이그 벤 겔더(Craig Van Gelder)의 견해를 따라 "다시 말해서, 교회는 근본적으로 하나님의 선교를 감당하는 선교적 본성을 지니고 있기 때문에 존재 자체가 선교적이어야 한다. 또한 교회는 존재하는 모습대로 행하기 때문에 교회의 모든 사역은 교회의 본질에 대한 이해로부터 나온 것이어야 한다"[175]라고 정리하였다. 그런데 여기서 더 고

---

175 최동규, "GOCN의 선교적 교회론과 교회성장학적 평가," 「선교신학」 25집 (2011), 238. Craig Van Gelder 외, 최동규 역 『선교적 교회론의 동향과 발전』 (CLC, 2015) 참조.

민해야 할 문제는 어떻게 그 선교적 본질을 실천할 수 있는 동력을 얻을 수 있는가 하는 것이다. 아무리 좋은 이상을 제시해도 그 이상을 실현할 동력이 없으면 그 이상은 공염불이 될 수 있다.

그렇다면 기독교 선교의 동력은 어디에서 나올까?

간단하게 표현하기는 어렵지만 그래도 좀 단순화시켜 표현하자면 그것은 구원의 기쁨과 감격을 누리는 것으로부터 시작된다. 신자들이 능력 있는 증인들로 세워지기 위해서는 구원의 축복, 구원의 은혜, 그리고 구원의 기쁨 등을 날마다 새롭게 인식하고 그것으로 충만해야 한다. 이것이 이루어질 때 증인으로서의 사명 감당이 가능해지는 것이다.

그런데 이 모든 일이 이루어질 수 있는 가장 적합한 장이 바로 예배의 장이라고 말할 수 있다. 왜냐하면 예배야말로 정기적으로 성도들이 모이는 장이며 여기에서 구원이 선포되고, 구원의 축복과 은혜가 베풀어지며, 구원받은 자가 해야 할 마땅한 의무에 대한 가르침이 주어지기 때문이다. 성도들이 예배를 통하여 제대로 하나님을 대면하고, 그것으로 인한 환희와 감격을 체험하고, 거기로부터 주어지는 능력을 공급받으면 성도들은 어떤 희생도 감수하는 능력 있는 증인들로 변하게 된다. 심지어 자신의 목숨을 드려서 하나님을 증거하는 순교의 자리까지도 나아갈 수 있게 되는 것이다.[176]

이런 점에서 예배야 말로 선교의 가장 중요한 동력이 되는 것이다.

---

[176] 만약 예배를 통한 능력공급이 이루어지지 않을 때 선교적인 삶을 살고 선교를 위해 희생해야 한다는 주장은 하나의 원칙적인 주장으로 그치게 되고 하나의 부담스러운 과제로만 보이게 된다. 즉 먼저는 복음의 은혜와 능력을 체험하는 것이 증인됨을 위한 첫 걸음이 되는 것이다. Joachim Jeremias, *Die Bergpredigt*, 박상래 역, 『산상 설교』(서울: 분도출판사, 1973), 67. 참조.

전통적인 교회 중심 선교의 문제에 대한 대안으로 제시된 에큐메니컬 선교는 교회의 위치를 약화시키면서 '모이는 교회'보다는 '흩어지는 교회'에 강조점을 두는 경향이 강하다. 즉 전통적인 선교가 '모이는 교회'를 강조하였다면 에큐메니컬 선교는 '흩어지는 교회'를 강조하고, 통전적 선교는 두 교회를 모두 강조한다고 할 수 있다. 그런데 제4 선교에서는 '흩어지는 교회'를 중시하지만 여전히 '모이는 교회'에 우선순위를 둔다. '교회'라는 말의 원어인 '에클레시아'는 기본적으로 '집회'라는 의미를 지닌다.[177]

즉 교회는 기본적으로 모임을 전제한다. 물론 이것은 단지 모여 있기만을 위한 것이 아니라 종국적으로 흩어져 증인됨을 위한 것이지만 일단 먼저 모여야 한다. 모여서 구원의 감격과 환희를 체험하고 성령의 능력을 받아야 흩어질 수 있는 동력을 받게 되고 흩어져서 제대로 증인의 역할을 감당할 수 있다.[178]

선교를 수행함에 있어서 교회가 '흩어지는 교회'에 지나치게 강조점을 둘 경우 교회는 동력이 약하여 증인의 사명을 제대로 감당할 수 없고, 거기에서 힘이 다 소진되어 다시 교회로 모일 힘을 잃고 만다. 그런 점에서 선교 그 자체는 흩어지는 교회의 활동이지만 선교는 모이는 교회에도 깊은 관심을 두어야 한다. 그것이 선교를 역동적으로 추진되게 하는 선교 동력이 되는 것이다.

---

177   Geoffrey W. Bromiley, *Theological Dictionary of the New Testament*, 번역위원회 역, 『킷텔 단권 신약성서 신학사전』(서울: 요단출판사, 1986), 455.
178   예배 속에서 자신을 드러내시는 하나님을 만나면서들은 예수 그리스도의 성육신을 따라 성육신적 삶을 살기 위하여 세상으로 나갈 수 있는 힘을 얻게 되는 것이다. 이런 점에서 성도가 세상에 나아가 복음을 증거하고 세상을 변화시키는 능력은 그들이 예배 속에서 얻는 능력과 비례한다고 할 수 있는 것이다. John H. Piet, *The Road Ahead: Theology for the Church in Mission* (Grand Rapids, MI: Eerdmans, 1970), 67.

6. 선교의 대상

선교를 수행함에 있어서 그 대상을 명확히 하는 것은 참으로 중요한 일이 아닐 수 없다. 그것은 권투 선수가 시합에 나갔을 때 상대방이 누구인지를 알고, 상대방의 강점과 약점 등을 잘 알아 철저히 대비하는 것이 승패에 있어서 핵심적인 일인 것과 같은 이치라 하겠다. 전통적인 선교에서는 선교의 대상이 명확하였다. 단순화시켜 표현하자면 하나님을 알지 못하는 영혼들이 선교의 대상이었다. 그러나 에큐메니컬 선교와 통전적 선교에서는 그 대상이 포괄적이고 복잡하게 되었다. 하나님을 알지 못하는 자들뿐 아니라 가난한 자,[179] 소외되고 억눌린 자,[180] 그리고 나아가서 창조세계의 모든 피조물[181]이 다 선교의 대상이 되었다.

다른 말로 하면 선교의 대상이 아닌 것이 없을 정도로 모든 것이 선교의 대상이 된 셈이다. 이것은 언뜻 보기에 포괄적이고 통전적이어서 상당히 설득력이 있어 보이지만 이렇게 모든 것을 다 선교의 대상으로 삼는다면 어느 것 하나도 제대로 선교할 수 없는 문제도 발생할 수 있다. 바람직한 선교 대상 이해는 어떤 것이어야 하는지를 자세히 살펴보자.

첫째, 바람직한 선교 대상 이해는 선교의 대상인 세상의 죄성을 명확히 인식하는 것이다. 에큐메니컬 신학과 그 영향을 받은 통전적 선

---

179   JPIC, "JPIC 세계대회 신학문서," 한국기독교사회문제연구원 편, 『정의 평화 창조 질서의 보전 세계대회 자료집』(서울: 한국기독교사회문제연구원, 1990), 130.
180   CWME, "일치를 통한 오늘날의 선교와 전도," 김동선 역, 『통전적 선교를 위한 신학과 실천』, 153.
181   위의 글, 116.

교신학은 세상을 지나치게 긍정적으로 보는 경향이 강하다. 물론 하나님은 온 세계의 주인이시며 이 세계를 사랑하신다. 그러나 이것이 곧 온 세계가 다 하나님을 알고 하나님께 복종한다는 것을 의미하는 것은 아니다. 이것은 많은 시간이 흐른 후 하나님의 섭리 가운데 이루어질 이상이다. 현실은 여전히 교회보다 큰 세상이 하나님을 무시하고 거역하고 있다. 세상은 여전히 때때로 하나님을 대적하고 하나님의 사람들을 미워하고 핍박하는 무리들이 가득한 곳이며,[182] 죄가 관영한 곳이라는 점도 잊어서는 안 될 것이다. 이런 점은 보쉬의 다음 표현에서도 잘 나타난다.

> 참으로 이 세계 안에는 죄가 있다. 이 죄의 사실성이 결코 과소평가 되어서는 안 된다. 그렇다고 해서 '세계'와 '죄'는 동일한 것이 아니다. 실제로 세계 속에 죄가 있는 것이 사실이지만, 교회 안에 죄가 있는 것도 마찬가지 사실이다. 왜냐하면 교회는 스스로가 이 세계의 한 부분이기 때문이다. 그러나 한편 교회는 하나님의 선택된 대행자이므로 세계와는 다르다. 우리는 이 '특선주의'를 배제할 수 없다.[183]

에큐메니컬 신학은 하나님을 대적하고 등짐으로써 선교의 대상이

---

182 이런 이유 때문에 주께서는 이미 제자들에게 "너희가 세상에 속하였으면 세상이 자기의 것을 사랑할 것이나 너희는 세상에 속한 자가 아니요 도리어 내가 너희를 세상에서 택하였기 때문에 세상이 너희를 미워하느니라"(요 15:19)라고 이미 선언하셨다.
183 David J. Bosch, 『세계를 향한 증거』, 264.

되는 세상을 선교의 주체로 인식하는 오류를 범하는 경향이 있다. 이것은 전쟁에서 아군과 적군을 구별하지 못하는 것과 같은 문제를 야기할 수 있다. 선교 대상을 좀 더 명확히 설정하는 것이 중요하다.

둘째, 선교의 대상을 정하는 기준은 하나님과의 관계성에 기초해야 한다. 물질의 많고 적음, 지위의 높고 낮음, 건강의 유무, 인기의 많고 적음, 인권의 수준 등이 선교 대상을 정하는 기준이 될 수 없다. 그가 누구든지 하나님과의 관계가 끊어진 사람은 선교의 대상이 되어야 하는 것이다. 바울은 비록 죄수의 신분이었지만 베스도 총독과 아그립바 왕과 같은 권력자들 앞에서도 담대하게 "… 오늘 내 말을 듣는 모든 사람도 다 이렇게 결박된 것 외에는 나와 같이 되기를 하나님께 원하나이다 하니라"(행 26: 29)라고 천명하면서 모든 사람은 다 하나님 앞에 회개하고 돌아와야 구원을 받을 수 있다는 점을 강조하였다.

그러나 에큐메니컬 선교의 경우는 선교의 대상을 주로 가난한 자와 억눌린 자로 집중시키면서 오히려 복음을 편협한 것으로 만드는 경향이 있다.[184] 이것은 복음의 보편성을 상실시켜 자칫 복음을 편협한 복음으로 전락시킬 수 있는 위험성을 지니고 있는데 보쉬는 이것을 다음과 같이 말한다.

> 이것은 복음서의 '가난한 자들'을 물질적으로 가난하고 가

---

[184] 방콕은 "교회가 먼저 지배계층들, 지배적 인종들, 지배적 민족들로부터 해방되지 못한다면, 이 교회는 구원받은 교회가 될 수 없다. 교회들과 그리스도인들이 먼저 구조적 부정의와 구조적 폭력에의 공범으로부터 해방 받지 못한다면 교회는 인류를 해방시키는 교회가 될 수 없다"고 강조하는데 이러한 표현 속에서 부자는 구원의 대상에서 제외된 것 같은 느낌을 준다. CWME, *Bangkok Assembly 1973* (WCC, Publications Service, 1973), 89.

진 것이 없는 자들로만 생각하는 것에서 나타난다. 그렇게 되면 복음은 다만 그들, 물질적으로 가난한 자들만을 위한 것이 된다. 부유한 자들에게는 말씀이 없고 더 이상 소망이 없다는 것이다. 회개, 메타노이아(metanoia)와 회심의 길은 그들에게는 막혀있다. 그렇다면 하나님 자신이 자기의 은총의 사역에 한계를 갖게 되는 것이다. 하나님은 오직 물질적으로 가난한 자들만 구원할 수 있다는 말이 된다. 하나님의 활동의 범위는 인간에 의해 정해지고 하나님이 하려는 안건은 인간 기획자들에 의해 준비되는 격이 된다. 그렇게 해서 인간이 하나님을 자비가 없는 하나님으로 격하시킨다.[185]

한 걸음 더 나아가 선교의 대상을 가난한 자 또는 눌린 자로 초점을 맞출 경우, 가난한 자를 근본적으로 해방시킬 수 있는 길은 단순한 구호나 도움이 아니라, 혁명을 통한 사회구조의 해방이 되어야 하고, 이를 위해서는 때로 폭력도 정당화될 수 있는 것으로 발전될 수 있다. 즉 선교의 대상을 물질이나 인권 등을 가지고 삼을 때 선교는 거의 정치해방 운동의 성격과 유사하게 변할 수 있는 가능성을 지니게 되는 것이다.[186] 바람직한 선교는 선교의 대상을 삼을 때 세상의 조건이 아닌 성경이 말씀하는 조건 즉 하나님과의 관계성 속에서 그 기준을 찾아야

---

185 David J. Bosch, 『세계를 향한 증거』, 259.
186 앞에서 이미 보았듯이 최근의 에큐메니컬 운동은 화해와 치유를 많이 강조하면서 지배자와 피지배자 그리고 부자와 빈자의 대결보다는 하나 됨을 강조하는 경향을 보이는 것이 사실이지만, 여전히 에큐메니컬 운동은 약자에게 우선순위를 두는 경향이 강하다.

하는 것이다.

셋째, 선교의 대상과 윤리의 대상을 구분해야 한다. 전통적인 관점에서 볼 때 선교의 대상은 하나님을 알지 못하는 사람들이고, 윤리의 대상은 가난하고 억압 받는 사람들이다. 선교를 수행할 때 이 두 대상의 차이를 인식하고 구분할 줄 아는 것은 매우 중요하다. 선교의 대상을 설정함에 있어서 에큐메니컬 선교의 한계점은 윤리의 대상을 선교의 대상으로 바꾼 것이고, 통전적 선교의 한계점은 선교의 대상과 윤리의 대상을 섞어서 혼동하는 것이다. 물론 선교에는 이러한 혼동이 발생할 수 있는 가능성이 충분히 있다. 선교를 수행하다보면 가난하고 억눌린 사람들을 도와주는 일 즉 윤리적 과제가 필수적으로 동반되기 때문이다. 따라서 선교적 과제와 윤리적 과제가 구분되기 어려울 정도로 혼재되어 있는 것은 사실이다.

그러나 여전히 효율적인 선교를 위하여 둘 사이의 차이를 명확히 구분하는 것이 필요하다. 과정에 있어서는 선교적 과제와 윤리적 과제가 혼재되어 나타날 수 있다. 하지만 목적에 있어서는 차이가 있다. 좀 단순화시켜 표현하자면 선교적 과제는 사람들을 하나님의 사람으로 이끄는 사역이다. 윤리적 과제는 사람들을 잘 살게 만들고 사람이 살 만한 세상을 만드는 사역이다.

이 두 사역은 서로 긴밀한 관계를 유지하기도 하지만 어떤 경우는 오히려 서로 상반되는 경우도 있다. 사람들을 하나님께로 이끌면 사람들 사이에 불화가 생겨 일시적으로 사람들을 불행하게 만들기도 한다. 또 신앙생활을 한다는 것은 인간적으로 보면 많은 것을 희생하고 헌신해야 하는 일이므로 편안하고 안락한 삶으로부터는 오히려 멀어지는 일이 될 수도 있다. 이처럼 윤리적 과제와 선교적 과제는 그 목표하는 바가 다르므로 구분되어야 하는 것이다.

선교가 그 대상을 정함에 있어서 윤리적 기준을 적용하기 시작하면 그 선교는 결국 사회 운동이나 인도주의 운동으로 전락될 수 있는 위험성이 있음을 인식할 필요가 있는데, 이 점에 대하여 양낙홍은 협의회의 선교신학을 분석하면서, "그러나 실제적으로는 WCC의 관심이 주로 현세적인 이슈들에 경도되어 있다는 인상을 준다. … 최악의 경우 그것은 단순한 사회 운동이나 인도주의적 활동과 차이가 없다는 평가를 얻게 된다. 기독교의 본질을 유지하고 있는지가 모호하게 되는 것이다."[187]라고 하였는데, 선교적 과제의 대상과 윤리적 과제의 대상을 구분해야 할 필요를 잘 보여주는 말이라 하겠다.

7. 4가지 선교 패러다임 비교분석

지금까지 기존의 3가지 선교 패러다임과 대안으로 제시될 수 있는 제4 선교 패러다임에 대하여 살펴보았다. 결론적으로 독자의 이해를 돕기 위하여 이 4가지 패러다임이 서로 어떤 공통점과 차이점 등을 지니는지 간략하게 살펴보자.

첫째, 제4 선교신학은 선교의 개념을 명확하게 정립한다. 제3 선교신학인 통전적 선교신학에서 나타나듯이 복음전도의 과제와 윤리적 과제를 혼합하여 선교라고 규정하는 것이 아니라, 윤리적 과제를 소중

---

[187] 양낙홍, "세계교회협의회의 선교신학 분석과 평가," 「선교와 신학」 제28집 (2011 가을호), 251.

히 여기면서도 하나님과의 관계를 회복하도록 만드는 과제를 선교로 개념화하는 것이다. 제4 선교신학의 개념을 좀 단순화시켜 다른 선교신학과의 차이점을 생각해보면 다음과 같다. 먼저 제1 신학과는 복음화의 우선성에 있어서 공통점이 있는 반면 윤리적인 차원을 깊이 고려하고 중시한다는 점에서 차이점을 지닌다. 제3 신학과의 차이점은 윤리적 차원을 중시하지만 여전히 선교적 차원에 우선순위를 두며 윤리와 선교를 혼합하여 선교 개념을 정립하지 않는다는 점에서 차이점을 지닌다.

둘째, 제4 선교신학의 선교 목표와 방법에서 목표는 복음전도와 구령에 초점을 맞추되, 방법은 유연성과 개방성을 가지고 목표를 이루는 일에 도움이 되고 효과적인 한 모든 방법을 수용하는 것이다. 즉 제4 선교신학은 사도적 사명을 우선순위에 두는 선교의 목표를 설정하되 방법에 있어서는 유연성을 가지는 것이다. 이것을 기존의 선교신학과 비교해 본다면 선교의 목표에 있어서는 우선순위를 강조한다는 점에서 제1 선교신학과 유사한 면이 있는 반면, 선교의 방법에 있어서는 모든 방법에 대하여 열려있다는 점에서 제3 선교신학과 유사한 면이 있다고 할 수 있다. 목표의 일관성과 우선성에 있어서는 1선교신학과 유사하고, 방법의 개방성과 유연성 차원에서는 제3 선교신학과 유사한 면이 있다. 그러나 제4선교신학은 모든 선교 방법을 무조건 수용하는 것은 아니다. 선교 목표에 효과적으로 도움이 될 수 있는 한 다양한 방법을 수용하는 것이다. 이 점에서 모든 선교 방법에 개방적인 경향을 지닌 제3 선교신학과는 차이가 있는 것이다.

셋째, 제4 선교신학은 교회를 중시하며 교회가 선교의 가장 핵심적인 주체임을 인식한다. 좀 단순화시켜 표현한다면 교회와 세상 가운데

제1 선교신학은 교회를 중시한 반면, 제2 선교는 세상을 중시한 경향이 있다. 한편 제3 선교는 교회와 세상 가운데 어느 한 곳에 우선순위를 두지 않고 동일하게 중시하는 경향을 보인다. 이러한 경향들에 비할 때 제4 선교는 교회를 중시한다는 점에서 제1 선교신학과 유사한 면이 있다. 즉 제 4선교신학은 선교의 핵심기구인 교회의 위상을 중요하게 여긴다. 또한 하나님을 알지 못하고 하나님께 관심이 없는 세상을 선교의 동역자로 인식하거나 세상과 교회의 경계를 약화시켜 교회가 세상 속으로 흡수될 수 있는 우를 범하지 않는다. 그러나 제1 선교신학과 달리 교회의 연약성을 심각하게 인식하면서 늘 하나님께 순종하는 선교를 진행해야 함을 인식한다는 점에서는 제2와 제3 선교신학으로부터 도전을 받는다.

넷째, 제4 선교신학의 특징을 한 마디로 표현한다면 그것은 "영광 선교신학"이라고 명명할 수 있을 것이다. 제1 선교신학은 "복음화 선교신학"이라 할 수 있고, 제2 선교신학은 "인간화 선교신학"이라 할 수 있으며, 제3 선교신학은 "복음화와 인간화를 아우르는 선교신학"이라 할 수 있을 것이다. 제4 선교신학 역시 복음화와 인간화를 종합적으로 고려하지만 여전히 복음화에 우선순위를 두는 점에서는 제1 선교신학과 가까운 경향이 있다.

그러나 선교의 최종적인 목적을 교세의 확장으로 오도될 수 있는 '복음화'나 단순히 복지사회 건설이나 살기 좋은 세상 만드는 일로 전락될 수 있는 '인간화'를 넘어서서 하나님과의 바른 관계가 회복되어 하나님이 합당한 영광을 얻으시도록 하는 것을 최종적인 선교의 목적으로 삼는다는 점에서 제4 선교신학은 "영광 선교신학"이 되는 것이다.

부록

예수의 가르침에서 본 확대된 선교 개념 평가[1]

I. 들어가는 말

전통적 선교 개념은 상당히 단순하고 명료한 경향이 있었다. 즉 전통적인 의미의 선교는 기본적으로 구원의 복음을 전하여 영혼을 구원하고 교회를 세우는 활동이었다. 전호진은 구스타프 바르넥 등의 견해를 종합하여 "선교란 비기독교 세계에 교회를 설립하기 위한 복음전파"라고 정리하는데, 전통적인 선교의 개념 속에는 대부분 복음, 구령, 교회 세움 등이 선교의 핵심 사항으로 포함되어 있었다.[2]

그런데 2차 세계대전 후 제국주의적 선교를 교정하고 선교의 바른 방향을 찾아보려는 노력 가운데 1952년에 태동된 Missio Dei 개념 이후로 선교는 세상에 샬롬을 이루는 모든 활동으로 이해되기 시작하

---

[1] 예수의 가르침에서 본 확대된 선교 개념 평가 이 글은 「주안신학논단」 2024년 창간호에 게재된 글이다.
[2] 전호진, 『선교학』(서울: 개혁주의신행협회, 1987), 20.

였다. 즉 선교 개념 속에 세상을 평화롭게 하고 이롭게 하는 모든 활동들이 포함되기 시작했다. 본 연구자는 이러한 선교 개념을 '확대된 선교 개념'이라고 명명하고자 한다. 즉 '확대된 선교 개념' 이란 전통적인 의미의 단순 명료한 선교 개념이 아니라, 세상을 행복하게 하는 모든 활동을 다 선교에 포함하는 넓어진 선교 개념인 것이다.

 이 글의 목적은 이러한 확대된 선교 개념을 예수의 가르침의 관점에서 평가해보는 것이다. 선교의 개념은 크게 1) 선교를 주로 복음화로 보는 전통적 선교 개념, 2) 선교를 주로 인간화로 보는 에큐메니컬 선교 개념, 3) 복음화와 인간화를 모두 선교에 포함하는 통전적 선교 (또는 총체적 선교) 개념 등으로 분류할 수 있을 것이다. 이 글은 에큐메니컬 선교와 통전적(총체적) 선교를 모두 선교에서 있어서의 우선성을 배제한 확대된 선교 개념으로 분류하고, 그와 같은 선교 개념을 기독교의 절대적인 기준이 되는 예수의 말씀에 비추어 평가한다는 점에서 기존의 연구들과 구별되는 독특성과 기여점을 지닌다고 하겠다.

 확대된 선교 개념을 평가하는 기준으로 예수의 가르침을 선택한 이유는 하나님의 뜻을 가장 정확하게 보여주고 가르친 분이 예수 그리스도이기 때문이다. 이에 대하여 김균진은 바르트의 견해를 따라서 "하나님과 인간 사이에는… 예수 그리스도라고 하는 인격이 서 있다. 그분 안에서 하나님은 인간에게 자기를 계시하신다. 그분 안에서 인간은 하나님을 인식한다. 그분 안에서 하나님은 인간 앞에 서 있고, 인간은 하나님 앞에 서 있다."[3] 라고 말한다. 즉 하나님의 뜻을 가장 정확히 보여주신 분은 예수이고, 그런 점에서 삼위일체 하나님의 뜻을 가장

---

3 김균진, 『기독교조직신학 II』, (서울: 연세대학교 출판부, 1987), 137.

정확히 알 수 있는 길은 바로 예수 그리스도와 그분의 말씀을 통해서라고 할 수 있다. 선교의 방향을 찾음에 있어서 삼위일체 하나님을 통해서 보아야 한다는 점이 에큐메니컬 진영을 중심으로 많이 강조된다. 특별히 전 창조세계를 품는 폭넓은 선교 패러다임이 필요함에 따라 하나님의 선교 개념을 넘어 삼위일체 선교가 강조되는 경향이 있다. 하지만 성부, 성자, 성령 중 이 땅에 육신을 입고 오셔서 인간의 언어로 직접 말씀하신 분은 성자가 유일하다. 그런 점에서 성자를 통한 하나님의 계시가 가장 정확하다고 할 수 있으며, 기독교의 이름이 기독 즉 그리스도를 유일한 계시자와 구원자로 믿는다는 의미에서 기독교가 된 것이다. 이런 견지에서 볼 때 하나님을 가장 정확히 보여주는 분은 성자이기에 삼위일체 선교를 말할 때도 성자의 말씀이 중심에 서는 것이 적절하다고 할 수 있다.

이런 점에서 이 글은 확대된 선교 개념을 예수의 가르침이라는 기준에 따라서 평가하는 것을 목표로 삼고, 이 일을 위해 1) 확대된 선교 개념은 어떤 배경에서 태동 되었는지, 2) 확대된 선교 개념은 어떤 특징을 지니는지 등을 살펴보고, 3) 확대된 선교 개념을 예수의 말씀이라는 기준에 따라 평가하면서 어떤 점들을 고민해야 할 것인지 등에 대해 살펴보고자 한다. 이 연구를 통해 기독교 선교가 좀 더 명확한 선교 개념을 가지고 더욱 효율적인 선교를 수행하는데 일정 부분 도움이 되기를 기대해 본다. 모든 학문과 그것에 기초한 실행에 있어서 개념은 매우 중요한 역할을 한다. 개념에 따라서 목표가 달라지고, 방법이 달라지고, 의사소통의 효율성이 달라진다. 그런 점에서 학문을 함에 있어서 개념 정립은 매우 중요하며, 선교 역시 명확한 개념 정립이 중요하다.

2. 확대된 선교 개념의 주요 배경

1) 하나님의 선교 (Missio Dei) 개념

　확대된 선교 개념의 배경에는 다양한 요소들이 존재하기 때문에 그것을 간단히 요약하는 것은 쉽지 않은 작업이다. 하지만 그럼에도 불구하고 확대된 선교 개념을 정확히 이해하기 위해서는 이러한 작업이 필요하며, 단순 명료하던 전통적 선교 개념이 확대되는 시점을 살펴보면 전통적인 선교 개념의 확대에 영향을 미친 핵심 요인들을 발견할 수 있다. 본 연구에서는 이러한 배경으로 1) 하나님의 선교 (Missio Dei) 개념, 2) 새로운 하나님 나라 이해, 3) 새로운 구원 이해 등을 살펴보고자 한다. 이 세 가지는 대부분 전통적인 선교의 문제점을 보완하고 극복하고자 태동된 WCC 에큐메니컬 신학과 연관성을 지닌 것들이다. 즉 에큐메니컬 신학은 선교의 개념을 확대시키는 데 많은 역할을 하였고, 이러한 에큐메니컬 신학의 영향으로 인하여 복음주의 진영의 선교 개념 역시 점차로 확대된 경향을 보였다고 할 수 있다. 에큐메니컬 신학은 매우 광범위하지만, 선교의 범위를 확장하는데 주요한 역할을 한 개념으로는 위에 든 세 가지가 중요한 역할을 하였다고 할 수 있다.

　하나님의 선교 개념은 전통적인 서구 선교의 문제점을 반성하면서 바람직한 선교의 방향을 찾는 과정에서 태동 된 개념이다. 즉 1952년 IMC (International Missionary Council) 빌링엔 대회의 신학적 성과를 정리하던 독일 슈트트가르트 교구의 감독 칼 하르텐슈타인 (Karl Hartenstein)이 Missio Dei (하나님의 선교) 라는 라틴어 술어를 처음 사용하였는데, 그는 이 단어를 통해 전통적으로 행해왔던 식민주의적인 오만한 선교 자세를 교정하고 선교의 새로운 돌파구를 찾기 위해 모든 선교는 선교의 주인 되신 하나님으로부터 출발해야 한다는 것을 강조하였고, 이러한 관점은 교회의 이기적이고 제국주의적인 선교를 갱신하는데 기여한 점이 있다.[4] 하나님의 선교 개념은 교회로 하여금 하나님의 뜻에 따라 자신을 반성하게 하며 선교 자세를 갱신하는 하는 일에 일조한 면이 있다. 또 이기적인 교회로 하여금 세계 참여적인 교회가 되도록 도전하였다는 점에서 기여한 바가 없지 않다.

그런데 하르텐슈타인의 갑작스러운 죽음 이후 이 개념은 세계교회협의회(WCC, 이하 협의회로 표기)의 전도부 초대 간사 및 세계교회협의회 (WCC)와 국제선교협의회 (IMC)의 협력위원회 간사 (1949-952)로 일했던 후켄다이크 (J.C. Hoekendijk)와 협의회에 의해 선교를 수행하시는 하나님의 뜻에 대한 이해를 완전히 달리 해석하는 변화가 일어났다. 즉 전통적인 선교에서는 선교의 목표가 세상 사람들로 하여금 하나님이 보내신 구원자 예수를 믿고 구원을 얻도록 하는 데 있었다면, 하나님의 선교에서는 하나님의 관심이 샬롬이라고 보았는데, 이 샬롬은 개인 영혼 구원 이상의 것으로 평화, 정직, 공동체, 조화, 정의 등의 포괄적인 것이며, 사회적 사건으로 인간들 사이에서 일어나는 것으로 보았다.[5] 그리고 세계교회협의회에서는 이 샬롬의 구체적인 모습을 JPIC (Justic 정의, Peace 평화, Integrity of Creation 창조질서 보존) 로 제시하기도 하였다.[6]

---

4 WCC, *The Church for Others: Two Reports on the Missionary Structure of the Congregation* (Geneva: WCC, 1968), 16-17. 참조.
5 J.C. Hoekendijk, The Church Inside Out, 이계준 역, 『흩어지는 교회』 (서울: 대한기독교서회, 1994), 17-18.
6 박종화는 JPIC가 샬롬의 다양한 의미를 세 가지 영역으로 압축한 개념이고 이런 점에

이상과 같이 하나님이 선교 개념에서는 하나님의 뜻이 세상에서 샬롬 즉 세상을 평화롭고 행복하게 만드는 일이라고 이해하게 되었고, 하나님이 이끄시는 선교는 바로 이런 샬롬을 이루는 일이 되는 것이다. 이렇게 되면서 기독교의 선교 개념은 큰 폭으로 확대가 이루어진다. 즉 영혼을 구원하고 교회를 세우는 것을 핵심으로 하는 전통적인 선교 개념이 이제는 세상의 모든 문제를 해결하고 평화와 샬롬을 세우는 일로 확장되면서 선교는 세상을 행복하게 하는 모든 일로 확대된다. 그 결과 세상을 복음화 하는 선교보다는 세상을 잘 살게 만드는 선교가 더 하나님의 뜻에 맞는 선교로 인식되게 되면서, 세상에 샬롬을 가져다주는 모든 일 즉 인간화, 정의, 평화, 생명살림, 화해와 일치 등이 모두 선교의 개념 속으로 들어오면서 선교의 개념이 확대된 것이다.[7]

2) 새로운 하나님 나라 이해

선교는 하나님의 나라를 확장하고 완성하는 일에 기여하는 사역이다. 그런데 문제는 하나님의 나라가 어떤 나라인가 하는 점이다. 전통적인 하나님 나라의 이해는 주로 개인들이 하나님의 통치를 받아들이면서 이루어지는 나라로, 윤철호는 하나님 나라의 이와 같은 성격과 연관하여 "복음이란 예수 그리스도의 메시아적 사역 안에서 이미 도래

서 샬롬의 대명사가 바로 JPIC 라고 설명한다. 박종화, "JPIC 세계대회 선언문 해설," 한국기독교사회문제연구원 편, 『정의 평화 창조질서의 보전 세계대회 자료집』(서울: 한국기독교사회문제연구원, 1990), 55.
7　김은수, 『현대선교의 흐름과 주제』(서울: 대한기독교서회, 2001), 229.

하였으며, 회개와 신앙의 결단을 요구하고 있는 종말론적 하나님의 통치에 관한 좋은 소식을 말한다."고 설명한다.[8]

이 나라는 모두를 포함하는 나라가 아니라 하나님 나라의 초청을 받아들인 사람들로 구성되는 나라인 것이다. 드영 (Kebin DeYoung)과 길버트 (Greg Gilbert) 가 말한 대로 "그런고로 성경적으로 말해보면, 모든 사람이 다 하나님 나라의 시민은 아니다."[9]

이런 점에서 하나님의 나라는 보편적이기 보다는 특수하고 제한적인 성격을 지닌 것이라 할 수 있다.

그런데 협의회가 주장하는 새로운 하나님 나라 이해에는 이러한 개별적이고 제한적인 하나님 나라 이해가 아니라 매우 포괄적인 하나님 나라 이해가 강하게 나타난다. 전통적인 관점에서는 하나님 나라의 초청에 응답하는 것이 하나님 나라 백성이 되는 핵심 사항이었다면 에큐메니컬 관점에서는 이러한 조건이 거의 무시된다. 예수를 아느냐 모르느냐 또는 예수의 초청에 응했느냐 아니냐는 거의 관심 밖의 사항인 것으로 보인다. 예를 들면, 협의회가 채택한 선교 문서인 "생명을 향하여" 문서는 "우리는 주변화 된 사람들이 선교의 대리자들이며 생명의 충만함이 만유를 위한 것이라고 강조하는 예언자적 역할을 감당한다고 확언한다. 사회에서 주변화된 사람들은 하나님 선교의 주요 동역자들이다."[10]라고 천명한다. 즉 이 선언서에 의하면 주변화 된 사람들은

---

8 윤철호, 『공적신학』(서울: 새물결플러스, 2019), 476.
9 Kebin DeYoung & Greg Gilbert, What is the Mission of the Chruch? (Wheaton, IL: Crossway, 2011), 121.
10 WCC, "Together towards Life: Mission and Evangelism in Changing Landscape," 정병준 역, "함께 생명을 향하여: 기독교의 지형 변화 속에서 선교와 전도," in 세계교회협의회 제10차 총회한국준비위원회, 『세계교회협의회 신학을 말한다』(서울: 한국장로교출판사, 2013), 110.

그가 예수의 초청에 대한 응답을 한 것과 상관없이 모두 다 하나님의 선교의 대리자이며, 주요 동역자이며, 예언자적 역할을 감당하는 것처럼 설명되고 있는 것이다. 이러한 관점은 예루살렘 IMC(1928년) 대회의 지도자 중 하나였던 플레밍의 견해와 유사한데, 이동주는 그의 견해를 다음과 같이 요약하였다.

> … 하나님은 모든 사람의 아버지이며, 모든 인간은 다 하나님의 자녀들이며 형제들이다. 그는 이 땅의 모든 삶을 변화시키고 의의 왕국을 세울 것을 주장하며, …. 천국은 바로 기독교인들과 타종교인들이 함께 그와 같은 형제애를 실현함으로써 건설된다고 보고 우리가 사는 세속사에 내재한 평화의 나라를 추구했다.[11]

또한 협의회가 주장하는 새로운 하나님 나라 이해에는 하나님과의 개인적인 관계 개선보다는 구조적인 악의 제거가 하나님 나라의 핵심 사항인 것처럼 보는 경향이 강하다. 이러한 관점 때문에 협의회가 말하는 하나님 나라 이해에서는 개인적인 죄의 청산과 구원의 문제가 별로 중요한 관심거리가 안 되는 경향을 보인다.[12] 즉 에큐메니컬 진영의 하나님 나라 이해에는 하나님과의 관계 개선보다는 인간들의 노력과 투쟁을 통해서 현재의 잘못된 사회와 그 구조를 파괴하여 구조적인 악이 사라지는 나라로 보는 견해가 지배적이다. 마치 무력투쟁을

---

11 이동주, 『현대선교신학』 (서울: 기독교 문서 선교회, 1998), 171–172.
12 David J. Bosch, *Transforming Mission: Paradigm Shifts in Theology of Mission*, 김병길 장훈태 역, 『변화하고 있는 선교』 (서울: 기독교문서선교회, 2000), 595.

통해서 메시아왕국을 건설할 수 있다는 생각을 지녔던 열혈당의 모습과 유사한 측면이 있는 것이다. 물론 예수의 지상사역 모습에 이러한 열혈당과 같은 혁명적 요소로 보이는 측면들이 있었던 것은 사실이다. 예수께서 가져오신 하나님의 나라는 기존의 사회 모습과 대조되는 삶의 방식을 요구하는 면이 있다. 그러나 이런 혁명이라 할지라도 그 출발은 기본적으로 통치구조가 아닌 개인의 변화로부터 시작되는 것이다.[13]

결과적으로 협의회가 이해하는 새로운 하나님 나라는 주변화 된 사람들을 중심으로 모든 사람들이 사는 곳에서 구조적인 악이 사라지고 정의, 평화, 생태계 보존과 같은 것이 잘 이루어진 나라이며, 가난이 극복되고 해방이 성취되며 모든 피조물이 다 함께 잘 사는 나라로 보는 경향이 강하다.[14]

그렇다면 이와 같은 하나님 나라를 이루려는 선교는 단순히 복음을 전하여 구령을 하고 교회를 세우는 것으로만 그쳐서는 안 되기에, 새로운 하나님 나라 이해에서 요구되는 선교는 구조악 제거, 정의, 평화, 인간화, 창조질서보전 등을 이루는 매우 포괄적인 선교 개념으로 확대되는 것이다.

3) 새로운 구원 이해

선교는 기본적으로 구원을 전하여 구원을 얻도록 하는 사역이다.

---

13   Donald B. Kraybill, *The Upside-Down Kingdom* (Scottdale, Pennsylvania: Herald Press, 1990), 17-19.
14   이동주, 『현대선교신학』, 197.

그렇다면 선교는 구원이 무엇인가에 대한 이해에 따라서 그 개념이 변화되게 된다. 전통적인 구원관에 의하면 인간의 모든 불행은 하나님과의 관계가 단절된 것에 근본적인 원인이 있으며, 이 불행 해결의 길은 하나님께서 구원의 길로 제시한 예수 그리스도를 통하여 이루어지는 것이라 보았다. 즉 전통적인 구원관에 의하면 구원은 기본적으로 개개인이 얻는 것이고, 하나님과의 관계 개선이라는 차원에서 영적인 차원의 구원관이었다. 이러한 구원관에서는 선교의 개념이 주로 사람들에게 복음을 전하여 회심하고 하나님의 자녀가 되는 것을 주된 과제로 보는 관점을 갖게 된다.

그러나 협의회가 생각하는 새로운 구원 개념은 영적이고 개인적인 차원에만 머무르는 구원 개념이 아니다. 협의회의 새로운 구원 개념은 1973년 방콕 CWME 회의에서 본격적으로 제시되었다고 할 수 있는데, 방콕은 영혼 구원 중심의 구원 이해를 대신하여 '경제정의' '정치적 억압', '인간의 소외', 그리고 '인격적 삶의 좌절' 등으로부터의 해방을 말하는 구원을 제시하였다.[15]

즉 방콕은 '구원'을 '해방'으로 그리고 그 '해방'이란 영혼만의 협소한 차원에서 벗어나 영과 육, 개인과 사회 등 모든 차원에서의 해방을 말하는 폭넓은 의미의 구원 개념으로 이해하였다. 즉 '구원'이 '해방'으로 재세례를 받아 정치적인 차원을 포괄하는 넓은 의미의 구원 개념을 지니게 되었다.[16] 이러한 경향에 대해서는 김영동도 "1973년 방콕에서 WCC 산하 CWME가 '오늘의 구원'이라는 주제로 모였을 때는 극

15　WCC, Bangkok Assembly 1973 (Bossey: WCC, 1973), 89-90.
16　노재성, 『WCC와 현실정치』(서울: 나눔사, 1990), 47-48.

단적인 사회참여적인 구원관을 외쳤다. 구원은 인간화와 사회정의와 평화 실현으로 간주되는 것처럼 보였다."고 설명한다.[17]

그런데 협의회의 이러한 정치적 차원의 구원 이해는 로잔 등의 복음주의자들에 의해 많은 논란거리가 되었고, 그런 영향 때문인지 협의회는 영혼 구원과 경제적 차원의 구원, 그리고 개인구원과 사회구원을 다 포괄하는 통전적 관점의 구원 이해를 제시하기 시작하였다. 예를 들면 세계교회협의회의 선교 문서라 할 수 있는 "선교와 전도: 하나의 에큐메니컬 확언"(Mission and Evangelism: An Ecumenical Affirmation)은 복음화와 인간화 중 어느 하나에 우선순위를 두는 것뿐 아니라 이러한 구분 자체를 이분법으로 보면서, "교회는 복음전도와 사회 행동 사이의 해묵은 이분법을 극복하기 위하여 세상의 가난한 사람으로부터 전혀 새롭게 선교하는 방법을 배우고 있다. 예수 안에서 '영적인 복음'과 '물질적인 복음'은 나누어질 수 없는 하나의 복음이다."[18]라고 강조한다.

협의회의 이런 통전적 구원 이해는 로잔 등의 복음주의 진영에도 일정 부분 영향을 미친 것으로 보이는데, 로잔을 중심으로 한 복음주의 진영도 점차 영혼구원 보다는 총체적 구원을 말하는 경향을 보인다. 예를 들면 복음주의권의 학자로 알려진 르네 파딜랴(Rene Padilla)는 "... 이 세상에서의 인간의 문제는 단순히 그가 개별적인 죄를 범했거나 특정한 악의 유혹에 굴복했다는 것이 아니다. 오히려 그것은 ... 인간을 하나님의 심판 아래 들어가도록 만드는 체제에 갇혀버렸다는

---

17 김영동, "에큐메니컬 운동과 선교," 박경수 편, 『에큐메니즘 A에서 Z까지』 (서울: 대한기독교서회, 2011), 120-121.
18 WCC, "선교와 전도: 에큐메니컬 확언," WCC, You Are the Light of the World, 김동선 역, 『통전적 선교를 위한 신학과 실천』(서울: 대한기독교서회, 2005), 56.

사실이다."[19]라고 말한 후, "복음 전도가 인간의 현실 참여에 대한 언급 없이 단순히 교리적인 내용을 전달하는 것으로 축소될 수 없는 이유가 바로 여기에 있다"[20]라고 주장한다. 즉 인간의 문제는 총체적인 문제 앞에 있기에 구원 역시 총체적인 구원을 필요로 한다는 것이다. 이런 점과 연관하여 박보경은 총체적 구원에 관하여 "... 인간이 하나님의 구원을 경험한다는 것은 영적일뿐 아니라 물질적이며, 육체적일뿐 아니라, 정신적이며, 개인적일 뿐 아니라 사회적이며, 사적일 뿐 아니라 공적인 경험이 되어야 한다."고 주장한다.[21]

이상과 같이 오늘날은 에큐메니컬 진영이든 복음주의 진영이든 모두 통전적이고 총체적인 구원 개념을 지지하고 있으며, 이처럼 넓어진 구원 개념은 자연히 선교의 개념을 넓힐 수밖에 없도록 만든다. 구원이 영적 구원뿐 아니라 물질적 차원의 구원, 사회적 차원의 구원, 환경적 차원의 구원 등을 모두 포괄하는 것이고, 선교는 이러한 구원을 성취하는 사역이기에 당연히 그 선교는 확대된 선교 개념으로 변화되는 것이다. 이와 같이 넓어진 선교의 개념은 2010년 로잔 3차 대회인 케이프타운 서약에서도 일정 부분 나타나는데, 케이프타운 서약은 "....우리의 모든 선교에서 복음 전도와 세상에서의 헌신적인 참여가 통합되어야 하며, 이 둘은 모두 하나님의 복음에 관한 성경 전체의 계시가 명령하고 주도하는 일이다."라는 표현을 통해 선교가 포괄적이어야

19　Rene Padilla, *Mission between the Times*, 이문장 역, 르네 파딜라, 『복음에 대한 새로운 이해』(서울: 도서출판 대장간, 2012), 61.
20　Rene Padilla, 『복음에 대한 새로운 이해』, 61.
21　박보경, "로잔 4차 대회와 총체적 선교의 전망," in 로잔교수회 편, 『로잔 운동의 현재와 미래 선교』(서울: 도서출판 케노시스, 2023), 268-269.

함을 말한다.[22]

3. 확대된 선교 개념의 주된 특징

1) 세상을 행복하게 만드는 모든 것을 선교로 포함하는 경향

전통적으로 교회는 선교를 수행할 때 복음 전도를 통한 구령을 핵심 과제로 삼았고, 이러한 과제가 이루어질 때 개인들이 참으로 행복하게 되고, 그 개인들이 속한 사회 역시 행복한 사회로 변화된다는 견해를 지니고 있었다.[23] 즉 개인과 사회의 행복은 선교의 목표이기 보다는 선교의 부수적 결과물이라고 보는 경향이 강했다.

하지만 확대된 선교 개념의 배경이 된 하나님의 선교, 새로운 하나님의 나라, 새로운 구원 이해 등에서는 세상을 향한 하나님의 뜻이 단순한 구령이 아니고, 온 세상에 샬롬과 행복이 넘치게 하는 것이며, 이것이 이루어진 것이 참된 구원이고 하나님의 나라라고 이해하게 된다. 즉 개인과 세상의 행복은 단순히 구령의 부수적 결과가 아니라, 그것

---

22 Lausanne Movement, *The Cape Town Commitment: Study Edition*, 최형근 역,『케이프타운서약』(서울: IVP, 2014), 60−61.
23 이러한 입장과 연관하여 김균진은 "하나님의 나라에 도달하는 길은 하나님 없는 프롤레타리아 혁명이 아니라, 먼저 자기의 죄성을 깨닫고 예수 그리스도의 죄 용서를 경험하여 하나님을 경외하며 살아가는 사람들의 자기 변화에 있다. 또 그것은 변화된 사람들을 통한 사회의 개혁에 있다. 여기서 우리가 간과해서는 안 될 점은 사회의 제도적 개혁과 더불어 인간 자신의 변화와 개선이 병행해야 하며, 이 변화와 개선은 하나님을 경외할 때 가능하다는 것이다" 라고 정리하고 있다. 김균진,『생명의 신학』(서울: 연세대학교 출판부, 2007), 198−199.

자체가 하나님이 추구하시는 선교의 목표가 되는 것이다. 즉 사회에서 가난과 구조적인 악이 사라지고, 모든 피조물이 정의롭고 평화롭게 잘 사는 것이 곧 선교의 목표가 되는 것이다.[24]

따라서 이러한 선교 속에는 세상을 행복하게 만드는 데 도움이 되는 모든 아젠다가 선교의 핵심 사항으로 들어오게 된다. 이렇게 되면서 선교의 목표는 수도 없이 많아지게 된다. 즉 정의 문제, 평화 문제, 환경 문제, 물질 문제, 인권 문제 등 세상의 모든 문제가 선교에서 해결해야 할 과제로 떠오르게 되는 것이다. 전통적 선교에서는 선교의 최종 목적이 구령으로 표현될 수 있었지만, 확대된 선교에서는 세상을 행복하게 만드는 모든 것이 선교의 개념 속에 들어오게 되어 선교의 목표가 다양하고 그 결과 에큐메니컬 선교 운동은 복음 운동을 넘어 복지 운동, 치유와 회복 운동, 인권운동, 노동운동, 환경운동 등으로 무한히 확대되는 경향을 보인다.[25]

이처럼 선교의 폭이 넓어지면서 모든 것이 선교의 과제와 목표로 등장하면서, 기독교 선교의 목표는 세상의 변화와 요구에 따라 계속적으로 변화되는 경향을 보인다. 1900여 년 동안 교회는 선명한 선교 목표를 가지고 선교를 수행해 온 반면, 확대된 선교 개념에 의하여 교회의 선교 목표는 너무 광범위할 뿐만 아니라 시대의 요구에 따라 선교의 목표가 계속 변화되는 문제를 배태하고 있는 형국이다. 세계 복음화의 과제만 해도 결코 그 수행이 쉬운 것이 아닌데, 세계 복음화 외에 훨씬 더 많은 과제들이 선교에 포함되면서 선교는 '빛 좋은 개살구'라는 표

---

24 이동주, 『현대선교신학』, 197.
25 박보경, "로잔 4차 대회와 총체적 선교의 전망," 272.

현처럼 매우 휘황찬란한 말 잔치는 있는데 정작 실제로 이루어지는 일은 더 적어지는 것은 아닌지 고민할 필요가 있어 보인다. 이러한 문제점을 인식하면서 박영환은 시대에 따라 선교의 방법은 변할 수 있지만 복음은 변할 수 없음을 말하면서, "그러나 미래에도 영원히 변하지 않는 영원한 중심점은 있다. 선교의 내용인 복음이다."라고 강조한다.[26]

물론 선교의 폭이 넓어지는 것은 선교에서 연구해야 할 주제가 더 많아진다는 점에서 학자들에게는 환영할만한 일이 될 수 있고, 세상의 행복을 위해 기여하는 선교를 추구하면서 좀 더 세계 친화적인 사역으로 비칠 수 있는 장점도 있을 것이다. 하지만 시간과 물질 그리고 능력의 한계를 지닌 교회가 반드시 해야 할 구령 사역을 상대화하면서, 이 세계의 모든 정부와 유엔 같은 연합기구도 해결하기 어려운 문제들을 모두 해결하겠다고 나서는 것이 과연 어느 정도 실현 가능성이 있는지 고민할 필요가 있다.

---

26 박영환, "선교정책과 전략 형성 이전의 배경사", 「신학과 선교」 32(2006): 97.

2) 선교의 범위가 확대되면서 본질과 핵심이 흐려지는 경향

위 도표[27]에서 왼쪽은 선교에서 우선순위와 핵심을 전제하는 전통적인 선교 개념이고, 오른쪽은 핵심을 인정하지 않고 모두가 똑같이 중요한 넓어진 선교 개념이라 할 수 있다. 위 도표에 나타난 전통적 선교 개념과 넓어진 선교 개념을 도표로 보면 다음과 같은 차이점을 생각해볼 수 있다.

첫째, 전통적인 선교에서는 복음화가 핵심에 자리를 잡고 있는 반면, 넓어진 개념에서는 복음화도 여러 목표 중 하나로 위치하고 있다. 즉 전통적 선교 개념에서는 선교에서의 핵심 목표가 존재한 반면, 확대된 선교 개념에서는 핵심 목표가 존재하지 않고 모든 목표가 다 동일한 목표로 인식된다.

둘째, 전통적인 선교에서는 복음화와 영생이 선교의 목표이고, 다른 과제들은 그 목표를 이루기 위한 방법 혹은 과정으로 이해되는 경향

---

27 이 도표는 필자가 전통적인 선교 개념과 통전적 선교와 총체적 선교와 같이 넓어진 선교 개념의 차이를 보여주기 위해 그린 것이며, 복잡한 선교 개념을 도표로 그리는 작업은 모든 세부사항을 포함하지 못하는 단순화의 한계가 있을 수 있음을 겸허히 수용한다.

이 있다면, 넓어진 선교 개념에서는 모든 목표가 다 동일한 선교의 핵심 목표로 인식되는 것이다. 이와 같이 확대된 선교 개념의 관점에서 보면 전통적인 선교는 영적인 복음과 물질적인 복음, 개인 영혼을 위한 복음과 사회 구원을 위한 복음을 나누어서 생각하는 이분법적인 복음이며 너무 협소한 개념으로 비칠 수 있다.[28]

확대된 선교 개념은 세상을 이롭게 할 수 있는 모든 과제들을 선교에 포함함으로 말미암아 1) 포용성이 높아 보이는 개념, 2) 균형감이 있어 보이는 개념, 3) 세계 친화적이고 봉사적으로 보이는 선교 개념 등으로 비친다는 점에서 좋은 면이 있어 보인다. 특별히 학자들의 경우는 편협하고 한쪽으로 치우치고 세계 친화적이지 못한 신학을 부담스러워하므로 오른쪽의 확대된 선교 개념은 자연히 학자들 가운데서 선호되는 개념이 될 가능성이 높다. 하지만 무조건 넓히는 것만이 능사는 아니다. 능력의 범위를 넘어 무조건 넓히기만 하는 것은 자칫 본질과 핵심을 약화할 수 있는 위험성이 있음을 고민할 필요가 있다. 기독교의 가장 기본적인 핵심 중의 하나는 보쉬가 지적한 대로 "… 인간 삶의 내적 깊은 자리에서 일어나는 그 과감한 혁명인, 회개와 회심에로의 단호한 소명…"[29]인 것이며, 이 핵심 사항을 소홀히 하는 선교는 세계를 변화시킬 능력이 결여될 수 있음을 기억할 필요가 있다.

---

28 WCC, "선교와 전도: 에큐메니컬 확언" 33항, 56. WCC, "Together Towards Life : Mission and Evangelism in Changing Landscapes," 21항, 79.
29 David J. Bosch, *Witness to the World*, 전재옥 역, 『선교신학』(서울: 두란노, 1992), 258.

4. 확대된 선교 개념에 대한 예수 말씀 관점에서의 평가

1) 하나님의 뜻에 부합하는지의 문제

확대된 선교 개념의 이론적 배경 중의 하나는 하나님의 선교 개념인데, 이 개념은 교회의 선교가 하나님의 뜻을 따라 수행되어야 함을 강조하고, 그 하나님의 뜻은 세상을 구원으로 이끄는 것이기보다는 세상 자체를 샬롬과 행복이 넘치는 곳으로 바꾸는 것임을 강조한다. 그렇다면 여기에서 점검되어야 할 사항은 과연 하나님의 뜻이 무엇인가 하는 점이다. 하나님의 뜻이 과연 세상 자체를 샬롬이 넘치는 곳으로 바꾸는 데 있는가 아니면 세상을 구원으로 이끄는 데 있는가 하는 것을 명확히 찾아보는 것이 중요할 것이다. 본 장에서는 서론에서 이미 언급하였듯이 예수의 가르침을 중심으로 하나님의 뜻이 어디에 있는지를 분석하고자 한다. 예수의 가르침은 매우 방대하므로 연구의 범위를 설정하는 것이 필요할 것이다.

이 글에서는 확대된 선교 개념의 주된 배경이 된 1) 하나님의 선교 개념, 2) 새로운 하나님 나라 이해, 3) 새로운 구원 이해 등을 사복음서에 나타난 예수의 말씀을 기준으로 평가한 것인데, 하나님의 선교 개념에서는 하나님의 뜻을 찾는 것이 중요하므로 사복음서 중에 예수께서 '아버지의 뜻' 또는 '나를 보내신 이의 목적' 그리고 '내가 온 목적' 등이 나타난 말씀을 중심으로 살펴보았다. 또한 하나님의 나라에 대해서는 '천국,' '왕' 등의 용어를 중심으로 살펴보았고, 구원 개념에 대해서는 산상수훈과 제자 파송장 등에 나타난 말씀을 중심으로 구원받은 자가 얻는 삶 등을 중심으로 구원의 의미를 찾아보았다. 하지만 위에서 언급한 주제들 자체가 매우 광범위한 주제이므로 모든 구절들을 다 다루지는 못하는 한계점을 지니고 있음을 미리 밝힌다.

하나님의 뜻이 무엇인지를 보여주는 가장 중요한 구절 중 하나는 기독교 복음의 핵심 진수라 할 수 있는 요한복음 3장 16-17절이다. 이 말씀에 의하면 하나님께서 독생자를 주신 목적은 "… 그를 믿는 자마다 멸망하지 않고 영생을 얻게 하려 하심이라" (요 3: 16) 고 말씀한다. 이어서 17절 말씀에도 아들은 세상에 보내신 것은 "… 세상이 구원을 받게 하려 하심이라" (요 3: 17)고 기록되어 있다. 즉 하나님께서 그의 독생자 아들을 이 땅에 보내신 것은 세상으로 하여금 영생과 구원을 얻도록 하는 데 그 목적이 있다는 것이다. 즉 하나님의 뜻은 세상으로 영생을 얻도록 하는 데 있다는 점이 상당히 명확히 드러나는 것이다.

하지만 협의회는 "하나님이 세상을 이처럼 사랑하사 독생자를 주셨으니…" 라는 부분 즉 세상을 향한 하나님의 사랑만을 지나치게 강조하면서 하나님의 뜻은 이 세상을 샬롬이 넘치는 곳으로 바꾸는 것에 있다는 식으로 해석하는 경향이 있다.[30]

그런데 세상을 사랑하신 것은 독생자를 보내신 이유이고, 정작 그 독생자를 보내신 목적은 바로 세상으로 하여금 영생을 얻도록 하는 것에 있었다. 예수는 이런 목적을 가지고 오셨기에 사람들이 자기들 동네에서 계속 머물면서 병자 치유, 귀신 축사, 오병이어와 같은 기적 행사 등을 행해줄 것은 요구할 때, 그 요청을 듣지 않으시고 "… 내가 다

30　WCC, "Together Towards Life : Mission and Evangelism in Changing Landscapes," 21항, 79.

른 동네들에서도 하나님의 나라 복음을 전하여야 하리니 나는 이 일을 위해 보내심을 받았노라 하시고 갈릴리 여러 회당에서 전도하시더라." (눅 4: 43-44) 라고 기록된 대로 전도와 구령에 집중하셨다.

만약 하나님의 선교 개념에서 강조하는 것처럼 세상을 향한 하나님의 뜻이 세상의 샬롬과 행복이었다면 예수는 당시 군중들의 요청을 들어주었어야 할 것이다. 그러나 예수의 가르침과 행위 속에 드러난 하나님의 뜻은 "… 로마로부터의 압제에서 해방되는 정치적 구원이나 궁핍으로부터 벗어나는 경제적 구원에 관심이 집중되어 있던 당시 유대인들의 생각…"[31]과는 다른 것이었으며, "… 눈에 보이는 현상 너머에 있는 근원적인 문제, 즉 죄의 문제를 해결…"[32]하는 것이 예수의 오신 목적이었고, 여기에 하나님의 뜻이 선명하게 드러나는 것이다.

예수께서 말씀하신 하나님의 뜻은 요한복음 6장에 나오는 오병이어 기적 후에 예수께서 말씀하신 가르침에도 또한 선명하게 나타난다. 특별히 요한복음 6장 39-40절은 "나를 보내신 이의 뜻은 내게 주신 자 중에 내가 하나도 잃어버리지 아니하고 마지막 날에 다시 살리는 이것이니라. 내 아버지의 뜻은 아들을 보고 믿는 자마다 영생을 얻는 이것이니 마지막 날에 내가 이를 다시 살리리라 하시니라" 고 말씀하고 있다. 여기에서 39절의 '나를 보내신 이의 뜻'과 40절의 '내 아버지의 뜻'은 예수를 믿는 자들을 마지막 날에 다시 살리는 것과 영생을 얻게 하는 것에 있음을 말씀하고 있다. 이런 이유에서 옥스퍼드 주석은 이 말씀에 대한 주석에서 "… 하나님께서 예수를 이 땅에 보내신 목적이

---

31 제자원, 『옥스퍼드 원어성경대전 마태복음 1-11a 장』 (서울: 제자원, 2006), 98.
32 제자원, 『옥스퍼드 원어성경대전 마태복음 1-11a 장』, 98.

이처럼 택하신 자들의 완전한 구원임을 잘 알게 한다."라고 기술하고 있다.[33]

세상의 샬롬과 평화가 하나님의 뜻이 아니라고 말하는 것이 아니다. 당연히 그런 사항들도 하나님의 뜻 가운데 있을 것이다. 하지만 세상의 샬롬과 평화가 깨진 가장 근본적인 원인은 바로 하나님을 등지고 대적함에 있기에, 그 관계를 다시 회복하는 삶(영생)에 하나님의 가장 우선적인 뜻이 있다는 것이다. 만일 하나님의 목적이 단지 세상의 샬롬과 행복이었다면, 독생자를 보내 많은 고난을 겪게 하시고 십자가까지 지도록 하실 필요가 없었을 것이다. 이와 같은 주장에 대한 비판을 예상하면서 사이더는 "상대주의의 시대에 환영받지 못하고 세속적인 사회 운동가들과 다른 종교를 신봉하는 자들에게도 분명 비난 받겠지만 신약은 예수님이 하나님의 최종적인 계시이며 구원에 이르는 유일한 길이라고 명백히 가르치고 있다."라고 주장한다.[34]

그런 점에서 선교의 개념을 무한대로 확대하면서 예수를 보내신 가장 핵심적인 목적인 구령 사역을 상대화시키고 선교의 핵심 사역인 구령을 여러 목표 중 하나로 전락시키는 확대된 선교 개념이 과연 예수의 가르침에 나타난 하나님의 뜻과 부합하는지 물어야 할 것이다.

---

33 제자원, 『옥스퍼드 원어성경대전 요한복음 1-6 장』 (서울: 제자원, 2006), 585.
34 Ronald J. Sider, *Good News and Good Works: A Theology for the Whole Gospel*, 이상원 박현국 역, 『복음전도와 사회운동』(서울: CLC, 2013), 195.

2) 예수의 천국 비유의 핵심에서 벗어난 하나님 나라 이해

확대된 선교 개념의 주요 배경 중 하나인 새로운 하나님 나라 이해에서는 구조적인 악이 사라지고 정의, 평화, 생명 살림의 과제들이 실현되어 모든 피조물이 다 함께 잘 사는 나라에 강조점을 두는 경향이 강하다.[35]

즉 이 땅 위에서 이루어지는 복지 국가 또는 선진 국가와 유사한 성격이 강조되는 경향이 있다.

그런데 하나님의 나라가 이루어질 때 이상과 같은 모습이 점진적으로 이루어질 수 있겠지만, 그렇다고 정의, 평화, 생명 살림 등을 통한 복지 국가가 곧 하나님 나라의 본질이라 할 수는 없다. 정의, 평화, 생명 살림 등이 이루어진다 해도 거기에 있는 사람들이 하나님께 아무런 관심이 없고, 하나님을 거역하고, 자신들의 정욕을 따라 산다면 그것은 하나님의 나라가 아니라 다만 발전된 인간의 나라일 것이다. 거기에 하나님이 하나님으로 인정되지 않는데 그것을 어떻게 하나님의 나라라고 말할 수 있겠는가? 그렇다면 예수께서 말씀하시고 보여주신 하나님 나라의 본질은 무엇일지 생각해 보자.

첫째, 하나님의 나라는 기본적으로 하나님의 은혜의 통치가 임하는 영역이라 할 수 있다. 즉 하나님의 통치가 하나님 나라의 핵심이다. 그런데 이러한 통치는 그 통치를 믿음으로 받아들이는 사람이 있을 때 가능해지는 것이다. 예수께서 사역하실 당시 유대인들은 천국을 지상에 이루어지는 정치적인 왕국으로 이해하는 경향이 강했다. 즉 그들

---

[35] 이동주, 『현대선교신학』, 197.

의 천국관은 다윗의 왕권을 되찾아 열방을 심판하고 이스라엘의 영광을 회복하는 것에 강조점이 주어졌다. 즉 유대인들의 천국관은 집단적이고 민족적인 경향이 강했다.[36] 오늘날 협의회에서 말하는 새로운 하나님 나라 이해는 이 유대인들의 정치적 하나님 나라와 유사한 측면이 있다. 예수께서 말씀하신 하나님 나라 이해에 이런 지상적이고 현실적이며 정치적인 측면이 없는 것은 아니나 이것은 하나님 나라의 본질이기보다는 본질로부터 나오는 하나의 현상으로 보는 것이 적절할 것이다.

하나님 나라의 본질을 파악하기 위해서는 천국 비유장으로 알려진 마태복음 13장을 잘 살펴보는 것이 중요한데, 이 장에 보면 씨와 연관된 비유가 많다. 밭에 뿌려진 씨의 비유와 겨자씨의 비유 등이 그것이다. 여기에서 씨는 '천국 말씀' (마 13: 19), '말씀' (마 13: 20; 22-23) 등으로 설명되고 이것은 곧 예수 그리스도를 통한 구원의 복음을 의미한다고 할 수 있다.[37]

이 씨가 잘 심기고 자라는 곳에서부터 하나님의 나라가 시작되며 이것이 하나님 나라의 핵심이요 본질인 것이다.

또한 감추인 보화와 값진 진주의 비유에서 나타나듯이 천국은 그것을 얻기 위해 다른 모든 가치들을 포기할 때 얻을 수 있다는 점을 강조하는 것으로 개인의 결단과 수용이 하나님 나라의 시작임을 말씀하는 것이다. 즉 하나님의 나라는 기존의 가치에서 벗어나 새로운 규칙

---

36 제자원, 『옥스퍼드 원어성경대전 마태복음 제 11b-20 장』 (서울: 제자원, 2006), 206-207.
37 여기에 나타난 천국 말씀은 마태복음 4: 23; 9:35; 24:14 등에 쓰인 '천국 복음'과 동일한 의미를 지닌 것으로 하나님 나라의 백성이 될 수 있도록 하는 복음을 의미한다고 할 수 있다. 228.

과 코치 즉 하나님과 그의 말씀을 기꺼이 순종하는 사람들에게 시작되는 것이다. 즉 하나님의 나라는 통치 구조나 환경의 변혁이 아니라 개인의 가슴을 바꾸는 것으로부터 시작된다.[38]

하지만 협의회의 새로운 하나님 나라 이해는 이 핵심을 간과하고 사회적인 변혁을 더 중시하는 경향을 보이는데, 이 핵심이 없다면 아무리 정의와 평화가 이루어진다 해도 그것은 인간의 나라에 불과한 것이라는 점에서 한계점을 지닌다고 할 수 있다.

둘째, 사회 속에서 일어나는 변화들은 하나님의 나라가 이루어질 때 나타나는 하나의 현상들이며, 상황에 따라 다르게 나타나는 부수적인 것들이다. 예수께서는 불의에 물든 시대 속에 오셔서 그 사회를 당장에 개혁하시거나 심판하시지 아니하셨다. 만약 하나님 나라의 본질이 협의회가 말하는 것처럼 정의와 평화가 넘치는 사회라면 예수는 빌라도를 향해 투쟁을 하고, 가난한 자들의 경제 문제를 해결해 주고, 혁명을 통해 빌라도의 감옥에 갇힌 이들을 다 풀어주셨어야 할 것이다. 하지만 예수께서는 이런 일을 하지 않으셨다.

오히려 예수께서는 빌라도의 "네가 왕이 아니냐"(요 18: 37)는 질문에 "네 말과 같이 내가 왕이니라"(요 18: 37)고 분명히 대답하셨지만 "내 나라는 이 세상에 속한 것이 아니니라" (요 18: 36)고 말씀하심으로 예수의 왕 되심의 성격이 이 세상에 권좌를 만들고 이 세상에서 인간화를

---

38 Donald B. Kraybill, The Upside-Down Kingdom, 17-19. 이런 이유 때문에 모든 사람이 다 하나님 나라의 백성이 되는 것이 아니라 천국 말씀을 듣고 회개의 결단을 한 사람들에게 하나님의 나라가 임하는 것이다. 모든 세계가 다 하나님의 통치 하에 있는 것은 맞지만, 그렇다고 모든 사람이 다 하나님의 통치를 믿음으로 받고 순종하는 것은 아니다. Kebin DeYoung & Greg Gilbert, What is the Mission of the Chruch?, 121.

이루는 것이 본질이 아님을 분명히 하셨다. 예수께서는 내 나라와 이 세상을 극명하게 대조하심으로 의와 진리와 사랑으로 다스리는 하나님의 나라와 사단의 권세 아래서 하나님을 대적하는 세상을 구별하시면서, 하나님 나라를 가져오신 예수의 통치 영역이 기본적으로 하나님의 통치를 받아들이는 것에 있음을 말씀하신다.[39]

즉 하나님 나라에 대한 예수의 가르침 속에는 구체적인 정치, 사회, 경제적인 프로그램이 잘 보이지 않는다. 즉 예수에게는 젤롯당의 일원인 것처럼 보이는 면들이 없었던 것은 아니지만, 예수는 젤롯당과는 대조적으로 하나님의 나라는 인간에 달려 있지 않고 하나님으로부터 오는 것임을 말씀하셨다.[40]

이런 점에서 볼 때 하나님 나라의 본질을 지나치게 정의와 평화 등의 요소로만 보는 것은 예수의 가르침과 맞지 않는 것이다. 아울러 하나님의 나라를 이 땅 위의 측면으로만 보면 기독교 2천 년 역사 동안 박해받은 성도들은 하나님 나라를 누린 사람들로 보기보다는 하나님 나라를 누리지 못한 사람들로 보이게 될 수 있다. 기독교가 태어나던 당시 로마의 지배 하에 있던 이스라엘은 정의와 평화와는 거리가 먼 상황이었다. 오늘날도 북한이나 이슬람권에서 숨죽이면서 살아가는 기독교인들은 정의와 평화와는 거리가 먼 상황 속에 살고 있다고 할 수 있다. 하지만 저들은 하나님을 하나님으로 인정하며 하나님의 다스리심을 받으면서 고난 가운데서도 세상이 줄 수 없는 은혜를 누리며 사는

---

39 제자원, 『옥스퍼드 원어성경대전 요한복음 제13-21장』 (서울: 제자원, 2006), 456.
40 Oscar Cullman, *Jesus and Revolutionaries*, Gareth Putnam, trans. (New York: Harper & Row, 1970), 13. 하나님 나라의 임박한 실현의 관점에서 예수는 기존 질서 유지 또는 혁명의 양자택일 아니라 세상의 것들을 필연적으로 상대화시키는 관점을 보이셨던 것이다.

사람들이고 그런 점에서 그들이 처한 상황과 관계없이 그들은 하나님 나라의 백성들인 것이다. 이런 점에서 정의와 평화 등이 하나님 나라의 한 표시인 것은 맞지만, 그것을 하나님 나라의 본질로 보려는 관점은 젤롯당의 관점과 유사한 것이 될 수 있음을 인식할 필요가 있어 보인다. 하나님 나라의 이러한 본질을 정확히 인식하지 못하면, 자칫 협의회가 생각하는 하나님 나라 운동은 인권운동이나 환경운동 또는 복지운동으로 전락할 수 있는 위험성을 지니는 것이다.

3) 예수의 가르침과 거리가 있는 구원 개념

확대된 선교 개념의 배경이 된 새로운 구원 이해는 영적 구원뿐 아니라 물질적 차원의 구원, 사회적 차원의 구원, 환경적 차원의 구원 등을 모두 포괄하는 개념이다. 즉 새로운 구원이해에 의하면 구원은 인간이 영적으로 행복할 뿐 아니라, 물질적으로도 풍족하고, 개인적인 차원뿐 아니라 사회적으로도 행복하고 자연 환경적으로도 행복한 구원을 상정한다. 구원이 인간을 개인적인 차원뿐 아니라 사회적인 차원과 환경적인 차원에서도 행복하게 만들어야 하며, 이것이 진정한 구원이라는 관점은 상당한 설득력이 있고 매력도 있다. 하지만 기독교의 구원 개념은 합리성이나 실용성 등을 기준으로 결정되는 것이 아니라 구원을 주신 예수의 가르침과 뜻에 따라 이루어져야 할 것이다. 구원에 관한 예수의 가르침은 어떤 점들을 강조하는지 살펴보면서 새로운 구원 이해의 한계점들을 살펴보자.

첫째, 예수께서 말씀하신 구원 이해는 영혼을 중심으로 하는 구원 이해다. 새로운 구원 이해는 매우 포괄적인 구원 이해인 반면, 예수께서 말씀하신 구원 이해는 영혼을 중심으로 하는 구원 이해라 할 수 있다. 물론 예수께서 이루신 구원 가운데는 혈루증에 걸린 여인을 치유할 때와 같이 육신적인 질병 치유 등을 의미하는 경우도 있었다.[41]

하지만 이런 질병의 치유도 기본적으로 하나님과의 관계 회복에 기초한 하나님에 대한 절대적인 믿음에 의해서 이루어진 치유이므로 그 근본은 영적인 차원의 구원에 있다.

이것은 예수께서 제자들을 전도 현장으로 파송하시면서 주신 말씀인 마태복음 10장에 잘 나와 있는데, 예를 들면 마태복음 10장 28절에서 "몸은 죽여도 영혼은 능히 죽이지 못하는 자들을 두려워하지 말고 오직 몸과 영혼을 능히 지옥에 멸하실 수 있는 이를 두려워하라"고 말씀하신다. 이 말씀을 통해서 복음 전도자들이 핍박을 받고 죽음의 위협 앞에 선다 할지라도 대적들이 주는 핍박은 육신에만 영향을 미치므로 두려워 할 필요가 없다는 것을 말씀하고 있다. 즉 전도자들이 가져야 할 우선순위는 육신의 구원이 아니라 영적인 구원임을 암시하고 있는 것이다.[42]

이어 10장 39절에도 "자기 목숨을 얻는 자는 잃을 것이요 나를 위하여 자기 목숨을 잃는 자는 얻으리라"는 말씀을 통하여 육적 목숨을 버릴 때 영적 생명을 얻게 될 것임을 말씀하심으로 영적 생명에 우선성을 두시는 구원 개념을 말씀하심을 볼 수 있다.[43]

---

41 "예수께서 돌이켜 그를 보시며 이르시되 딸아 안심하라 네 믿음이 너를 구원하였다 하시니 여자가 그 즉시 구원을 받으니라"(마 9: 22). 이 말씀에서 쓰인 구원은 영적 구원과 육신적 치유를 표현할 때 모두 쓰이는 '소조'(sozo)를 원형으로 사용한다. 제자원, 『옥스퍼드 원어성경대전 마태복음 제 1-11a장』, 677.
42 위의 글, 757.
43 여기에서 목숨으로 번역된 '프쉬케'(pusiche)는 인간의 육적 생명이나 호흡을 의미하기도 하고, 영적 생명과 대조되는 육신적 생명을 의미하기도 한다. 제자원, 『옥스퍼드

성도들이 전도현장에서 순교까지 할 수 있었던 것은 바로 영적인 생명을 우선순위에 둔 예수의 말씀에 대한 믿음 때문이었다고 할 수 있다. 새로운 구원 개념에서처럼 육신적인 구원까지를 모두 포함하는 포괄적인 구원 개념에서는 신앙을 지키거나 전파하기 위해 희생하거나 순교를 당하는 것은 회피되거나 불가능했을 것이다.

둘째, 예수께서 말씀하신 구원 이해에서는 구원이 종국적으로 복을 가져오지만 현세에서는 오히려 고난과 핍박을 가져오는 경우도 있다는 점이 강조된다. 예수께서는 산상수훈에서 "좁은 문으로 들어가라 멸망으로 인도하는 문은 크고 그 길이 넓어 그리로 들어가는 자가 많고 생명으로 인도하는 문은 좁고 길이 협착하여 찾는 자가 적음이라"(마 7: 13-14)고 말씀하신다. 구원 얻은 자가 걷는 길은 물질적으로 관계적으로 잘 살고 행복하기 보다 오히려 손해와 고난 그리고 핍박이 있는 좁은 문 좁은 길일 수 있음을 말씀하신 것이다.[44]

또 5장 30절에서는 "또한 만일 네 오른손이 너로 실족하게 하거든 찍어 내버리라 네 백체 중 하나가 없어지고 온 몸이 지옥에 던져지지 않는 것이 유익하니라"고 말씀하심으로 천국 백성이 되려면 죄를 범하지 않기 위하여 오른손까지 잘라낼 정도로 강한 결단력을 가지고 거룩성을 추구해야 함을 말씀하신다.[45]

이러한 삶은 세상에서 적당히 죄와 타협하면서 남들 다 가는 넓은 길을 편하게 가는 삶과는 분명한 차별성을 보이는 것이다.

---

[44] 『원어성경대전 마태복음 제 1-11a장』, 757. '협착하여' 라는 말의 원어는 '들리보'(*dlibo*)로 '우겨싸다'(고후 4:8), '환난받다'(고후 1:6)로 번역되는 단어로 타인으로부터 고통받는 삶을 의미한다. 이런 이유로 이 길을 가는 사람이 적은 것이다. 위의 글, 520-521.

[45] 위의 글, 414.

이러한 가르침은 종합적인 행복을 말하는 새로운 구원 개념과는 대조되는 모습을 보인다. 새로운 구원 개념에서와 같이 총체적인 행복을 온전한 구원이라고 말한다면 복음 때문에 고난을 당하는 형제자매들의 구원을 어떻게 설명할 수 있겠는가? 북한과 같은 공산권이나 억압을 받는 이슬람권 등의 신자들은 억압 가운데 있으므로 구원을 제대로 받지 못한 것으로 규정할 수 있는가? 또 구원을 받은 신자들이 있다고 그 사회에 있는 정의, 평화, 환경 문제 등이 일시에 다 해결된다고 할 수 있을까? 구원의 개념 속에 가난으로부터의 해방, 억압으로부터의 해방, 소외로부터의 해방 등을 포함하는 넓은 구원 개념을 가진다면 어느 정도의 부와 인권을 누려야 구원받은 자 또는 구원받은 사회라고 규정할 수 있을까?

바울은 그리스도인이 된 노예들이 여전히 노예의 신분을 가지고 있음에도 불구하고 그들을 구원받은 성도로 인식하고, 그들에게 주인을 잘 섬기라고 권면하였다 (엡 6:5; 딤전 6: 1–2). 즉 바울에게 있어서는 사회 신분적으로 자유인인가 노예인가의 문제가 아니라 그리스도를 영접했는가 안 했는가의 문제가 구원의 기준이었다. 넓어진 구원 개념은 구원의 개념 속에 모든 것을 포함하기 때문에 구원의 기준이 매우 혼란스러워질 위험성이 커진다. 즉 어떤 사람이 구원을 받았는지 못 받았는지를 판단할 수 있는 기준이 불분명하게 되고, 이러한 혼란은 선교의 효율성을 하락시킬 수 있는 한 원인이 될 수 있다.

넓어진 구원 개념은 자칫 구원의 본질을 약화시키면서 구원을 하나의 종합적인 행복으로 축소 왜곡시키는 것은 아닌지 고민해 볼 필요가 있을 것이다.

셋째, 예수께서는 육신적 차원의 행복을 요구하는 사람들의 요구를 다 충족시켜 주시지는 않았다. 물론 예수께서는 가난한 자들을 먹이셨고, 귀신을 쫓아 주시고, 많은 병자들을 고쳐주셨다. 하지만 이러한 병 고침이나 가난한 자들을 먹이심이 예수께서 주신 구원과 영생의 한 징표에 불과하다는 사실을 이해하지 못한다면 그것은 본질을 놓친 것이다. 만약 예수께서 병을 고쳐주시거나 떡을 먹여주시는 것을 그의 핵심 사역으로 삼았거나, 영혼 구원과 똑같은 중요도의 사역으로 생각하셨다면 예수는 당시 이스라엘에 있던 가난과 질병의 문제를 더 적극적으로 해결하셨어야 할 것이다. 또 이러한 문제를 가져오는 사회악에 대항하여 더 투쟁적으로 해결하셨어야 할 것이다. 하지만 예수는 그렇게 하지 않으셨다.[46]

예수께서는 떡을 먹은 후 예수를 왕으로 삼아 가난과 억압의 문제를 해결하고자 했던 사람들을 향하여 "... 너희가 나를 찾는 것은 표적을 본 까닭이 아니요 떡을 먹고 배부른 까닭이로다 썩을 양식을 위하여 일하지 말고 영생하도록 있는 양식을 위하여 하라..." (요 6: 26-27)고 말씀하시면서 "나는 하늘에서 내려온 살아 있는 떡이니 사람이 이 떡을 먹으면 영생하리라 내가 줄 떡은 곧 세상의 생명을 위한 내 살이니라..." (요 6: 51)[47]고 말씀하심으로써 예수께서 오신 목적이 떡 문제 해결이나 정치적인 억압 해결에 있지 않고, 자신의 살과 피를 주어 전 인

46　J.H. Bavinck, Impact of Christianity on the Non-Christian World, 권순태 역,『기독교 선교와 세계 문화』(서울: 성광문화사, 1987), 205.
47　예수께서는 자신이 줄 떡이 바로 자신의 살이라고 말씀하심으로 자신의 생명을 인류의 구원을 위한 대속물로 주실 것을 말씀하셨다. 즉 예수께서 주시는 구원은 경제 문제 해결, 인권 문제 해결, 환경 문제 해결 등으로 이루어지는 것이 아니라 예수의 생명으로 이루어질 수 있는 것이다. 따라서 이 구원은 본질적으로 예수를 통한 하나님과의 깨어진 관계 회복의 영생인 것이다. 제자원,『옥스퍼드 원어성경대전 요한복음 제1-6장』, 596-597.

류를 영생으로 이끄는 것에 있음을 말씀하셨다. 이런 점에서 예수께서 베푸신 구원 사역에 가난 문제 해결이나 병 치유 등이 포함되기는 하였지만, 그것이 예수께서 주시려는 구원의 핵심 본질은 아니었다는 것을 알 수 있다. 따라서 새로운 구원 개념과 같이 구원의 개념 속에 육신 구원, 물질 구원, 인권 구원, 해방 구원, 환경 구원 등을 모두 다 포함하는 것은 아주 매력적이고 설득력이 있지만, 예수께서 주시려고 했던 구원과는 분명히 거리가 있지 않은지 깊이 고민할 필요가 있어 보인다.[48]

5. 나가는 말

지금까지 예수의 말씀에 비추어 확대된 선교 개념을 분석하고 평가해보았다. 확대된 선교 개념은 세상을 행복하게 만드는 모든 일을 다 선교로 포함 시키려는 경향 속에서 선교의 범위가 지나치게 확대되면서 선교의 본질과 핵심이 흐릿해지는 경향이 있음을 살펴보았다. 아울러 확대된 선교 개념의 주요 배경이 된 하나님의 선교 개념, 하나님의 나라 이해, 새로운 구원 개념 등을 예수의 말씀에 비추어 분석해 본 결과 이 개념들은 예수의 가르침과는 상당 부분 거리가 있거나 왜곡된 측면을 지니고 있음을 볼 수 있었다.

---

48 예수는 자신들의 동네에서 떠나지 못하도록 만류하는 사람들을 향하여 "... 내가 다른 동네들에서도 하나님의 나라 복음을 전하여야 하리니 나는 이 일을 위해 보내심을 받았노라"(눅 4: 43)고 말씀하시고, 갈릴리 여러 회당에서 전도를 하신 분이셨다(눅 4: 44). 예수께서는 병들고 굶주린 백성들을 위하여 떡을 먹이시고 병치유를 하셨지만 그러한 사역들이 핵심적인 사역이 아님을 말씀하신 것이다.

사자성어 가운데 '본말전도'라는 말이 있다. 뿌리와 잎사귀가 뒤바뀌었음을 의미하는 말로서 "중요한 것과 사소한 것의 평가, 역할 등이 뒤바뀐 모습"을 의미한다.[49] 나무의 뿌리와 잎사귀가 바뀌면 그 나무는 큰 문제에 봉착하게 될 것이고, 중요한 것과 사소한 것을 바꾸거나 뒤섞는 것은 일을 크게 그르치는 결과로 이어질 것이 분명하다. 확대된 선교 개념은 선교에서 수행해야 할 본질적인 사역과 그 본질적인 사역을 위해 해야 할 부수적인 사역을 다 포함하여 본질로 생각함으로 말미암아 정작 강조되어야 할 본질이 사라져버리는 결과를 맞이할 수 있다.

물론 이러한 관점은 지나치게 전통적이고 보수적인 관점의 해석으로 보일 수 있음을 본 연구자 역시 인식하고 있다. 선교의 개념을 생각할 때 세계의 변화에 따른 폭넓은 선교 방식에 대한 열린 자세와 선교하는 자의 높은 윤리성 등에 대한 깊은 고뇌와 실천이 매우 중요하다. 하지만 여전히 예수의 가르침 속에 나타난 선교는 모든 것을 다 하는 것이 아니라 핵심 목적을 지니고 있다는 점을 기억할 필요가 있다. 기독교 2천 년 역사를 볼 때 예수의 말씀과 거리가 멀어진 경우는 대부분 인간의 합리성과 현실성 등을 말씀보다 앞세운 상황에서 발생하며, 이런 경우 교회가 건강하게 일어서고 선교의 사명을 능력 있게 감당한 경우는 거의 없다.

---

49 나무위키, '본말전도' https://namu.wiki/w/%EB%B3%B8%EB%A7%90%EC%A0%84%EB%8F%84, 2024년 1월 22일 접속.

이런 경우 매우 매력적이고 설득력은 있어 보이지만 본질과 핵심을 상실함으로 말미암아 실제로 실현되는 것은 거의 없는 빈 수레와 같은 교회로 전락한 경우가 많다. 이런 점에서 지금의 확대된 선교 개념이 과연 예수의 가르침과 맞는 것인지 깊이 고민해야 하지 않을까 생각해 본다.

> Abstract

The 4th Mission Theology

1. Three Major Mission Paradigms and Necessity of the 4th Mission Theology

The concept of mission was very simple and clear by the 19th century. In a simple expression, mission was understood as "the activities that deliver the gospel and plant self supporting churches to expand the Kingdom of God." However, in relation to the emergence of WCC the following 3 major mission paradigms appeared.

1) evangelical mission theology(the 1st mission theology paradigm)
2) ecumenical mission theology(the 2nd mission theology paradigm)
3) holistic mission theology(the 3rd mission theology paradigm)

The 1st paradigm (evangelical mission theology) tends to insist on the traditional evangelism which has been carried out from the early church days. It seems to believe that the gospel should be proclaimed the same way as the commandment of Jesus Christ regardless of changes of the world or culture. The 2nd mission theology paradigm tends to think that the duty of mission needs to be changed as the circumstance changes. These two paradigms had different views on the core of mission which caused various conflicts.

Due to these conflicts, as a way of solution, a new mission paradigm, holistic mission theology (the 3rd Mission Theology Paradigm), appeared. This 3rd paradigm balances and strengthens the two conflicting paradigms. Holistic mission theology is considered as the most desirable paradigm and is widely accepted among the mission theologians.

However, the 3rd paradigm also has some limits. One major weakness is a possibility of weakened dynamics of evangelism as it loses the priority of evangelism. Another is a possibility of causing confusion upon the concept of mission since it is combination of two opposite ideas.

Could this 3rd mission theology be a solution for the weakening Christianity? Even the Korean church, one key missionary church among the 2/3 world, is diminishing following foot-step of the west where the Christianity was once flourished. Would the church in the world overcome the problems and gain the dynamics of evangelism once again with the current mission paradigms? It is about time we should eagerly search for an alternative mission theology which can contribute to healthy dynamics for church growth. This is a background for the 4th mission theology.

2. Major Emphasis of the 4th Mission Theology

As an alternative mission theology, the 4th mission theology emphasizes the followings.

First, the 4th mission theology values the status of the church. The 1st mission theology tends to emphasize the church, while the 2nd focuses the world. The 3rd one tends to view the church and the world in a same balance. However, the church is more important since God's saving grace works mainly through the church, though He sometimes uses various people and institutions of the world. Of course this does not mean that the church is blameless. It surely has many problems and weaknesses. Yet, God has used the church as a major tool for his work. So the status of the church is crucial in the 4th mission theology.

Secondly, the 4th mission theology differentiate mission from ethics, though it recognizes the importance of ethics in mission. Mission and ethics are two major duties of the Christians. When Christians show high moral life, it would be helpful for an effective evangelism. That is why ethical dimension is so crucial in mission. However, mission is mission while ethics is ethics. Mission has its core works and ethics has its core values.

The 1st mission theology tends to emphasize mission, while the 2nd tends to be concerned about the ethical duties in the world. The 3rd tends to view the mission and ethics at the same level, but they sometimes can collide with each other because of their different values. When the gospel is delivered in a non Christian world, it can cause ethical problems as it breaks peace among the local people for a while. If the church puts ethical concern upon the missiological concerns, it may face various barriers in preaching the gospel where the gospel is persecuted. And that is why the evangelism and the church can become weaker when the church puts priority on ethical issues over mission. Hence, the 4th mission theology makes the mission concept centering the dimension of mission, though it pursues mission in an ethical way to the most.

Thirdly, the 4th mission theology values priority in mission. Though there is a danger of excessive simplification, the 1st mission theology tends to put a priority upon evangelism, while the 2nd in humanization. With the appearance of the 3rd mission theology, the issue of priority is not a matter anymore since the theology valued the balance in mission.

However, in fact, priority is still crucial in mission. In the enterprises of mission, there are so many goals, but not all of them have the same eminence. Not all goals can be done at a same time either. So there must be a priority list in mission for effectiveness. Nowadays, one important issue is 'selection and concentration' to save time and energy even in government management. It is the same with mission. The time and energy is limited in mission as well. So if there is no priority, most energy can be consumed vainly. Therefore, the 4th mission theology values the priority in mission.

Lastly, the 4th mission theology sets the goal of mission as 'glorification.' Briefly speaking, the goal of the 1st mission theology is evangelization and the 2nd humanization. And the 3rd pursues both. But the ultimate goal of mission goes beyond them. The final goal of mission is the glorification of God. John Piper said that the goal of mission is to make the nations see the greatness of God and have joy. If so, evangelization and humanization would be the goals on the way that lead to glorification, the ultimate objective of mission.

When the aim of mission is set as glorification, we can overcome the limitedness of the former mission paradigms. For example, the weaknesses of the 1st mission paradigm are imperialistic mission, denominationalism, filthy greed of human, and so on. When we pursue the glorification of God, it might be helpful for us to overcome the above problems of the 1st mission theology. Also the goal of glorification can be helpful for overcoming the weaknesses of the 2nd mission theology as well. The ministry of humanization such as developing social circumstances and making peaceful society can be helpful for making people happy a little. However, it is hard to say that mission is accomplished with just full humanization. No matter how happy people are with social circumstances developed by the mission, the kingdom of God is afar if there is no relationship with God. There must be a right relationship with God to make authentic kingdom of God and people happy. These will be done when people glorify God, their creator and father.

3. Frame of the 4th Mission Theology

In the 4th mission theology there are following 6 basic elements in the frame.

First, the fourth mission theology makes the clear mission concept. In the case of holistic mission theology, the mission concept is rather too broad and even vague as it includes all constituents in the concept. With that vague concept, an effective mission cannot be carried out. So the 4th mission theology has a clear mission concept which is not mixed with ethical matters.

Second, the 4th mission theology sets the mission goal as the ministry which can be done only by the church. There are ministries which can be done only by the church, and the ministries which can be done by the church as well. For example, evangelism and church planting are the works categorized into the former, and the works of humanization are fell into the latter. If the church is idle in carrying out the tasks of the former, there is no institution that will do the work of the former. Then the church will gradually become weaker. However, since the church needs to carry out the works of the latter as well, the 4th mission theology makes a priority list to do mission effectively.

Thirdly, the 4th mission theology has openness and flexibility in the dimension of mission methods, while it pursues clear focus in setting goals of mission. As long as the way of mission is useful for achieving the mission goal, it is widely opened to any kind of methods. In other words, the fourth mission theology is very flexible in the dimension of methodology of mission, while it is firm in the goal of mission.

Fourthly, the mission content in the 4th mission theology is more limited than that of the 3rd mission theology. Traditionally the mission content was no other than 'salvation' and the way of salvation was 'only through Jesus Christ.' But in the 3rd mission theology, the scope and way of salvation expands. The scope of salvation covers not only souls but also flesh, and not only human but also all kinds of creatures. Also, the way of salvation is not limited only in Jesus Christ as it insists the salvation of whole creatures. So the contents of mission in the 4th mission theology stresses saving souls through only Jesus Christ, and understands that other areas of salvation such as humanization, shalom, building a new creation are the fruits of saving souls.

Fifthly, the 4th mission theology strengthens the status of the church as a major subject of mission. In the case of 2nd mission theology it tends to view the subjects not only as the church but also many other worldly institutions. So the dividing line between the church and world is very dim, and in this situation the church can be easily secularized by the impact of the world. And this is not much different in the 3rd mission theology either though there are some differences in their intensity. Because of this, there is a high possibility that the church would become weak as we can see in Europe. Surely, the world is important, but to serve this world, the church should be healthy enough to serve. If not, the church cannot serve or change the world; rather the church would be absorbed by the powerful world.

Lastly, the 4th mission theology considers the major target people as the people who do not know Jesus Christ regardless of their social positions or financial abilities. In the case of the 2nd mission theology, it tends to see the target people of mission as the poor, the oppressed, and all the creatures in the universe. When a mission views the target people as the oppressed or the poor as in the 2nd mission theology, the character of mission tends to pursue liberation of a society through social actions or revolutions and for this even violence can be justified. In this case, the character of mission can become similar to that of ideology instead of religion. Due to this reason, the 4th mission theology tries to focus on the people who are not saved yet, though it considers all the poor people and all other creatures with a strong zeal to help them ethically.

4. Comparison of the 4 major mission paradigms

To help readers to understand the 4th mission theology, I will compare the 4th mission theology with the other 3 mission paradigms.

First, the mission concept is different from other 3 mission paradigms. The concept of the 4th mission theology is similar to that of the 1st in general in that the 4th theology puts a priority upon evangelization, while different in that the 4th values the aspect of ethics unlike the 1st. The difference between the 3rd theology and the 4th is that the 4th puts the priority upon the dimension of mission and does not mix ethics with mission even though the 4th values the dimension of ethics.

Secondly, let us think of the goal and method of the 4th mission theology. In terms of the mission goal, it is similar to that of the 1st theology in that it stresses priority. But in terms of the mission method, it is similar to that of the 3rd theology in that it has openness and flexibility. However, the 4th mission theology does not accept all methods unconditionally. It accepts the methods as long as they contribute to the mission goal. So the 4th theology is different from the 3rd which tends to open to all mission methods.

Thirdly, let us think of the view of ecclesiology. The 4th theology is similar to that of the 1st in that it values the church. The 4th theology does not consider the world, which is indifferent to God, as a partner of mission. The 4th theology views that only the church is a major tool for mission. However, the 4th theology seriously recognizes the weakness of the church and feels the necessity of obeying God, the subject of mission. This is a similarity with that of the 2nd and 3rd theologies.

Fourthly, let us think of the nickname of each paradigm. The 1st mission theology can be named as "the mission theology of evangelization." The 2nd one can be labeled as "the mission theology of humanization." The 3rd one "the mission theology of evangelization and humanization." The 4th one can be called "the mission theology of glorification" in that it goes beyond the goal of evangelization which can be misunderstood as the work of church expansion, and the goal of humanization which can fall into just a work of constructing welfare of the world. So the ultimate goal of mission in the 4th theology is no other than 'glorifying God.'

참고 문헌

⟨국내 도서⟩

강병도 편.『호크마 종합주석: 마태복음』. 서울: 기독지혜사, 1990.

강영옥. "세계교회협의회 흐름."「세계의 신학」제4호 (1989).

강희창. "에큐메니컬 선교신학의 패러다임 변화에 대한 연구."「장신논단」 제22집 (2004).

곽안련.『한국 교회와 네비우스 선교 정책』. 박용규 김춘섭 역. 서울: 대한기독교서회, 1994.

김균진.『기독교 조직신학 II』. 서울: 연세대학교 출판부, 1987.

김동선.『하나님의 선교: 그 신학과 실천』. 서울: 한국장로교출판사, 2003.

--------. "한국복음주의 선교신학에 대한 비판." 한국선교신학회 편.『복음주의와 에큐메니즘의 대화』. 서울: 다산글방, 1999.

김명용.『이 시대의 바른 기독교 사상』. 서울: 장로회신학대학교 출판부, 2001.

김명혁. "복음주의 운동과 한국 교회."「선교와 신학」제5집 (2000).

김민수 외 편.『국어대사전』. 서울: 금성출판사, 1991.

김성건.『한국사회와 개신교』. 서울: 서원대학교출판부, 2005.

김성욱. "세계복음화를 위한 로잔운동의 역사." 한국로잔연구교수회 편.

『로잔운동과 선교』. 서울: 한국로잔위원회, 2014.

--------. "로잔운동에서 본 포스트모더니즘의 종교다원주의." 『ACTS 신학저널』 38집(2018).

김승호. "로잔운동의 선교사상의 발전." 한국로잔연구교수회 편. 『로잔운동과 선교』. 서울: 한국로잔위원회, 2014.

김영동. "전도와 사회봉사." 「선교와 신학」 제7집 (2001).

--------. 『교회를 살리는 선교학』. 서울: 장로회신학대학교 출판부, 2003.

--------. "복음전도에 대한 신학적 재고." 「교회와 신학」 제77집 (2012).

--------. "공적선교신학 형성의 모색과 방향." 「장신논단」 제46-2집 (2014).

김은수. "복음주의 선교와 신학적 과제." 한국선교신학회 편. 『복음주의와 에큐메니즘의 대화』. 서울: 다산글방, 1999.

--------. 『현대선교의 흐름과 주제』. 서울: 대한기독교서회, 2001.

--------. "생태적 위기와 선교적 과제." 「한국기독교논총」 Vol. 30 (2003).

--------. "한국 교회 해외 선교 정책." 「한국기독교와 역사」 제28호 (2008).

김인수. 『한국기독교회사』. 서울: 한국장로교출판사, 1991.

남정우. "선교역사의 관점에서 하나님 나라에 초점을 맞춘 교회적 선교신학을 모색하며." 「선교와 신학」 제7집 (2001).

--------. 『선교란 무엇인가』. 서울: 쉐키나, 2010.

노봉린. "로잔 대회 이후의 복음주의 선교 운동." 「선교와 신학」 제5집 (2000).

대한예수교장로회총회 에큐메니컬위원회. "제9회 세계교회협의회총회." 미간행 자료집. 서울: 총회출판국, 2006.

목만수. 『선교신학 문화』. Pasadena, CA: 아시아신학연구소출판부,

2002.

박보경. "로잔복음화 운동과 한국 교회: 로잔운동에 나타난 전도와 사회적 책임의 관계."「복음과 선교」제22집 (2013).

--------. "로잔운동에 나타나는 화해로서의 선교: 2004년 파타야 포럼과 케이프타운 서약문을 중심으로."「선교신학」제38집 (2015).

--------.『통전적 복음주의 선교신학』. 서울: 케노시스, 2016.

박영호.『현대 에큐메니컬 운동과 사회 선교』. 서울: 개혁주의신학사, 2010.

박영환. "선교정책과 전략 형성 이전의 배경사."「신학과 선교」32집 (2006).

박영환. "로잔운동의 선교신학과 WCC 선교신학의 비교." 한국로잔연구교수회 편.『로잔운동과 선교』. 서울: 한국로잔위원회, 2014.

박창현. "선교적 교회론의 모델로서 한국 교회 초기 대각성 운동(1903-1907)."「신학과 세계」제74집 (2012).

서정운. "후켄다이크의 선교관."「교회와 신학」제20집 1988.

안승오.『건강한 교회성장을 위한 핵심원리 7가지』. 서울: 대한기독교서회, 2006.

안승오 박보경.『현대선교학개론』. 서울: 대한기독교서회, 2008.

안승오.『현대선교신학』. 서울: 예영커뮤니케이션, 2010.

--------.『한 권으로 읽는 세계선교 역사 100장면』. 서울: 평단, 2010.

--------.『현대선교의 핵심주제 8가지』. 서울: CLC, 2011.

--------. "통전적 선교신학의 태동 배경과 전망."「복음과 선교」제15집 (2011).

--------.『현대선교의 프레임』. 서울: CLC, 2014.

--------.『현대 선교의 목표들』. 서울: CLC, 2022.

--------. 『예수께서 말씀하신 선교 주제 10가지』. 서울: 북리바이벌, 2024.

--------. 『현대 선교학개론』. 서울: 북리바이벌, 2025.

양낙홍. "세계교회협의회의 선교신학 분석과 평가." 「선교와 신학」 제28집 (2011).

이만열. 『한국 기독교 수용사』. 서울: 두레시대, 1998.

이병길. 『중국 선교의 어제와 오늘』. 서울: 개혁주의신행협회, 1987.

이용원. "빌링겐에서 나이로비까지." 「선교와 신학」 제4집 (1999).

이종성. 『신앙과 신학』. 서울: 대한기독교서회, 1977.

--------. 『교회론(1)』. 서울: 대한기독교출판사, 1989.

--------. 『교회론 II』. 서울: 대한기독교출판사, 1989.

이현모. 『현대선교의 이해』. 대전: 침례신학대학교 출판부, 2003.

이형기. "에큐메니즘의 역사적 고찰." WCC, *And So Set Up Signs: The World Council of Chruches first 40 years*. 이형기 역. 『세계교회협의회 40년사』. 서울: 한국장로교출판사, 1993.

--------. "WCC에 나타난 교회와 사회문제." WCC. 『역대총회종합보고서』. 이형기 역. 서울: 한국장로교출판사, 1993.

--------. 『21세기를 향한 새로운 신학적 패러다임의 모색』. 서울: 장로회신학대학교출판부, 1997.

--------. 『복음주의와 에큐메니컬 운동의 세 흐름에 나타난 신학』. 서울: 한국장로교출판사, 1999.

--------. 『하나님의 선교』. 서울: 한국학술정보, 2008.

이후천. "에반젤리칼 선교신학의 역사적 기원에 대한 문제." 한국선교신학회 편. 『복음주의와 에큐메니즘의 대화』. 서울: 다산글방, 1999.

임희모. "에반젤리칼 선교신학의 에큐메니컬 대화." 한국선교신학회 편.

　　　　　『복음주의와 에큐메니즘의 대화』. 서울: 다산글방, 1999.
장순호. "방글라데시 선교의 문제와 전망을 말한다."「월간 목회」1993년
　　　　8월호.
장윤재. "WCC 10차 부산총회 평가."「PCK 해외 선교 저널」제1집
　　　　(2014).
전호진,『한국 교회와 선교 I』. 서울: 엠마도, 1985.
--------.『한국 교회와 선교 II』. 서울: 엠마오, 1985.
--------.『선교학』. 서울: 개혁주의신행협회, 1987.
정흥호. "이구아수 선언문을 통해서 본 복음주의 선교신학의 방향."
　　　　「복음과 선교」Vol. 7 (2006).
조종남. "로잔 대회와 복음주의 선교신학."「선교와 신학」제5집 (2000).
채수일.『21세기의 도전과 선교』. 서울: 대한기독교서회, 1998.
최동규. "GOCN의 선교적 교회론과 교회성장학적 평가."「선교신학」
　　　　제25집 (2011).
한국일.『세계를 품는 선교학』. 서울: 장로회신학대학교출판부, 2004.
--------. "한국적 상황에서 본 선교적 교회: 지역교회를 중심으로."「선교와
　　　　신학」제30집 (2012.
한글학회,『우리말사전』. 서울: 어문각, 2008.
홍기영. "로잔운동에 나타난 주요 선교신학적 주제들." 한국로잔연구교
　　　　수회 편.『로잔운동과 선교』. 서울: 한국로잔위원회, 2014.
--------. "비판적 상황화를 통한 효과적인 선교."「신학사상」제99집
　　　　(1997년 겨울).
황순환.『선교와 문화』. 서울: 담론사, 1998.
허호익.『현대조직신학의 이해』. 서울: 대한기독교서회, 2003.

〈국외 도서〉

Anderson, Gerald. *Mission Legacies*. 박영환 홍용표 역.『지도자 중심으로 본 선교 역사와 신학』. 서울: 한국 왜그너 교회성장 연구소, 1998.

Anderson, Rufus. *Foreign Missions: Their Relations and Claims*. New York: Scribners, 1869.

Bavinck, John Herman. *An Introduction to the Science of Missions*. David Hugh Freeman, trans. Philadelphia, PA: The Presbyterian and Reformed Publishing Company, 1960.

Beyerhaus, Peter. "World Evangelization and the Kingdom of God." J. D. Douglas. ed., *Let the Earth Hear His Voice*. Minneapolis: World Wide Publications, 1967.

--------. Mission: Which Way?, Humanigation or Redemption. 김남식 역.『선교정책원론: 인간화냐 복음화냐?』. 서울: 성광문화사, 1982.

Bosch, David. J. *Witness to the World*. Eugene: Wipf & Stock Publishers, 1980.

--------. *Witness to the World*. 전재옥 역.『선교신학』. 서울: 두란노, 1992.

--------. *Witness to the World*. 전재옥 역.『세계를 향한 증거』. 서울: 두란노, 2000.

--------. *Transforming Mission : Paradigm Shifts in Theology of Mission*. 김병길 장훈태 역.『변화하고 있는 선교』. 서울: CLC, 2000.

Braaten, Carl E. *(The) Flaming Center - A Theology of the Christian Mission*. 이계준 역.『현대선교신학』. 서울: 대한기독교출판사, 1984.

Bready, J. Wesley. *England: Before and After Wesley*. London: Hodder & Stoughton, 1939.

Bridston, Keith R. *Mission Myth and Reality*. New York: Friendship Press, 1965.

Bromiley, Geoffrey W. *Theological Dictionary of the New Testament*. 번역위원회 역. 『킷텔 단권 신약성서 신학사전』. 서울: 요단출판사, 1986.

Brown, George Thompson. *Mission to Korea*. Presbyterian Church U.S.: Board of World Missions, 1962.

Burger, Peter. ed., *(The) Desecularization of the World: Resurgent Religion and World Politics*. 김덕영 송재룡 역. 『세속화냐? 탈세속화냐?』. 서울: 대한기독교서회, 2002.

Costas, Orlando E. *Christ outside the gate:mission beyond Christendom*. 김승환 역. 『성문 밖의 그리스도』. 서울: 한국신학연구소, 1987.

Covey, Stephen R. *The 7 Havits of Highly Effective People*. 박재호, 김경섭, 김원석 역. 『성공하는 사람들의 일곱 가지 습관』. 서울: 김영사, 1994.

CWME. "1989년 샌 안토니오 WCC/CWME 대회." 조동진. 『세계선교 트렌드 1900-2000(하)』. 서울: 아시아선교연구소, 2007.

Dorr, Donal. *Mission in Today's World*. Maryknoll: Orbis Books, 2000.

Engen, Charles Van. "Mission Theology in the Light of Postmodern Critique." in I.R.M. Vol. 96, No, 343, 1997.

--------. *Mission on the Way*. 박영환 역. 『미래의 선교신학』. 서울: 바울, 2004.

Glasser, Arthur F. *Announcing the Kingdom*. 임윤택 역.『성경에 나타난 하나님의 선교』. 서울: 생명의 말씀사, 2006.

Grenz, Stanley J. *Theology for the Community of God*. 신옥수 역.『조직신학: 하나님의 공동체를 위한 신학』. 고양: 크리스챤 다이제스트, 2003.

Hartenstein, Karl. "Krisis der Mission?" *Die Furche*. Vol. 17 (1931).

--------. "Theologische Besinnung." Walter Freytag, ed., *Mission zwishen Gestern und Morgen*. Stuttgart: Evang. Missionsverlag, 1952.

Hendrikson, William.『헨드릭슨 성경주석 요한복음(상)』. 문창수 역. 서울: 아가페출판사, 1983.

Hocking, William. *Re-thinking Missions: A Laymen's Inquiry after One Hundred Years*. New York: Harper & Brothers, 1932.

Hunter, Kent R. "Membership Integrity: The Body of Christ with a Backbone." in C. Peter Wagner. ed. *Church Growth State of the Art*. Wheaton, IL: Tyndale House Publishers, Inc., 1986.

Huntington, Samuel P. *The Clash of Civilizations and the Remaking of World Order*. 이희재 역.『문명의 충돌』. 서울: 김영사, 1997

Jeremias, Joachim. *Die Bergpredigt*. 박상래 역.『산상 설교』. 서울: 분도출판사, 1973.

Johnstone, Patrick and Jason Mandryk. *Operation World*. Waynesboro, GA: Paternoster, 2001.

Jones, Stanley E. *The Unshakable Kingdom and the Unchanging Person*. Nashville: Abingdon Press, 1972.

JPIC. "JPIC 세계대회 신학문서." 한국기독교사회문제연구원 편.『정의

평화 창조질서의 보전 세계대회 자료집」. 서울: 한국기독교사회
문제연구원, 1990.

Kane, Herbert J. *Concise History of the Christian World Mission*.
박광철 역. 『기독교 세계 선교사』. 서울: 생명의 말씀사, 1992.

Kelly, Dean M. *Why Conservative Churches are Growing*: A Study
in Sociology of Religion with a new preface for the Rose edition.
Macon, Georgia: Mercer University Press, 1986.

Kraemer, H. (The)Christian Message in a Non-Christian World.
최정만 역. 『기독교 선교와 타종교』. 서울: CLC, 1993.

Kuhn, Thomas. *The Structure of Scientific Revolutions*. Chicago: The
University of Chicago, 1962.

Latourette, Kenneth Scott. *A History of Christianity*: Reformation to
the Present. New York: Harper Collins Publishers, 1975.

Lausanne Movement. "케이프타운 서약(The Capetown Committment):
믿음과 행동에의 요청에 대한 선언."「복음과 상황」242호
(2010).

--------. "로잔언약(1974)." *in The Cape Town Commitment: Study
Edition*. 최형근 역. 『케이프타운 서약』. 서울: IVP, 2014.

--------. The Cape Town Commitment: Study Edition. 최형근 역. 『케
이프타운서약』. 서울: IVP, 2014.

Lausanne Committee for World Evangelization. *Evangelical
Committment to Simple Life-Style*. Lausanne Occasional
Paper, No. 20. IL: Wheaton, Lausanne Committee for World
Evangelization.

Letham, Robert. "Is Evangelicalism Christian?" *Evangelical Quarterly*,

Vol. 67-1(1995).

Long, Justin. "Which People Need Priority Attention? Seeking Agreement on the Core of Core." *Mission Frontier*. Jan-Feb. 2007.

--------. "The State of the Gospel." *Momentum*, Nov./Dec. 2006.

McConnell, Douglas. eds, *Changing Face of World Missions*. 박영환 외 역. 『변화하는 내일의 세계선교』. 서울: 바울, 2008.

McGavran, Donald A. *The Bridges of God*. New York: Friendship, 1955.

--------. "The Dimensions of World Evangelization." J. D. Douglas. ed. *Let the Earth Hear His Voice*. Minneapolis: World Wide Publications, 1967.

--------. *Understanding Church Growth*. 이요한 외 역. 『교회성장이해』. 서울 : 대한예장총회출판국, 1987.

McGrath, Alister. *The Future of Christianity*. 박규태 역. 『기독교의 미래』. 서울: 좋은씨앗, 2005.

Neil, Stephen. *Creative Tension*. London: Edinburgh House, 1959.

Nevius, Helen S.C. *The Life of John Livingston Nevius*. New York: Fleming H. Revell Co., 1895.

Nevius, John L. *Planting and Development of Missionary Churches*, 4th ed. Philadelphia, Pennsylvania: The Presbyterian and Reformed Publishing Co., 1958.

Niles, D. Preman. *Resisting the Threats to Life*. 김종일 역. 『도전받는 하나님의 창조』. 서울: 대한기독교서회, 1990.

--------. "오늘날의 세계선교." 영남신학연구소 편. 『신학의 전망: 21세기

를 맞으며』. 서울: 한국장로교출판사, 1999.

Lesslie Newbigin. *The Open Secret*. Grand Rapids, MI: Eerdmans, 1978.

--------. *The Household of God*. 홍병률 역.『교회란 무엇인가?』. 서울: IVP, 2010.

Noll, Mark A. *A History of Christianity in the United States and Canada*. Grand Rapids, MI: W.B. Eerdmanas, 1982.

Paton, David. M. ed. *Breaking Barriers: Nairobi* 1975. Grand Rapids, MI: Wm. B. Eerdmans, 1976.

Piet, John H. *The Road Ahead: Theology for the Church in Mission*. Grand Rapids, MI: Eerdmans, 1970.

Piper, John. *Let the Nations be Glad*. 김대영 역.『열방을 향해 가라』. 서울: 좋은 씨앗, 2003.

Rarkin, Jerry A. "오늘날 선교의 상황." in J.M. Trery 외 편저. *Missiology*. 한국복음주의선교신학회 역.『선교학 대전』. 서울: CLC, 2003.

Samuel Vinay and Chris Sugden. ed., *The Church in Response to Human Need*. Grand Rapids: Eerdmans, 1987.

Seamands, John T. Tell it Well: *Communicating the Gospel Across Cultures*. 홍성철 역.『타문화권 복음전달의 원리와 적용』. 서울: 도서출판 세복, 1977.

Sider, Ronald & Rene C. Padilla, *Evangelism, Salvation and Social Justice*. 한화룡 역.『복음전도 구원 사회정의』. 서울: IVF, 1987.

Stott, John R. W. *The Lausanne Covenant- An Exposition and Commentary*. Lausanne Occasional Papers no. 3. North

Carlonina: Lausanne Committee for World Evangelization, 1975.

--------. *Christian Mission in the Modern World*. 서정운 역. 『현대의 기독교선교』. 서울: 대한기독교서회, 1982.

--------. *Issues Facing Christians Today*. 박영호 역. 『현대 사회문제와 기독교적 답변』. 서울: CLC, 1985.

Taylor, Dr. and Mrs. Howard. *Hudson Taylor in Early Years*. New York, 1912.

Terry J. Mark & J.D. Payne. *Developing A Strategy for Missions*. 엄주연 역. 『선교 전략 총론』. 서울: CLC, 2015.

Tucker, Ruth A. *From Jerusalem to Irian Jaya*. 박해근 역. 『선교사 열전』. 고양: 크리스챤 다이제스트, 1990.

Verkuyl, Johannes. *Contemporary Missiology an Introduction*. 최정만 역. 『현대선교신학개론』. 서울: CLC, 1991.

Vicedom, Georg F. *Missio Dei*. 박근원 역. 『하나님의 선교』. 서울: 대한기독교출판사, 1980.

WCC, *Drafts for Sections Prepared for the Fourth Assembly of the World Council of Churches*. Sweden, Uppsala: WCC, 1968.

--------. *The Church for Others: Two Reports on the Missionary Structure of the Congregation*. Geneva: WCC, 1968.

--------. *Bangkok Assembly 1973*. Bossey: WCC, 1973.

--------. *Guidelines on Dialogue with People of Living Faiths and Ideologies*. Geneva: WCC, 1979.

--------. *The Church for Others and the Church for the World*. 박근원 역. 『세계를 위한 교회』. 서울: 대한기독교출판사, 1991.

--------. "제4차 총회: 스웨덴 웁살라 (1968)." WCC, *(The) Section Reports of the W.C.C - From the first to the seventh*. 이형기 편역, 『역대총회종합보고서』. 서울: 한국장로교 출판사, 1993.

--------. *And So Set Up Signs: The World Council of Chruches first 40 Years*. 이형기 역. 『세계교회협의회 40년사』. 서울: 한국장로교출판사, 1993.

--------. *Confessing the One Faith*. 이형기 역. 『세계교회가 고백해야 할 하나의 신앙고백』. 서울: 한국장로교출판사, 1996.

--------. "선교와 전도: 에큐메니컬적 확언." in WCC, *You are the Light of the World*. 김동선 역. 『통전적 선교를 위한 신학과 실천』. 서울: 기독교서회, 2007.

--------. "일치를 통한 오늘날의 선교와 전도." in WCC, *You are the Light of the World*. 김동선 역. 『통전적 선교를 위한 신학과 실천』. 서울: 기독교서회, 2007.

--------. "화해의 사역인 선교." in WCC, *You are the Light of the World*. 김동선 역. 『통전적 선교를 위한 신학과 실천』. 서울: 기독교서회, 2007.

WCC CWME. "Together towards Life: Mission and Evangelism in Changing Landscapes." 정병준 역. "함께 생명을 향하여: 기독교의 지형 변화 속에서 선교와 전도." 세계교회협의회 제10차 총회 준비위원회. 『세계교회협의회 신학을 말한다』. 서울: 한국장로교출판사, 2013.

Winter, Ralph. D. "Ghana: Preparation for Marriage." *IRM*. July, 1978, No. 267.

--------. "Four Men, Three Eras, Two Transitions: Modern Missions."

in Ralph Winter & Steven C. Hawthorne. ed. *Perspectives on the World Christian Movement*. Pasadena, CA: William Carey Library, 1992.

Winter, Ralph D. & Steve Hawthorne, *Mission Perspective*. 정옥배 역. 『미션 퍼스펙티브』. 서울: 예수전도단, 1999.

Wright, Christopher J. H. *The Mission of God*. 정옥배 한화룡 역. 『하나님 백성의 선교』. 서울: IVP, 2010.

"獨바이에른州 총리, 독일에 이슬람테러 도래…정치 답해야." 「연합뉴스」. 2016. 7. 26. http://www.yonhapnews.co.kr/bulletin/2016/07/26/0200000000AKR20160726191800082.HTML

"미 세계복음주의리서치센터 통계 발표." 「크리스천투데이」. http://www.apologia.co.kr 「미션투데이」. "2080년까지 전 세계를 이슬람으로 개종시키겠다." http://cafe.daum.net/MyLoveChina.

정병준. "암스테르담에서 부산까지: WCC 총회주제들 안에 나타난 WCC 운동과 신학." 2. http://www.wcc2013.kr/sub04/sub01.php?ptype=view&idx=5197&page=3&code=board04_1.

"Micah Declaration on Integral Mission." http://www.micahnetwork.org/sites/default/files/doc/page/mn_integral_mission_declaration_en.pdf.

WCC. "Timeline World Council of Churches." http://www.oikoumene.org/en/about-us/organizational-structure/assembly/since-1948.

제4 선교신학

The 4th Mission Theology

2016년 11월 30일 초판 발행
2025년 9월 12일 개정증보판 발행

지 은 이 | 안승오

펴 낸 곳 | 사)기독교문서선교회
등   록 | 제16-25호(1980. 1. 18)
주   소 | 서울시 동대문구 천호대로 71길 39
전   화 | 02) 586-8761~3(본사) 031) 942-8761(영업부)
팩   스 | 02) 523-0131(본사) 031) 942-8763(영업부)
홈페이지 | www.clcbook.com
이 메 일 | clckor@gmail.com
온 라 인 | 기업은행 073-000308-04-020, 국민은행 043-01-0379-646
            예금주: 사)기독교문서선교회

ISBN 978-89-341-2853-3 (93230)